U0118660

2021
. 08
이

台灣新野菜主義【阿美族語版】

U tadadateng
nu Pangcah

U silsil nu cudad 目錄

Sakatulu a lulud 第三篇

U takulitan nu dateng nu Pangcah
阿美族野菜圖像

◆

U nipaleayaw a suwal tina cudadan

U sawaliyan a lutuk atu midungdungay namaka Kalinko mitatimul tangsa i Tayto, a masawahelulay a sera, u kakaaru'an nu Pangcah a midateng.

Mitepal tu lutuk, a kemaen tu na i lutukay a dateng; mitepal tu liyal, a kemaen tu na i liyalay a kakaenen, anu iti:ya hen, tangasa anini, masarayraytu ku kaen nu serangawan nu Pangcah.

Na nu ti:ya tangasa anini, mavana' ku Pangcah a mikilim tu namakapinanuwang atu pinalangaw a kakaenan.

Yu mawmah i umahumahan, u sakaurip tu remiremiad atu sapilising nu niyaru', caay ka awaay ku maamaan a datengan.

Na makaseraay a dateng, mikapah tu tireng namakayni i lamit; namakayni i heci; namakayni i akaway; namakayni i varu; namakayni i luengelay a papah; namakayni i palapalaan a dateng.

Na makayni i umahumahan a midateng, na u nipasevanaan haw nu tuas, sa ulahsa kita a midateng.

Namimelaw tina cudad, mahemek tu "nipatata tu taheka a dateng nu Pangcah" kahemekan ku punu' nu Pangcah, kahemekan ku vana' a midateng nu Pangcah. Nika tangasa anini adihaytu ku nisanga'an tu kaci, a matahepu ku kanatal nu Taywan, makelultu ku lalangawan nu panalangawan.

「台灣新野菜主義」u mihalhalay haw tu sadak nu maka umahumahan a dateng, mihalhal tu namakaseraay a langaw nu dateng. Pavana' i titaan tu sadak nu namaka umahumahan a dateng, pavana' i titaan tu lumela' nanu tuas a sakaurip a dateng.

U maruay i Kalinko atu i Tayto a Pangcah, saalumanay nu Taywan a Yincumin.

I enar ku aru' nu Pangcah, manay kalamkam a macelep nu Hulam ku serangawan, nika caay hen ka lasawad ku kaen tu namaka umahumahanay a dateng. 「台灣新野菜主義」namakayni i kaen nu Pangcah tu dateng atu punu' tu sakaurip. Nu Pangcah a sulinay ku sapatinaku, a maanen a midateng, a maanen a micacak, sananay kina cudad a pavana'.

Matenestu a pasadak tu serayan a cudad, mavana' tu kita tu sapidiput tu langaw nu makaseraay, pasuelin kita tu vana' nu Pangcah a maurip, matalaw kita a malasawad ku na nu punu' nu matuasay. Masumadtu ku niyaru' nu aniniyay, a milisimet kita tu nipavana' nu tuas a dateng. Anini i Taywan iratu ku suwal, a midiput tu langaw nu makaseraay a langaw saan, nika itini i valucu' atu sakaurip a vana' masasulikul.

Anini i Taywan, ira ku suwal "amideput kita tu sadak nu maka seraay a pina'urip saan. " Nika u I valucu'ay atu nisimsim, caay kalecad tu mita u Pangcah. Mavana' kita a pa'urip aca, caay pikelup a miala, mavana' kita a misadimel tu nalikulan, mavana' kita a pavatis tu luma' atu viyaw, kapahay ku serangawan nu mita tu sadak nu umahumahan.

Napasadak tina cudadan, caay ka nipavana', u maan ku makaenay a dateng nu umahumahan sananay a cacay, u tapang nu suwal, namakayni i serangwan nu Pangcah, macuwaay ku makaenay nu dateng nu umahumahan, atu maanen a maurip nu tamedaw. A maanen nu mita a miducu ku kaen nu Pangcah sananay.

U nipaini tina cudad, caay kaw nipavana' hacuwa ku dateng nu umahumahan a cacay, a iratu ku nipikingkiw nu mita? A maanen a paluma a maanen a mivuwah saan? Uruma satu i yaan, u malasawadaytu, a iratu ku ni parisul nu mita saan, pa'ini nina cudad.

Ira ku nisimsim nu mita, ira ku talaw nu mita a caay palasawadi nu mita, na nu punu' nu tatuasan a pavana', a tungalen nu mita ku nipidiput tu sadak nu serayan.

出版序

海岸山脈與花東縱谷，住著最懂得野菜的阿美族人，
他們靠山吃山、靠海吃海，千百年來孕育發展了一套飲食文化，
一直延續至今的是野生動植物的生活運用，
在他們的田野工作、日常生活與祭典儀式中，
阿美族的野菜世界恬淡而滿足。

這些大自然孕育的健康滋味，來自於野菜營養的根、成熟的果、多纖維的莖，
來自於飽滿綻放的花蕊、清香細嫩的細葉……
更來自於置身原野，親手採摘的愉悅經驗。
經由閱讀阿美族的野菜大餐，除了領略原住民族的生態智慧，
更能感受「取食於天地」的原始情懷。

然而，隨著全島水泥覆蓋日益嚴重，這些原本生命力強韌而隨處生長、隨
手可得的野生植物，正日益縮減，
《台灣新野菜主義》正是期盼你穿過阿美族的野菜大餐，
藉由取食自然生成的野生植物，重新體認人與野生動植物共存共榮、
人與土地密不可分的生態倫理關係。

居住在花東地區的阿美族是台灣原住民中人口數最多的一族，由於世居平地，很早就受到漢文化的衝擊，不過，長久以來阿美族人的飲食文化卻始終有野生植物為伴。《台灣新野菜主義》源自於阿美族的野菜文化與生活智慧，期待以實際可用的方式，將野菜帶入生活，是一本兼具功能、文化與趣味的植物書。

從事自然出版多年，我們知道自然保育絕對不是新興時髦的名詞，許多先民長久以來所累積的與自然共存共榮的生活智慧，在我們還未完整建立新的自然觀的同時，正隨著社會結構的改變而快速流失，我們在與傳統脫節後，只能向前努力摸索與自然的新關係。台灣的自然保育在這幾年仍然距離自然相當遙遠，時下流行的自然教育乃普遍著重在物種的辨識上，對於自然感受力的培養、環境的省思、自然文化的追本溯源，仍顯得相當薄弱。

這本書的出版，主要並非強調野外有多少種植物可食，而是想藉由阿美族的野菜文化，說明這些自然生成的野生植物與人類發生了多麼密切的關係，而我們可以在什麼樣的方法與原則下，永續地使用野菜，體驗人與自然相互依存的美好經驗。

本書所介紹的野菜，有一部分屬於栽培作物，但或者由於長久以來它們在阿美族文化中扮演了重要的角色；或者由於它們在一般市場上並不多見；或者由於雖原本為栽培作物，但現今已在野地馴化，因此也就一併納入本書的內容。

我們深切期待，經由在生活上與野生植物發生的關係，可以更近一步拉近人們對自然的真心關愛。

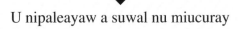

U nipaleayaw a suwal nu miucuray

Na u kuwang ku repeteng nu hitay, anini u pa'pa ku rarepetan

Saayaway a mavana' nu kaku ci Dungi Wusyiyei

Ciyawkowang, congsiyaw nu hitay cira. Cacay hen ku varu i avala, caay katenes macakat tu congsyaw, tusatu ku varu i avala. Pangangan han tu nu niyam, u vavahi a hitayan nu Yincumin, u sakakaay tu mamituru' i Taywan. Tataak ku kilemel a melawan ku tireng, anu ira ku maamaan tataakay a demak, cira tu ku miwananay a mituru', milisimet tu demak, manay pangangan han nu niyam "sakaka'ay nu Yincumin a hitay".

Saayaway na ira ku valucu' nira, a mangalay a malasakakakay nu niyaru', anu tahesuwal tu nu pisingkiw a demak, malikat tu ku mata. Sacudacudaysa i payniyaniyaru'an, aluman ku nisacavay a malakuku' nu sapisingkiw.

Kaala'alawan nu misingkiywan. U suwal nira nasivalucu' tu cira a misingciw, salikulay masaterep ku mahiniyay a nisimsim. Paytem tu aca, a u dateng nu Pangcah ku rakaten, ku nikasumad nu rakat ni Dungi cungsiyaw cyawkuwan, aku atu Cihayliang atu SanhayWenhwaCacese, ira ku nipalalan. Minkwo 86 a mihcaan, saka 17 a liyad, patahekal misurit tu kaen nu Yincumin, saayaway u nu Pangcah a kaen ku suriten. Adihay ku kaen nu Pangcah, i seraay a langaw nu pinalangaw atu pinanuwang i nanumay nu vuting atu urang, i liyalay a rengus, lalacan, umaamaan a dateng, u lamlam maka'en tu amin, matiya u kayku ku nikaenan.

Ci Hayliang malingatu a tayni i Kalinko a mikilim tu dateng nu umah, a cima aca ci Dungi cungsiyaw cyawkuwan ku palalanay. Micakay tu kamila a sapisaysing atu pacavay a talalutuk.

Talaliyal a mikilim tu dateng. Masimsim:tu u salangawan nu Pangcah ku dateng. Minanam tu sapisavel, maala tu ku pingci a paya. Caay tu pisimsim tu sapisingkiw a demak, u sapilisimet tu dateng nu umah ku masimsimay. Melaw han tanuhtuh ku tireng a melawen dengayay tu hakiya a micikcik tu dateng, misaalsu' hakiya a misasinavel? Na saan kami a pavaliw?

Aniniyay tu a rayray nu Taywan, pasadak tu nu Yincumin a serangawan, u atumu, u tuktuk, u nikawitan, u tenun atu radiw u keru... mikihatiyatiyatu nu Yincumin a misanga', mikilim tu pacacakayan. U nu makayniyay i kaen a misanuker tu dadatengan, a maenen a misa'alsu' tu nisavel? a maenen a mitavu? a maenen a makakitinkitin? Mamaenen a pacamul tu atumu',tuktuk. mikawit... a ira ku nipisilsil a midemak, kiya a caay ka lasawad ku serangawan nu Yincumin.

U serangawan nu Pangcah, adihay ku lalarurudan a mikingkiw, namakaseraay tangasa i nikaurip, u riraw nu tamtamdaw. Caay piliyas tu kaen, a maurip. Na u kuwang ku repeteng ni Dungi cungsiyaw cyawakuang, anini u sapisasinavel tu ku repeteng, mipacekil i tita'an, kilimaw ku kaen nu tuas, aka kapawan tu serangawan nu Pangcah.

U Fuyincang nu Cincayin ku pasuwalay ci Suntacwang

從槍桿到湯瓢

認識雪月的時候她是少校教官,我看著她升中校,並戲稱她是我們原住民的「山區管司令」。雖不至於說是虎臀熊腰,但她身材健壯、充滿活力,卻是大家的共識。可能就是因為如此,我們辦活動或遇到大小不等的事——比如接機——她都成了我們「使喚」的對象。令人良心「平安」的是:無論請她做什麼,似乎都能勝任愉快。說她是山管區司令,應是恰如其分。

早期的雪月頗有政治「野心」,談到選舉眼睛會亮。往來原住民各地,熱心服務、交遊廣闊,到處有她的「條仔腳」,她自己也成為選舉時候選人極力拉攏的對象。據她招供,她原本的確有出來參選民意代表的計畫;所幸中年悟道,下廚料理阿美大餐,雖迷途其未遠,覺今是而昨非。

此一悟道過程,我和瞿海良以及山海文化雜誌社的大德們,都有渡化之功。民國八十六年,《山海文化》第十七期規劃了有關原住民飲食的專輯,我們第一個想到的是阿美族的飲食文化。阿美族的「食物」世界非常「遼闊」,從陸地上的「野草」和「動物」,河裡的魚蝦,一直延伸到海中族類繁多的海藻、貝殼、魚鮮;五味雜陳,其「饕食」的範圍、品類,無遠弗屆。海良因而興奮地自願挑起專輯的田野工作。來到花蓮,司機、嚮導的任務自然又落在雪月身上。田野探訪的結果,竟開啟了雪月人生的另一扇門。她驚喜地發現:飲食原來可以是進入自己母體文化的一種方式。之後,她買照相機、拍幻燈片,上山下海,進行細微的田野記錄工作。不僅如此,她還下廚補習,通過中餐證照丙級技術

士檢定考試。選舉不再吸引她，只有野菜可以讓她眼睛發亮。她說，是我們讓她愈陷愈深，這個罪名我等受之無愧。只是想到她這麼大的塊頭，關在廚房裡切菜、調味，怎麼也無法和山管區司令的形象相協調。看來應該是我們要自我調適了！

這幾年隨著台灣本土化的充沛發展，原住民文化資產的經濟轉化，逐漸形成一些新的可能性。陶藝、雕刻、刺繡、編織、樂舞等等，不但吸引不少原住民朋友投入製作的行列，也締造了若干市場商機。在餐飲部份，大家也逐漸意識到過去只強調「野味」的經營方式，需要做一根本的檢討。如何確保貨源？如何在烹調技術上返本開新？如何包裝？如何與餐飲企業締結？這都變成我們接著要去面對的新問題。如果我們能進一步將此一餐飲事業，和原住民陶藝、雕刻、編織等文化產業併同來思考規劃，則原住民文化資產的經濟轉化工程必能進入另一個紀元。

飲食文化背後當然包含著一個族群複雜的物類邏輯，從自然到人文，從日常生活到神聖的世界，飲食乃是文化認同最強韌的堡壘。我們的基本口味變了，吃的習慣改了，這當然是文化失落的警訊。把我們的口味找回來，因而是原住民文化復振運動中不可落缺的一環。雪月顯然已走出了第一步，捍衛原住民的腹部邏輯，從槍桿到湯瓢，應當仍不出革命軍人保鄉衛民的天職吧。

還是很難想像雪月炒菜的樣子。

前監察院副院長

孫大川
Paelabang danapan

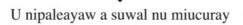

U mikeriday a pasevana' tu tadadateng nu Pangcah a tamdaw

Kalecapuan nu kaluvinacadan atu nikasasuped a lamlam nu serangawan ku Taywan, sisa, macacamul mapapaini ku kaen itini. Kanahatu, u kaen nu Yincumincu midudu tu nikavalic nu rayray a masumad, nika, caay hen kaputun ku nikacacaluk a mamavalic tu kaen atu serangawan, iraan u masacidekay a kaen atu serangawan, mamelaw tu ku nipasadak i tiretirengan nu kaluvinacadan.

I kaluremiad, mananam tu kaku a "CyawKuwan" han a mitadihang i ci Wusyiyei singsian. Yu malahitay cira naw cungsiaw ku avala nira, iri, namalaCyawkuwan i cacudadan imatiya. U sulinayay masavavahiay nu Pangcah cira, madupuh sivalucu' tu dademaken, nika dihemay ku wayway nira iri pakemut aca. Ci Dungi han ku ngangan nira tu nu Pangcah, U vavahiyan pauripay a kawas nu Pangcah kina ngangan, u miwananay tu urip nu tamdaw. Hay! Aluman ku singanganay tu Dungi i Pangpangcahan. Nika, kina ngangan i tireng ni Wu Cyawkuwan, u ruma ku nikasitudung. Melangay tu itina rayrayan, u cira ku pakavana' ititaan u Yincumincu a maanen a mikivana' tu tadadateng nu umah, u macuwaay a datengan ku makaenay, maanen a misiremud, maanen a micacak tu i umaumahanay a dateng, hangay caay kaputun ku sakaurip nu Yincumincu, mavana' aca a mikitadu tu nikairaira nu serayan a mararitin tu urip ita, melaw han ci cyawkwan, caay haw kahaen tu u "Midiputay tu urip a Dungi".

Melaw han i liyut nu Taywan, u nisatapasan tu dateng nu Yincumincu a cudadan, awaay ku mikitivacay tu nisuritan nira. Saayaway a nipasadak a paliwal tu nisuritan nira a cudad tu sakaidateng nu Yincumincu, i 2000 a miheca saka 3 a vulad ku lingatu. Nika, i ayaw nu nipasadak itina "Tadadateng nu Pangcah i Taywan" a cudadan, tangasa anini, 18 tu ku nipiliyaw. Sisa, i alumanay nu misatapasay tu cudad nu Yincumincu, ci Cyawkuwan ku saadihayay ku nipaliwal tu cudad. Mahaen, masakilemel hen a mitungal tu vana' nu datengan, cira tu ku mikaumahay tu nicaliwan a umahan. Iraan pacavayay i tepar nira, ci ina nira atu maulahay a misadateng a cavayan.

I lingatu nu 2016 a mihecaan, keriden ni Dungi cyawkwan ku vana' nu Yincumincu tu nu tadadateng nu umaumahan atu serangawan a mikihatiya tu laluwad nu kalukitakid. Iraan mikihatiyaay a kitakid na ira ku Itali, Koria, Autaliya, Ripun. I kasalaluwad nu nipapelu atu nipatahekal a pamelaw tu nikeridan a lusidan, u kaekekan nu sitatudungay tu laluwad a kitakid atu mikihatiyaay a tamdawan, matahpal nu alumanay ku nikasarumaruma nu langaw i Taywan, iri pakavana' aca tu nikasevek nu kakaenan a serangawan nu i Taywanay a Yincumincu.

I 2019 a miheca naira ku nipaluwad nu Hwaliensyen tu Yincumincu ManseKwoci Luntang, u mikihatiyaay a kitakid ira ku ItayliCyeciwManseCongpu, ZepenManseCongpu, Filipin ManseCuselyenmon. I pilaluwadan pasadak pasevana' ci Cyaw kuwan tu kaen tu serangawan nu Yincumincu tu mikihatiyaay a tamdawan, iniyan u manse hananay a kaen, kaulahen tu nu kalukitakid i anini a hekalan. Mihalhal kaku ci Cyawkuwanan, i likul nu mihcan a rutinen tu a miredu tu kina nipanutekan a demak nira, hangay –Taywan YincumincuManse hananay a ngangan malamamelawen daduduen nu kalukitakid atu malatatapangan nu manse a sangkiw.

Samalasatarakaway a miwananay tu demak ku Yincumincu wiyinhuy, a sitatudung tu a miurung tu sapaluwad a mitelak tu rayray nu lekakawa a vana', inian ku caayay ka u tatalaan a dademakan. Manay, ina kalumelaan a tadadateng nu Yincumincu a cudadan, palatusaen ku nipasadak tu suwal itina cudadan. Sakasaan, u sakangaay tu mangalayay a mi'asip a tamdawan, pasevana'ay kina cudad tu kalumaanay i umahay a datengan, pasevana' aca a maanen a micacak kiya alesu' a kaenen. Manay, u sapatireng aca tu nisanadan a kaludatedatengan, hangay malatadamaanay a tangasian, mangalev ku nikaredu nu nipatelak tu suwal nu Yincumincu. Sisa, mahemek kaku ci Wu cyawkuwanan tu nipavalucu' nira a miurung a miredu tu navalucu'an nira, hanay kapah ku nitatikay tu navalucu'an, hangay mangalev ku nikaaluman nu vinawlan a midevung a mitelak tu namakatuasay a vana' atu paluwad tu suwal nu tuas ita.

Paleayaway ku YincumincuWiyinhoy CuzenWiyin ci Icyang Parod

野菜系統知識的引路人

台灣是個多民族及文化多元薈萃的地方，因此各種飲食文化也彼此激盪、交融。雖然，原住民族的飲食隨著時代的遞嬗而很自然地會有所調整，但飲食及文化的互相轉譯則不曾中斷，一直充滿著各民族自身的特色與習慣。

吳雪月女士，我平日習慣叫她「教官」，因為她官拜中校並曾在校園擔任教官一職。教官是位典型的阿美族女性，刻苦、堅毅，但不失優雅與幽默。她的阿美族名叫做「Dongi」，這個名字是阿美族神話故事中「主宰生命的女神」。在阿美族人當中這個名字並不稀奇，但在教官身上，這個名字似乎別具意義。畢竟在這個時代，能讓我們知道原住民族野菜如何採集、照顧、烹飪……的知識，讓原住民族繼續保有與大自然相處及應用大自然多元知識的能力，教官真的像是一位「生命女神」。

關於原住民族野菜的相關著作，在台灣幾乎沒有其他作家可以與教官匹敵了，自2000年3月出版以來，在這本新書問世之前已經18刷了，教官堪稱是原住民最暢銷的作家。即使如此，她仍舊努力地繼續加強相關野菜的知識，並且透過身體力行，把這套知識實踐在借來的農場上，而身邊陪伴的是自己年邁的母親與對野菜充滿熱情的夥伴。

自2016年開始，教官帶著原住民族野菜的知識與文化，開始進軍全世界，先後參與了義大利、韓國、澳洲、日本的慢食相關活動，每次參加發表與展覽都讓主辦國以及與會的人員感到驚訝，不僅讓大家發現台灣的生物多樣性，也讓大家知道台灣原住民族飲食文化的豐富動人。

　　在2019年花蓮縣辦理的原住民族慢食國際論壇中，義大利全球慢食總部、日本慢食亞太總部、菲律賓慢食廚師聯盟都派員前來參與盛會，過程當中透過教官的在地文化與飲食的介紹，再次讓與會者體認到原住民野菜的食用，在當今飲食全球化的浪潮當中，特別具有競爭力。我很期待，教官在未來能達成她的目標—讓台灣原住民族慢食，成為全球原住民族推展慢食產業的基地。

　　原住民族委員會作為原住民族事務的主管機關，對於原住民族傳統知識系統的全面復振與建構有著不可逃避的責任，而對於原住民族語言復振的全面推展，更是一刻不能等待，因此，這本雙語的原住民族野菜寶典，不僅介紹野菜的一般知識，也是原住民族野菜食用知識系統建構過程中重要的典範，更是原住民族語復振的實踐。因此，我很佩服吳教官承擔這樣的理念，希望她的理念能獲得更大的迴響，也期待著她發揮影響力，能在未來有更多的族人投入民族知識系統建構與族語復振。

原住民族委員會 主任委員

夷將・拔路兒
Icyang・Parod

♦

U nipaleayaw a suwal nu miucuray

O 'Ariri no Dateng a Fana' ko Sowal no Pangcah

Yo mitengil minengneng kiso to tatokem, kakorot, cihing, dongec....sanay a sowal no Pangcah haw i, o maan ko maharatengay i fongoh iso hakiya? Alatek masafaloco' iso ko i na-fiay a faloay a dateng ato ccay a kohaw, an^ca ini ho i faloco' iso ko kacocok no maan a sakacidoka' iso a midateng, alatek o no fafahiyan a lalowaden i riyar, o kasafolod no misaselalay i kilakilangan a mikilim to maan.., o matiniay a nilowadan ko sakaira a mahoped ko no lihoc a fana', i kadado^do^do no teloc a masoped a maparayray, ta inian ko sakasolinga' a mahater i caciyaw no Pangcah a ma^min....

Inian ko sakafana' ita, caaayay ko mamalaliyas ko sowal ato serangawan a maka-kafit, caay ko pihater to sowal no Pangcah a pakadofah to no datengan a fana' a ccay, ira haca ko micadifasay to no datengan a ^poc no serangawan ato no siyakay a tatodong. Caay ka podoh ko Pangcah saan ko sowal no malitengay, ano tayra to i papotal ko Pangcah, o pinangan no pikidateng i, ira ko masacacayay ko lowad, o masafoloday ko tatinakoan, ira ko fafahiyan, laloma'an, ira ko masaselalay ko kala folod, misetik han no mita ko matiniay a kasafolod ko lowad. Yo maherek to ko dmak a taloma' to haw i, ano kacitama' to, ano dateng to, kanca o mamipafatis, an^ca haw i, mitakos to malininaay ato malitengay a mapolong ko tahka, to matira i, mipalada' to sakafiyafiyaw, caay ka piteked a masacacay a mira'oy.

O roma sato, ano ira ko sitelepay no malininaay, an^ca no i niyaro'ay haw i, ci ni hawikid aca to midatengan i pala, ato nipalomaan a dateng no tireng a patayra a padahof, inian i, o ccay no pikadom to rarom, ato pidama to sipatayay a loma', o ccay no sapi'isal to rarom no nika citoanay no loma'. O roma sato, ano ira ko lisin no niyaro', ano ira ko cipatayay, ano maacangay, an^ca, o pipaherek to tayal no misaloma'ay ato maherekay ko sakawmah a tayal, ira saca ko pakelang / li'alac no loma', itiya sato, masafoloday a tala pala a mikilim to mamaala a masetik, ta itiya a malacecay ko tahka a komaen to nialaan i pala, o patosokan nonini i, o cecay no piahowiday to tayniay a nipadangay a tamdaw.

Itini kita a mafana', o caciyaw no Pangcah haw i, caayay kao sakafana' to adihayay a fana' to no datengan a lihoc aca, masamaan ko pidateng a panokay, macowaay konini i 'orip no Pangcah a finacadan, pakayni i caciyaw no Pangcah ko sakafana' ita, ato sapikilim ita to no faloco'an a ^poc no kakaenen, tinako saan, tata'ang ko faloco' no Pangcah to kasasipalada' hananay, itini a pasapinang to kasasingodo, kakakafit, ato kasasipa'ayaw no tamdamdaw ato kaloiraay nonini a hkal.

Orasaka, o pisanotireng a sowal, mafana'ay to talolongay a tatodong no pitilak to sowal, ato masalaloma'ay ko no caway ato no serangawan a fana', atoya tadakaka-limlaan a fana' no niyah to serangawan ato no tireng a 'orip. Sowal saan ko 'alomanay a tamdaw, ano malahedaw ko sowal no cecay a finacadan, mahalo-cecay a serangawan a malasawad. O piliyaw a pirina' tonini a o no Holamay a codad ko sapitilid a codad, awaay ko hinapec, o sa'alomanay ko micakayay tonini o no datengan a serangawan no Pangcah a codad, o micodaday tonini a codad a tamdaw i, o kakangodoan ako a to'as ci Dongi o ciyaw-kwan cingra, o ikakaay ko lalok a mico'ep a mitilid to no Pangcah a fana' to no datengan, o pisarocod ningra a misa'icel, awaay ko pakaletepay no aniniay a 'orip. Tiliden ningra a misano- Pangcah, sapoden ningra ko nai mato'asay ko no datengan a fana', palatiliden ningra to no Holam a codad, o saka 18 to a mirina'an, tirien konini a "o no Taywan a fa^lohay a dateng a nisafaloco'an", mapasadak ko sakafana' no 'alomanay a tamdaw to no Pangcah a serangawan no kaen, itini tonini a codad ko sakafana', cima ho ko nitifacay a tamdaw to ni Dongi ciyaw-kwan a nidmakan to sakitini hakiya.

Tona matira, caay ka pawan ci Dongi ciyaw-kwan, onini a rayray to no datengan a fana', sahtoay o nano ina ato kalas a misanoPangcahan a nikalalicay a mitilidan, mihacecayan a nirara a misapodan. Sowal saan cingra, ano hacowaay to haw i, o mamisadak kako to no Pangcahay ko sowal -- "o no Taywan a fa^lohay a dateng a nisafaloco'an", sasanoPangcahen ko caciyaw to nai inaay a ma^min a fana' a mitilid ato mikadkad. Onini a lalowaden, ianini a mihcaan, pakayni i Yin-ming-hoy, o kalaccay no palowaday to no Pangcah a sowal a sa'opo, matahidangay ci Dongi ciyaw-kwan ato sakipala no Cikasowan a singsi no Pangcah a sowal ca Aniw Ucida, Dawa Lisin, Dungi Valah, Kumud Kilang Tahciw, Puyar Lavang, Using Vuting, Vahi Vuting, Fahi Tamurak a malaccay to sapasadak to sano Holamay a codad, "mitikolay" to no Pangcahay a serangawan no datengan, itini i rakat no pisadak tonini a codad, masanek ho ko silet no pisedal to pikowan no mirefaay.

O salo'afang no finacadan ko sowal, o kacipinangan no tatirengan no cecay a finacadan. Itiyaho, makari'angay no Holam a caciyaw a mikowanay ko fangcalay a sowal no mita. Anini sato, ciherang kita to nika o caciyaw to no kitakit ko sowal no mita, onini ko saka caay ka'idi kita a palada' i 'alomanay a tamdaw to no mita a ^poc no rayray a fana'. Pakaso'lin kita, onini a "pifalic" to sowal, caay to kao nikowanan no Holam a sowal ko no mita. Sowal saan ci Dongi ciyaw-kwan, mahmekay cingra toya mata'lifay to ko 75 ko mihcaan a pasingsiay to no Pangcah a sowal, caay pitolas a misadadaya a milahci to no tireng a sowal, ato no kaen a serangawan a fana', o heci no laloma' noya a codad, o mitinakowan to nangra i 'orip ato itira i fana', orasaka, i "pifalic" a mapatangsol a pahadak to harateng ato sowal no mifalicay, talolong ko pikadkad nangra i so'linay a nika'orip toya no datengan a serangawan. Oya sato a somowalay to no Pangcahan an^ca oya minanamay, mina'on a mitanam to 'aredet no datengan a serangawan ato talolongay a tatodong nonin a sasa'osien a codad, pahapinangen ako to sowal kita o 'alomanay, onini a codad, o no Pangcah ko codad, nipapatapalan to no Holam a sowal a pasapinang to no datengan a serangawan a sasa' osien a codad, malacecay kita a mafana' to halafinay to itini tonini a sota' no Taywan a malahaday a mala-ngiha'ay ato serangawan.

O Sawara'an no Yofayof no Palofasaray to Sowal no Pangcah i Taywan

Sifo Lakaw

阿美族語是野菜知識的寶庫

當你閱讀或聽見tatokem, kakorot, cihing, dongec…這些阿美族語詞彙時，腦海裡會浮現什麼樣的圖像呢？也許你會想到的是餐桌上的那一鍋八菜一湯，或是覺得採集時得面臨被刺傷的風險，也有可能是婦女在潮間帶、年齡階層的成員在山林間集體採集的景象…這些實作經驗累積而成的野菜知識，一代又一代地傳續下去，並完整地保留在阿美族的語言裡。

語言和文化之間有著密不可分的關係，阿美族語不僅保存了豐富的野菜知識，還有超越野菜植物本身的人文價值與社會意義。我們的長輩時常說：Caay ka podoh/'idi ko Pangcah（阿美族人沒有吝嗇的），阿美族出外採集野菜的形式，除了個人的行動之外，通常會以小組的方式進行，可能是婦女、家族成員或是年齡階層的夥伴一起外出，我們稱這個集體採集的活動叫misetik。當採集活動結束返回部落後，無論是獵物或是野菜，pafatis（分享取自大自然的收穫）是最常見的做法，外出採集的人會邀請親屬和長者一起來共享食物，或者是分送給左鄰右舍，不會自私地個人獨享。

如果有親人或是部落的成員過世時，我們會帶著自己採集的野菜或種植的蔬菜到喪家mirohef（到喪家致哀與陪伴），一方面表示哀悼，同時也是陪伴親屬度過艱難的時刻，以減緩失去親人帶來的憂傷。此外，當部落祭儀、婚喪喜慶或是一項工作如建屋或農事完工後，我們會進行pakelang或是mali'alac，此時同樣會採取小組的形式出外採集，再一起共享取自大自然的食物，目的之一是要感謝那些一起幫忙的人。

從以上可知，阿美族的語言保存了獨特的生態知識，野菜是如何被採集回來，它與阿美族人之間的關係，可以透過阿美族語進一步理解和推論那些跟食物有關的精神價值，例如阿美族人重視分享的精神，同時也體現了人與人、人與自然之間相互尊重、依賴與互惠的關係。

　　使用自己的語言，暸解族語要傳遞的深層意義，以及包含歷史和文化在內的知識，對於阿美族人理解自己的文化和身份相當重要。許多人常說，一旦一個族群的語言消失了，一部分文化也有可能跟著消失。根據本書中文版的再刷紀錄，無疑是一本關於阿美族野菜文化最暢銷的書籍，作者Dongi Kacaw/吳雪月教官是我最敬重的長輩之一，她對於阿美族野菜知識的執著與投入的熱忱，凡事都親力親為，是我們這一代難以望其項背的。她透過阿美族語採集、紀錄並彙整這些來自部落耆老的野菜知識，再使用中文撰寫文本和出版，至今十八刷的紀錄可以大膽假設，《台灣新野菜主義》這本書已經是許多人認識與親近阿美族飲食文化的重要渠道，並從中獲得啟發，Dongi教官的貢獻真正的無人能出其右。

　　即使如此，Dongi教官始終沒有忘記，這些傳統的野菜智慧，都是她母親和耆老用阿美族語在她訪談和日常生活的實踐當中，一點一滴地慢慢傳遞而成。她曾說，希望有一天可以出一本阿美族語版的「台灣新野菜主義」，讓Ina們的知識重新回歸使用阿美族語來加以敘述和詮釋。這本書的出版實現了Dongi教官的願望，今年（2020）透過與原住民族委員會和阿美族語言推動組織共同合作，邀請來自Dongi教官田野地的南勢阿美族語教師Aniw Ucida/周慧香、Dawa Lisin/吳阿金、Dungi Valah/施玉珠、Kumud Kilang Tahciw/李文廣、Puyar Lavang/張文良、Usin Vuting/林金泉、Vahi Vuting/林英蘭和Yoko Tamurak/陳美莉等，一起協力將原中文版的文本內容

「還原」成阿美族語的野菜文化，過程中不難嗅出解殖民的行動意義。

語言是一個民族的靈魂，也是表現一個族群成員「身份」最顯著的特徵。過去，我們的語言被獨尊華語的政策戕害；今日，我們將以國家語言之姿，向更多的人分享傳統知識的價值。可以肯定的是，這次的「翻譯」並沒有陷入族語附屬在華語之下的窘境。Dongi教官說，她非常敬佩這幾位來自不同部落且平均年齡75歲以上的族語教師，他們日以繼夜地為本書貢獻畢生在族語和飲食文化的能力，由於原著內容描述的正好是這群族語教師們的部落生活，「翻譯」也就自然而然地透過了譯者的思想和阿美族語，更深入地詮釋他們在真實生活中的野菜智慧，此舉反而更彰顯了本書在阿美族語言和知識的主體性。很值得作為阿美族語使用者或是學習者，細細品味野菜文化及其深層意涵的讀本，同時，也鄭重向大家推薦這本以阿美族語文字和中文雙語呈現的野菜文化專書，一起認識長久以來從台灣這塊土地生長而成的語言與文化。

台灣阿美族語言永續發展學會理事長

鍾文觀　Sifo Lakaw

◆

U nipaleayaw a suwal nu misuritay

U misuritay tina cudad paleayaway a suwal 1991 a mihcaan mihcaan Kwoli Hwalien Sevansyiyen, patireng tu Yincumin CyawiIngciyiwCungsing, u ama ina cacudadan, mitadihang i takawan a papipadang, naytiya kaku a malingatu a midemak tu nu Yincumin ciyawi' atu serangawan. Minkwo 84 a mihcaan , 3 way a vulad, masasuvana' atu SanhayCacese, sitatudunay ci Suntacwang singasi (u Singcenyin YicuminWiyinhoy, fucurenwiyin) ira cacese misiwkay tu dateng nu Pangcah, tuya enemay a vulad, naw caayay kaku kavana' a misasing, repet satu kamila a misasing, na u caay a pimelaw tu cudad nu pinalangaw, haen satu a malingutu a mikingkiw tu dateng nu Pangcah.

Saayaway sipakayni nu maku, na nu wawa hen a nikavana'an a dateng, nika caay hen katangsev, tayra aca i tusukowang micaliw tu pinalangaw a cudad, tayra aca i hwanghun secang a mimelaw, mitatengil tira maka 20 ku nipatata a vayivayiyan, namahaen u datengtu nu Pangcah ku i tangalay a misimsim, aramaanan mihakulung tira matuasayan a midateng, a maenen a mipuwakih, a midungec tu nu uway, a mitiwas tu apalu, a midungec tu paringad nu Pangcah a datengan.

Yu cacay a miheca, pipantanga tu lalud, tira i Sevangtasiye micudad tu SanmicuiYinciwso, palawad a tira i CungyangYinciwso Tusukwang atu CungyangYinciwyin, away ku dateng nu Pangcah a cudad. A maenen aca awaay ku kakamanaan, tangasa matepa nu maka i HwalinSincenfo NonyeciCicang Cawhomin singsi, talivanaan nu maku tu nu makayniyay i sadak nu maka umahay, nasa'an kiya mavuhat ku punu' nu maku.

Adihay ku nipasevana' i takuwan tu valuhay a niwsu, adihay ku nipasevana' i takuwan a maenen a mikingkiw? Namahaen mavuhat tu ku punu' nu maku tu sapidemak. Nika ita u Pangcah awaay ku surit, a midudu tu raray nu tuas, caay ka dayum, sipakayni i amisay a Pangcah kalingatu, u lavii' atu pihivangan, a waay ku hivan a mitatengil, pasucudad a mimelaw, mahaen ku nikaurip nu maku.

U dateng nu umaha, ira ku nikasarumruma tu mihecaan, anu malaliw tina mihecaay, a cacaytu a mihecaay a mitala. U ruma satu a mitiku a misasing nasaan, tu cila makiayawtu a taviyan, hanipaengaw satu, manay mirasud tu kaku tu kamila, u pinalangaw tu a dateng ku masimsimay nu i tangalay.

Namakayni i vana' tu dateng. Milisimet, misurit tu ngangan nu dating, misurit tu sapicacak, caay kasaterep kaku a minanam, tangasa anini. Nika adihay hen ku nananaman, namakayni i serangawan a kaen nu Pangcah, u kungku tu kaen nu Pangcah. Aniniay tu makasimsim tu kita u tamdaw, u kaen nu mita a mahaen. u tuas, awaay ku nasapaiyuwan tu nonyaw, awaay ku heneknek nu duku, caay piraecus tu tireng, manay kaulahan nu aniniay a tamdaw ku dateng nu Pangcah, mahaen haw a kahemekan ku dateng nu Pangcah.

Masimsim nu maku, yu makamala ciyawkwang kaku, ira ku lawad nu Ciwkowtwang tu kasinawan atu lalud i Taruku cangtuin, mavulud kami u ciyawkwang nu Hwalinsyin a mipadang, u pasevana'ay kaku tu sapicacak tu dateng nu Pangcah, pasevana' a maenen a maurip i palapalaan, pasevana' u macuwaay ku kakaenen tu panalangaw. Patinaku tu kungku nu i Vavukuday nu Tayto ci Likwanghwi a Pangcah. Sulinay na malahitay nu Ripun Kawsaiyungtoy, masiwatid i Indonisia 30 a miheca i lutulutukan, mavana' cira tu kakaenen nu Pangcah, manay mauriptu.

Anini anu pacamulen ku vana' tu dateng nu palapalaan nu Pangcah, anu masiday i lutulutukay, anu muraraway i palapalaan, dengaytu a maurip. Manay ita u tamdaw a tungalan ku lumela tu liyut nu pinaurip.

Nipisurit tina cudadan, alumna ku a arayan nu maku, aray ci Siyung curen, pasevana' a misasing, aray ci ama aci ina nu maku, pasevana' icuwa kamamelawan a dateng, atu pangangan tu ngangan nu dateng, aray ci Langcinmyei a kaka nu maku, mipadang a mikilim tu dateng, aray tu wawa nu maka ci IingSiyen, mipadang a misurit a milisimet tu sasing, aray ci kakaan nu maku, ci Wucungcyang, pasevana' a maenen a misasinavel, aray tu tatusaay a micudaday, ci Cuwacaucing atu ci Cunwenling, mipadang a milingnaw, yu sidemak velengsa ku luma', aray ci Wukuysing singsi, Cengmincu curen, Linglihwa singsi,Sunterang singsi..., yu sidemak caay piteku' a mipadang, aray han aku amin a micemek. A misakilemel aca kaku, a milisimet tu demak nu serangawan tu kaen nu Pangcah.

Dongi Kacaw

◆
作者序

　　民國八十年八月一日，國立花蓮師範學院成立國內第一所原住民教育研究中心，校長要我支援，從此我便開始參與原住民教育與文化的工作。民國八十四年三月，一個偶然的機會，與山海雙月刊雜誌社總編輯孫大川老師（前監察院副院長）談及在該雜誌中介紹阿美族的野菜，沒想到六月我即開始嘗試攝影，於是在從未拿過相機、未讀過任何植物圖鑑的情況下，就這麼開始了我的野菜工作。

　　起初我從自小就熟悉的野菜開始，然而進行得並不順利，於是陸續到圖書館將有關植物的書搬回家看，並開始往花蓮縣吉安鄉的黃昏市場走動，因為那兒有近三十個野菜攤位，每個攤位的主人就像是野菜的活字典。不知不覺我滿腦子想的都是野菜，每天忍不住要去黃昏市場，甚至為了想更進一步了解採集的過程，也跟著黃昏市場的阿姨們去採芒草心、藤心、麵包果、林投心……。

接著那年暑假趁著到師大三民主義研究所進修機會，試著到中央圖書館、中研院民族所查閱資料，但幾乎看不到什麼關於原住民野菜的文獻。或許該說是我自己不知道該如何查？如何找？如何做？想問人也無從問起！直到與我的恩師趙火明老師討論花蓮農作物的特殊現象及相關問題時，才豁然開朗；他提供了不少有關的資訊和方向，也開始讓我覺得野菜之途甘之如飴。當然，在沒有文字記載的情況下，文化傳承的工作相對地更艱辛、也更重要，我僅僅以南勢阿美族人的經驗出發，憑著一份使命感，點點滴滴積少成多地利用晚上、假日下鄉並採集野菜，也將能夠摸得到邊的雜誌和書籍都列入自己生活的部分。

野菜是有季節性的，今年拍不到好的照片就得隔年再來呢！有幾回洗出來的照片失敗了，當第二天再走一遍時，那原本長著野番茄的土地已被開墾，這樣的情況真令我心急，之後，我車上隨時帶著相機以備不時之需，生活也就充滿了植物的影子。

從認識、整理、記錄野菜到寫食譜，這是我生涯規劃中不曾想到的事，多年來的自我摸索，讓我體會最深的是不斷學習的重要。僅以數年的時間記錄原住民的飲食文化，仍有許多野菜、飲食的典故與習慣未盡明瞭。最近幾年，崇尚自然及追求、渴望「回歸自然」的健康概念興起，於是標榜無農藥殘毒、無化學污染的野菜廣受消費者歡迎。期盼有一天我能以更合乎現代人需求，卻又不失原味的方式，來呈現阿美族的美食！

記得剛任教官時，那一年花蓮縣的教官們全都支援救國團寒暑假辦理的太魯閣大峽谷戰鬥營，而我負責的是野外炊爨，除了告訴學員在野外求生的重要及應注意事項以外，更重要的就是學習辨識可食的野生植物。如果

大家不健忘，還記得二十幾年前在印尼深山生活了三十年而回來的阿美族義勇隊—台東東河鄉李光輝的故事！認識野生可食的植物，除了根據生活的經驗之外，事實上也可從植物的特性、形狀辨識出其是否有毒抑或可食。如果能將原住民的飲食文化與野外求生結合在一起，相信會讓現代人的生活更豐富，也讓更多人懂得環境保育。

在此要感謝周遭鼓勵我的朋友。謝謝熊主任在拍照時給了我很多的指點；爸爸媽媽常打電話告訴我在什麼地方看到我想要拍的野菜，母語該怎麼拼音；表姐藍金梅也常帶我四處找尋、採集野菜及拍照；女兒芸萱幫我打字、整理照片；大姐吳春江在料理過程中，給了我不少的支援；兩位學生——莊朝鈞與陳文玲也長時間幫忙打電腦。每每有關於原住民美食活動舉辦時，除了全家總動員外，吳桂香老師、陳明珠主任、林麗花老師、宋得讓老師都會無條件的支援及協助，大家對自己文化的執著與認同，對我來說是最大的鼓勵。未來，我將持續努力，讓自己和更多的人能深入了解原住民的飲食文化。

吳雪月

阿美族語書寫系統

A u'uren a sasuritan nu Pangcah

中華民國 94 年 12 月 15 日 公告
台語字第 0940163297 號
原民教字第 09400355912 號

1 南勢（北部）阿美語、2 秀姑巒（中部）阿美語
3 海岸阿美語、4 馬蘭阿美語、5 恆春阿美語

輔音19個

發音部位及方式	書寫文字	1	2	3/4/5/6	國際音標
雙唇塞音（清）	p	ü	ü	ü	p
舌尖塞音（清）	t	ü	ü	ü	t
舌根塞音（清）	k	ü	ü	ü	k
咽頭塞音（清）	'	ü	ü	ü	ʔ
喉塞音（清）	^	ü	ü	ü	ʔ
舌尖塞擦音（清）	c	ü	ü	ü	ts
雙唇塞音（濁）	f *1	ü	ü	ü	b
唇齒擦音（濁）					v
唇齒擦音（清）					f
舌尖塞音（濁）	d *2	ü	ü	ü	d
齒間擦音（濁）					ð
舌尖邊擦音（清）					ɬ
舌尖擦音（清）	s	ü	ü	ü	s
舌尖擦音（濁）	z	ü	--	--	z
舌根擦音（清）	x	ü	ü	ü	x
喉擦音（清）	h	ü	ü	ü	ħ
雙唇鼻音	m	ü	ü	ü	m
舌尖鼻音	n	ü	ü	ü	n
舌根鼻音	ng	ü	ü	ü	ŋ
舌尖顫音	r	ü	ü	ü	r
舌尖閃音	l	ü	ü	ü	ɾ
雙唇半元音	w	ü	ü	ü	w
舌面半元音	y	ü	ü	ü	j
Total	19	19	18	18	23

阿美族語書寫系統

中華民國 94 年 12 月 15 日 公告
台語字第 0940163297 號
原民教字第 09400355912 號

A u'uren a sasuritan nu Pangcah

1 南勢（北部）阿美語、2 秀姑巒（中部）阿美語

3 海岸阿美語、4 馬蘭阿美語、5 恆春阿美語

輔音19個

發音部位及方式	書寫文字	1	2/3/4/5	國際音標
雙唇塞音（清）	p	✓	✓	p
舌尖塞音（清）	t	✓	✓	t
舌根塞音（清）	k	✓	✓	k
咽頭塞音（清）	'	✓	✓	ʔ
喉塞音（清）	^	✓	✓	ʔ
舌尖塞擦音（清）	c	✓	✓	ts
雙唇塞音（濁）				b
唇齒擦音（濁）	f *1	✓	✓	v
唇齒擦音（清）				f
舌尖塞音（濁）				d
齒間擦音（濁）	d *2	✓	✓	ð
舌尖邊擦音（清）				ɬ
舌尖擦音（清）	s	✓	✓	s
舌尖擦音（濁）	z	--	--	z
舌根擦音（清）	x	✓	✓	x
喉擦音（清）	h	✓	✓	ħ
雙唇鼻音	m	✓	✓	m
舌尖鼻音	n	✓	✓	n
舌根鼻音	ng	✓	✓	ŋ
舌尖顫音	r	✓	✓	r
舌尖閃音	l	✓	✓	ɾ
雙唇半元音	w	✓	✓	w
舌面半元音	y	✓	✓	j
Total	19	18	18	23

元音5個

發音部位	書寫文字	1/2/3/4/5	國際音標
前高元音	i	✓	i
央中元音	e	✓	ə
央低元音	a	✓	a
後高元音	u*3	✓	u
後中元音	o*3	✓	o
Total	5	5	5

元音5個

發音部位	書寫文字	1/2/3/4/5/6	國際音標
前高元音	i	ü	i
央中元音	e	ü	ə
央低元音	a	ü	a
後高元音	u*3	ü	u
後中元音	o*3	ü	o
Total	5	5	5

附註：

*1.字母 f 依地區不同代表三種發音[b, v, f]。大體上而言，越接近南勢（北部）的方言，字母 f 越可能代表[b]音，越接近南部的方言，則越可能代表[f]音。

*2.字母 d 依地區不同代表三種發音[d, ð,]：大體上而言，越接近南勢（北部）的方言，字母 d 越可能代表[d]音，越接近南部的方言，則越可能代表[ ]音。

*3.後中元音[o]與後高元音[u]，傳統上一直被認為是「自由變體」。然而在實際的言談中，仍存在著語音上的差異，特別是表徵「語法功能」的虛詞，很明顯的是發[u]音。勉強的將[u]與[o]予以混同使用，對於族語使用者來說，一則感覺發音不標準，偶而也會有聽不懂的現象。所以將[u]與[o]並列，以適度的呼應族人的語感。

標點符號

編號	標點符號名稱	族語標點符號	對應中文標點符號	說明	阿美語範例（請造句）
1	句號	.	。	用於一個語義完整的句末，但不用於疑問句或感嘆句。	
2	逗號	,	、	1.用來分開具同等地位之詞或片語。	
			：	2.用於直接引用的句子之前。	
			,	3.用於隔開複句內各分句，或標示句子內語氣的停頓。	
3	引號	" "	「」『』	1.引號分單引號及雙引號，單句引述先用雙引號，如果有需要，雙引號內再用單引號。 2.雙引號主要用於標示引述語，「逗號」與「引號」之間要有空格。 3.雙引號內的開頭詞首應大寫。	

4	括號	( )	（ ）	用於句子中加入評論、解釋或補充說明。	
5	問號	?	？	用於問句句末。	
7	驚嘆號	!	！	用於表示感嘆、命令、讚美、高興、憤怒、驚訝、警告等強烈情感，及加重語氣的詞、句之後。	
8	刪節號	…	…	用在「述說未完」或「還有例子未舉出」，或表示語句斷斷續續等。	
9	連字號	-	無	華語音譯使用	

其他注意事項：

一、族語標點符號打字時，字體採用Times New Roman，並使用「半形」。

二、有關逗號之使用，勿受中文影響「一逗到底」。

三、有關引號之使用，宜注意：

　　1.引號分單引號及雙引號，通常先用雙引號，如果有需要，雙引號內再用單引號。

　　2.「引號」與「逗號」連用，而不與「冒號」連用。

　　3.引文內的句首須大寫；句尾標點符號標在引號之內。

四、刪節號為3點；但刪節號出現於句尾時以4點標示。

五、所有標點符號之後均空一格，惟下列情形例外：

　　1.引號與引文的句尾標點符號間不留空。

　　2.括號與括號內文間不留空。

六、文章段落起首要空相當於四個字母的間隔。

印刷注意事項

．族語書寫符號及標點符號，請使用Times New Roman字型。

．部分特殊字型：請使用IPA字型，避免無法顯示。

Sakacacay a lulud

U SERANGAWAN NU DATENG
NU PANGCAH

U nipimelaw tu sadak sananay a kakaenen

Caay kawadwad ku mauripay i liklik nu Taywan, pay vinavinacadan nu Yincumin. Makacacaytu a malevt ku mihecaan a madadama tu kakahiraan a maurip, matilaktu ku palamitay i kakahira' an a serangawan. Namaka kakaenen, vuduy, sarepet nu sakaurip, mamelawtu amin ku nikangangaya' nu Yincumin. atu liklik nu kakahira'an a makumud maurip.

U dateng a cacay ku sasuwalen, u savanaay a misavl tu dateng ku Pangcah, madatengay nu heni, malawit tu ku tusaay a patekenan nu masamaamaanay a dateng. U

niyaru' nu Pangcah micangray tu lutuk mililis tu liyal (Taypingyang) misulikul tu Congyang sanmay paterungen nu Hayansanmay, u lalaedan tu ku masapalaay, adihay ku mamaala i lutuk, i liyial, i sauwac a maurip, pakaynien i nu papahan, nu heciyan tangasa i damay nu sauwac, sangaleven tu salul, kakutung, u mala asuaytu a sinavel nu Pangcah. Yu midateng ku Pangcah maratar tu davak, a mangata tu ku kalahukan makaketket a taluma', anu adihay sipaahen i lalumaan, yu ruma sidatengtu a matatari a micacak makumud a kemaen. Yu talaumah a mawmah, i umah nu tireng a midateng tu sakalahuk; Taluma' tu namakaumah caay kapawan a midateng i tapitapian nu lalan. U dateng ku sakaurip nu Pangcah tu remiremiad. Masaruma tu ku palapatan, mahaen tu ku nikaadihay nu dadatengen i liklik.

I kacanglahan ku misitekeday, masalulu' tu amin ku dateng, valuhayay a nidatengan licangen a misinga', madengay a siparasur ku ruma i kasienawan kaawaayan nu dateng. U nu rara'an a laylay, racingen hen i langaw tuwa raraen pawalien a milicang, pakayi cungal han a misinga', u sakapahay matumes tu ku cungal paavuen a mitahev caay tu kasiepur. Nu ruma hirhiren hen ku malicangay a langaw, cascas han anu silawad.

Masa nu Pangcahay a dateng , "Muketep ku nu telucan a dateng." U dungec nu uway, teruc nu paringad, hinapeluh nu hinaliti', teluc nu lalengac, dungec nu icep, dungec nu validas, hinapeluh nu tevus, teluc

I lutulutukan, i lilis nu liyaliyalan ku niyaru' nu Pangcah, mahahidhid a makumud tu kakahiraan a maurip. I pisalisinan a dating.

nu vadukuk, dungec nu sanasay, atu dungec nu tatavasan. " Valucu' " hananay u teluc nu langaw, u dungec nu uway atu hinapeluh nu hinaliti' ku matulnusay a kaenen, itina mihmihcaan maparawacu kiyami ku lsalul, caay tu kame:law ku langaw nu tatavasan, matenes tu a caay pakamelaw kita tu mitatavasay a tamdaw.

U saasuay a kakaenen nu tatuasan nu Pangcah ku dungenc nu uway, u sasapalavangen a kakaenen. Ira kiya sasasuwalen aca nu Pangcah ".Anu kemaen tu dungec, a mahaen u uway ku salaylic nu nikamayseng." Sipinang ku nipasuelin nu Pangcah tu dungec u sakakapah nu tireng, yu silisin kariharayan caay kanca katalalutuk a midungec. U dungec nu uway dengay kaenen, u nisiuwayan a tenten dengay tuliken tu satapes, sisi, vadidiw, atu saluec a mitahpu tu luma'.

U kalale:ngelan a hinaperuh, u sakayi suaw, mamamedacen nu Pangcah. Yu masuaw, vureci han ku teluc(hinapeluh) nu hinaliti' (rucik) a mikemkem, caaytu kasuaw, ruhruhen, sakavien, ciyanen, pacilahen a pakayi kureng, u sasasinavel tu nu Pngcah. U langa:w sananay ku hinaliti' (rucik) icuwacuwa kiyami. Manay u sakapahay a dateng, sapatata nu Pangcah tu lavang. Maikesay a penen dengay a sipitahepu tu vadahung satatakelen sacavengen sacacaen sapunaen. I muketepay a vulad tu mihmihcaan, makakaltu tu ku vayivayiyan nu Pangcah a mipuwakih, uruma ku alesu a sikaen tu hakhak. U tingting sangaen nu matuasay tu sasik, pinaruen i kuwiti ku varu' satatangalen.

Awaay ku vavalahan tu langaw nu hinaliti' (rucik). Tina kulitan u nisangaan tu tingting a sasik.

U tatuasan a niyaniyaru'nu Pangcah, adihay ku lisin i terung nu mihcaan. Sipakaynien i caayay kalcadcad a lisin, u nipatataan, u papatiliyan, u kakaenen. Caay kayniyan a cacay ku mamelaway i Pangch tu nipisamaamaan tu adihayay a pinalangaw, mamelawtu ku sadak nu namakayi pinalangawan a serangawan atu mananamay a nikaurip nu Pangcah.

I pisalisinan a dateng

Malalikid :

U misitekeday ku serangawan nu tatuasan nu Pangcah, mamelamelaw i pilalikidan. Ina ayaway a

niyaru' makalima a remiad ku nipilalikid, makacacay a lalipayan kunu ruma a niyaru'. U nipilalikid nu Pangcah, i pituway a vulad a malingatu ku Pusung a malalikid, i waluway a vulad a malingatu ku Hwalin a malalikid. U turun u epah atu icep ku sapatata a misalisin. U maulahay a silavang ku Pangch, itiya a patahka i alumanay a makumud misalesu tu nipatata tu sinavel. Ina ayaway a nipilalikid nu niyaru nu Pngcah, saka cacay a remiad, misatevuk ku selal. I sangsangdevan sihemay atu katangay a malavi a misisi tu titi' nu rarapa i taluan. I herek nu lavi, malingatu tu a malalikid, salavi saan tangasa iterung nu lavii itiya a taluma'. U mahaenay a nikakumud nu Pangcah a kemaen a serangawa, u sapilatlat tu sakavalud nu valucu' nu masakaputay.

Milaedis：

U misalisinay tu nipivuting hananay. Nipilaedis nu Pangcah, i kariharayan nu niyaru', mitala tu nikacacak nu tipus wamitipustu; i saka tusa a pılıpayan nu enemay a vulad tu mihmihcaan. Ina ayaway a nipilaedis nu niyaru' itiya a remiad maratar a mivuting ku

I tataakay a lisin nu Pangcah, misacacaktu tu dateng a patanam.

selal, tayra amin ku kalas nu niyaru' a mimelaw a pasevana' tu demak nu selal. u nivutingan ku sakalahuk. Caaytu kahaen kunu aniniyay a nipilaedis nu niyaru'. U mikuwanay tu liyal a kawas nu Pangcah ci Malataw, manaway tu langdaway a dateng, sisa ipisalisinan caay kakemaen tu dating. Kaay haw, nuwu mahaenay kiyari, sataterung han tu ku "Muketepay a dungec nu dating"

Misahavay:

I enemay a vulad, i aayaw nu nipilaedis a misahavay. Itiya kasiheciyan nu validas. Yu mihavay kuniyaru, u papah nu validas ku sapivalud tu havay, manay mipapah tu validas, pasu nipidungc han tu. I pisahavayan u dungec nu validas atu rara' ku sinavel.

Palangaw(Pavursak):

I tusaay atu waluway a vulad nu mihmihcaan, palangaw tunu palaludan atu pasavaan a sapur. I terung nu lavii, aayaw nu pavursakan a remiad. Madimel ku nikasivuduy nu matuasay, a misakavi tu tatukem sapatata

Itiya satu pacakat tu selal a misalisin tu sapatireng tu luma', iniyan a kulit, u mitulunay atu paini tu epah ku matuasay.

a misalisin, mivetik tu sakakapah nu niketevan, i kanikaran yaratu a pavursak.

Malahuk tu liliw:

U pusurtu nu mihcaan a lisin kiniyan, kaayi i saka cacay a remiad tangasa i saka tusa a pulu'ay a remiad a midemak. Makumud a malahuk tu nitekeran ku lalavu nu vinacadan, lalumaan atu palipaliw, pasavelen tu vataan tu tevi' ku sical. U sakacaay kapawan a mavalud ku valucu'.

Misataluan:

Micekahay tu mihcaan a lisin ku misataluanay. Nu naayaway a nipisataluan, u selal nu niyaru' ku misataluanay. Itiya a remiad, maratar ku selal tu davak a mieri' miawul sapisataluan, maherk a misataluan, pasisi tu Mihamay vakiyay tu nidemakan(titi nu ayam atu hakhak) nu heni. Tu sangsangdevan malavi away kunu dating a sinavel, itiya a mitulun, mitulul, micuker ku kalas, pasevana' tu dadademaken. U laviitu maliepah i taluan remadiw, misakeru ku seral tangsa tu davak itiya a taluma'.

Talatuas:

I muketepay a vulad tangsa i savaw tu tusaay a vulad a midemak tina lisinan. Nu niyaru' a demak, pakaparuden nu luma' ku demak, a mikihatiya amin ku lalavu nu luma', u vavahi a sikawasay ku sitatudungay a macacaluk tu tuas. U tayu(daydam) u turun u icep atu

Madayumay a nipavana' tu Pangcahan

◇◇◇

I terung nu savaw tu enemnay a vinacadan nu Yincumin nu Taywan, u saadihayay nu tamdaw ku Pangcah, maka tusa a pulu' ira ku cacay a emang lima a malevut kiyari ku tamdaw anini, mikiadihay tu nipalatuluwan nu cacay tu Yincumin nu Taywan. Tusa ku misitekeday a tatuasan nu Pangcah---Mikadavu ku vavainay, u wina ku miterungay a milimuut tu sakaurip nu parud nu luma', cacay kiniyan. Makelecay a nikasaselaselal nu vavainay, cacay kiniyan. .

I Huwalen tangasa i Pusung a masalapacay a laed nu lutuk, saraucuucu' saan ku Pangcaha maru' itila. Caay kaalu:man ku i Palidaway. Pasu micudungay a masasauwacay a lutuk nu Hulen tangasa i Pusung, atu i enaray mililisay tu liyal nu sawaliyan a lutuk. Caay kaalu:man ku i Palidaway a maru'. I milalatay tu liyal a enar ku aru' nu Pngcah, sisa sipalumlumen nu tarakaway ku Pangcah i "pingti Yincumin".

Sanad han a palatusa a kaput ku Pangcah nu masarucuday ku nipitelac. Saka cacay a kaput--Nanse amey, Siyukuruan amey, Hayian a epah ku sapatata. U "Wina nu seseraan ku tayu" saan ku Pangcah, kalamkam a mavuwah ku tayu kiyami, masakilemel a maurip, u sakacaay kaputun ku nipatulduyan tu wawawa:wa lalalala:d saan.

mey, Malan a mey, atu Hengcun amey, lima a ngangasawan. Saka tusa a kaput—I amisay(Nanse amey), makaterungay(Siyukuruan amey), i timulay(Malan amey atu Hengcun amey).

U niyaru' nu tatuasan nu Pangcah, kapah ku nikasilsil a masaraucucu' ku aru'. Maulah a paluma tu icep tu apalu tu kamaya tu alupal tu kiyaves atu kuwawi. Kanahatu, ira:hen kunu winaan a nipilimuut tu nikaurip nu parud nu luma', nika, mapasiwartu nu kaHulaman anini, awaaytu ku mikadavuway nu vavainay. U vavainan tu ku sitatudunay, a milimuutay tu sakaurip nu parud nu luma'. Kapawapawan han tu ku misitekeday, kapawapawan han tu ku misitekeday a nipilimuut nu wina tu sakaurip nu parud nu luma'.

U misakanguduway tu sadak sananay kita u Pangcah, pasuelin tu nısapatasan a nısanga nu Wama i kudul a kakarayan atu seseraan, a micemek a mangudu kita tu Wamaikudulay. I terung nu mihcaan, cikanca ira ku nisalisinan tu palangaway, milaedisay, miadupay, malalikiday, misakawasay marengrenay a demak.

U sasapaiyuwan nu tamtamdaw atu pinalangaw

U sasasuwalen nu tatuasan nu Pangcah ku sadak sananay a pinalangaw, caay kawu kakaenen a cacay, dengay a sasapaiyuen atu sapatata nu misiketay. Iterung nu nipisalisin nu Pangcah, sasapaiyuen nu tamtamdaw, mamelawtu ku nipiyala nu tamdaw ita a mihadeng tu adada. Ina ayaway a nikaurip nu niyaniyaru', away hen ku isin atu sapaiyu, terung han ku rengus a mihadeng tu adada. Ina mahiniyay a sasapaiyuen a rengurengus, u maalaaytu nu mita a maurip tu remiremiad.

Mahaenay—U papah nu runi, pekpeken sipatuhepi' i nikaveruhan, kalamkam a mahadeng caay kalevawa, kadadesi. Niruhruh han a dungec nu uway, sipatuhpi' i vihid anu adada ku wadis, caaytu kaadada.

U paepahen ku tayu(daydam) patuhpi'en i nikatuluan nikapilu'an. Simataen ku teluc nu lalengac, ruhruhen a kemaen masadak ku vasal. Anu mapiyas, u teluc nu kiyaves, kemkem han a mienuc, pacevuen i nanum a nisakaviyn', madengaytu. Pacamul han tu epah ku tayu a mipasipasip tu duka, samangta aca ididen han a kemaen ku dungec nu lalengac, dengay a sapiadah tu vasal aca namapiyas, kaw teluc nu kiyaves ku sakavasen a kemaen...U matiniyay a sapaiyu a lengawan , awaay ku nisuritan i cudad, itiya satu i niyaniyaruan ku sikavana', u mavana'aytu Pngacah i naa:yaw.

U papitilaan tu kakaenen nu tatuasan nu Pangcah.

Caay kayniyan u nikavana' a misacacak tu dateng, mangalev ku vana' a misanga' tunu kakahiraan a papateliyan tu kakaenen, masitudung tu nipisuped tu pida, caay aca parawacu tu liklik.

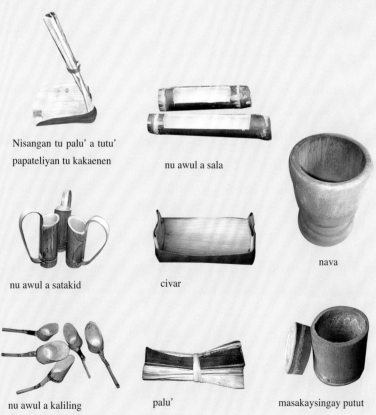

Nisangan tu palu' a tutu'
papateliyan tu kakaenen

nu awul a sala

nava

nu awul a satakid

civar

nu awul a kaliling

palu'

masakaysingay putut

048

U nisacacakan nu tatuasan nu Pangcah

Nisacacak ku tatuasan nu Pangcah, ira ku mituduhay, ira ku miididay, ira ku mitamekay, ira ku pacevu' han i nanum a misakavi, ira ku patinesay, ira ku mirahkaday. Kataumah saw a misacacak tu mahaenay a nipiccacak nu Pangcah, sakaulahan saan yu!

Tuduhen:

U madayumay atudi ku mituduhay, i luma' i umah madengaytu a misalamal, sulsulsen tu awul ku vuting madengaytu a tuduhen, u ayam, u kapurus u kahiyu u mancel ku ruma.

Tameken:

Nu naayaway a nipicacak ku tamek hananay, kalien ku sera a misalamal, pavekeluh han i kudul nu lamal, vae:det tu ku vekeluh, pasaksaken ikudul nu vekeluh ku papah nu pawli nu lalengac aca, tuwa patelien tu vunga tali atu taviras, tahpuen aca tu papah nu pawli unu lalengac aca, salikulay lavungen tu sera. Anu macacaktu wadwaden a misalesu' a kemaen.

Rahkaden:

Sakalivutan ku rahkad hanany a nipicacak. Yu misahakhak, anu u kudu ku sapirahkad, uruma ku vangsis nu hakhak. Tuluen a tatukiyan ku nipilalu tu panay, papapunen ku kudu a mipinaru tu panay. Piarawi haw! Yu mipinaru tu velac, akaa pipipi piriwariw aca tu velac caaya kacacak ku nirahekad. Anu pananum tu dangh sadengayen, ayi sasaen nu papun, mararida ku papun a caay kacacak ku nirahkadan.

Ididen:

Satarakawen ku nisacaca'an tu kilang i kudul nu nisalamalan,cacay a kawat ku nipiliyas tu lamal, silsilen ku titi' i kudul nu caca', velivelin han ku titi tangasa i nikacacak.

Patinesen:

Yu talaliyal talaumah ku matuasay nu Pangcah, sicivartu tu nisangaan tu palu' nu icep, sapicacak tu kakaenen. Tangasa anini ira hen ku patinesen tu taviras atu vunga,

kiwahen ku vuhang i umah, tiya misalamal a mituduh tu vekeluh , riyuten tu papah ku vuhang, tiya patelien ku tali,vunga,taviras herek sa pahepuen aca tu papah, i kudulen ku sera a sapitahepu talahantu ku nikacacak tu kakaenen.

Pacevuen i nanum:

Pananumen ku dangah, anu kemuku'tu ku nanum, pacevu'en ku nisuvawan a dateng a vuting a titi' a misakavi.

Sakatusa a lulud

U SASADATENGEN A MAURIP

Akaa haw kasidait tu nasapaiyuwan atu nahuwasiyean nu damek i sadak sananay a "datedateng", u ingyang nira malca:dtu tu kaludatedateng. U papahay ku kaenen a dateng, adihay ku cienwice atu uyisengsuA, C, sangaleven tu kuwanguce ayira:tu adadii, matiya u lien, u tiye u kay; A caay kaawaay ku tienfence nu lamitay ku kaenen a dateng; U heciyay ku kaenen a dateng, adihay ku tanpayce. Mavana'ay tu dengayay a kaenen a pinalangaw, caay kayi tini a cacay inipisamaamaan tu dateng i nikaurip, anu masulep masuaw i umaumahan, dengaytu a miyala tu kakaenen, sakaurip tu remiremiad.

U mamelawaytu a dateng adihay ku caayay kalcadcad nu asu' atu ingyang. Itina datedatengan, semsem han a misamanta a kemaen dengaytu, vahal mikialengel tu kaludatedateng, anu tustusen tu cilah sutu a kaenen. Madayum ku nicacak nu Pangcah, pacevu' han i nanum, rahkaden, kavadasen hatini ku sapicacak tu kakaenen, iran u pacamucaml han ku datedateng i dangah a misavel, yurma waluwaluway ku sakasiwa saan ku karas nu niyaru'. U ru:ma ku alesu' nu kavi, caay kapawan ku namikaviyay a tamdaw. nu kavi, caay kapawan ku namikaviyay a tamdaw.

Midateng tu dadatengen

U savanaay a midatengay nu Yincumin.u Pangcah, talalutuk, talaliyal talasauwac, maala amin nu Pangcah ku mamakaenay. U teluc u papah u akaway u varu u heci u lamit nu pinalangaw, mavana' amin ku Pangcah, caay aca kalitawal nu remiad. U caayay kayi lutulutukan ku langaw a dateng adihay. Mamelawtu i liklik nu putaputalan, i lalalalanan nu sakataumah, matenesay a nitastasan tu luma'.

Kanahatu madayum a midateng tu dadatengen, nika, awu mavana' tu kalemangawan nu dateng a remiad atu liklik, u sakatahdauc a kemaen tu sadak sananay a dateng, sakangaay aca nu midatengay a midateng. Awu caayay kawu parawacuway tu liklik nu sakaurip, awa caayay piciwari tu lekakawa nu rikec, awu masarucuday, masinanutay ku vana' nu midatengay.

A u macuwaay a dateng ku dadatengen?

Adihay ku masakilemelay a mavuwah nu pinalangaw, u masavelaway ku nikasadak a lemangaw, mahaenay u paringand nu Pangcah u pungangah u tatukem u karipurut u pahciway u kerat u samawu'... Matiniyay a dateng, salahkel han ku valucu' a midateng, u luengelay a teluc ku kitucen kiyami, caay kawu sakalihalawan a malasawad ku langaw. U caayay kavana'i kawu masavelavelaway, madengaytu a kaenen anu saan, sadengay han ku nipikituc, akaa haw kaanuv; Sakayi tini awaayay a melaw caay aca kaw kalakamay a mavuwah, akaa haw piyala. Akaa haw pidateng tu caay kavana' i a pinalangaw.

Masarengsay a langaw nu dateng, anu kitukituc han a midateng ku teluc silutuc aca a pacaang. I kudulay a takulitan u kamuwang, i sasaay a takulitan u kalipudut.

Icuwaay a dateng ku caayay kawu mamadateng?

Kayi heraherakan saan a lemangaw ku makaenay a pinalangaw, nika, akaa pisadatedateng isasaay a nisuwalan a pala.

● Anu ira ku nipacudadan tu mihaydaay a cudad, itiya a tayra midateng. I Kuociya kongyun, atu nitumicekan a pala a padihing. Nawu nipadihingan tu masamaamaa:nay a mauripay, a kaa haw katayra a midateng.

● Akaa haw pisacumucumud i umaumahan nu tawu a midateng, u mitakaway a han kisu a pavaliw. U siseraay, iratu ku nipirangat nipapaya tu sakavan'aw nu talalutukay, u milalangay tu midatengay atu remakatay.

● Milalang i kakitilaan nu hitatay a misasing a misarakarakat, sakalivutan saan anu miciwari tu lekakawa.

Pasevana' tu nitaelivan a nipidateng

● Lemangaway i susuemetan i sasasaan nu kilang a dateng, raemed ku papah atu akaway, nika, av:esa a kaenen. U mapacidalay a langaw nu dateng, luenglay a teluc ku makaenay, mapainging nu cidal kiyami, manay kalamkam a maikes.

Anu talalutuk a miadeci, kasicabaytu sakasasasingari han nu valucu', anu sinatatukiyantu pucien hen a maturin miadeci, vaeketa ku aurungan.

● Ira ku milaladay a pinalangw, mahaenay u kultu, i sasaay a lamit ku makaenay, anu mikali kilimen hen ku tatapangan nu langaw tuwa dudu han amikali ku tatapangan nu langaw.

● I cacekahan nu kacanglahan tangasa i cacekahan nu kalaludan a palutuc, adihay ku i kalaludan tangsa i pusur nu kasaliwsiwwan a maruhem ku heci, anu mangalayay a kemaen tu itiyaay a dating, pisameteki a mitapal tu palapatan a midaten malitawala.

● Yu mimukmuk i dadahalay a vuluvuluan a miadeci, luecen tu lahngangay a kared ku nikayraan a vulu', sakakivana'an, anu mavelec' dungdung hantu ku nipakakivanaan a lalan. Anu caay haeni, maceved ku vuluvuluan dadahal acac murarawa, a saliyuliyut saan i lalavu caaya pakasadak.

● Anu midateng kasipapitilantu, matumestu ku kamay patelientu i aluvu, hangay maseduk ku demak. Caay yaca kaludaut ku dating.

● Anu midateng kasicavay tu mavana'ay a midateng, tu sakavana' aw tu dadatemgen, minanam aca a maanen ku nipidateng ku kapahay. Mahekulung a midateng, riharay ku valucu'.

● Anu mangalay a mavana' tu a dihayay nu masamaanay a dateng a pinalangaw, alaen ku svaruway siheciyay a langaw tu sasamelawen, sangaen tu piyawpen u takulitan. Cacay, tusa, tulu aca a remiad, haen saan ku demak isu, araw a makavulad, adihaytu ku nitaelivan, a adi:hay ku kavanaan isu.

A maanen a misanad ku siredekay a pinalangaw

◇◇◇

Awu mavana'ay a misanad tu siredekay a pinalangwan ku midatengay, caay kawu nipimelaw a cacay tu mamelawen a cudad, dengay a palita tu masarucuday kuvana', ira ku madayumay a nipisanad, melaw han tu anu tayra midateng.

Saka cacay：U sicicaay a pinalangaw, matiyaay u Sangke u Ciyuke a laylayan, iratu ku nikasiredek tu a tudi, manay anu caay hen kasametek ku vana' akaa pidateng.

Saka tusa：Caay kawu masametekay a pinalangaw, piciwen ku papah a pateving i sema, anu kalaledahan, micungdus aca ku sanek, akaa pisaalaala a kemaen.

Saka tulu：U makaenay nu ayam nu kalavaw nu kapurus nu kuliyul a dateng a heci nu pinalangaw, u madengayaytu a kaenen nu tamdaw. I hutin pararapaan pasiriyan, anu masalulu'tu ku langaw nu pinalangaw, a waay ku nitevtevingan, mavana' ku rarapa atu siri tu caayay kateving a pinalangaw.

Saka sepat：Alumna ku semuwalay, u vangcalay ku kulit a vaniw, u siredekay saan. Sulinay caay isaw kahaen ku demak, macuis ku ruama. Anu caay kavan' tunu vaniwwan a laylay, akaa pisatanetaneng a kemaen.

Uruma, u saka caay karedek nu dating, ira:tu ku dadaduduen a lekakawa.

Saka cacay：U siredekay a pinalangaw, yu cacaken pakakemuekuen, malasawad ku redek anu macacakaytu ku kaenen, caay kamaamaan ku tiyad.

Saka tusa：U nitaelivantu mamecmeccaytu ku vana', anu malcaday a pilangawan akaa haw kalawit ku nikaen, mapiyasa, u dateng hananay pakalietec tu tiring kiyami.

A maanen a milimuut ku alengelay cupelakay a dateng

Siulat isaw ku dateng, tadaatekak, tadakuvesit, tadatataak, tadacilemin. A maanen hakiya a milimuut ku mahahenay, tuwa mangaay a kaenen, awu caayay kawu amerakay ku nipilimuut.

U sakayi misitekeday a alesu' nu dateng, simaulahay a tamdaw, simanawayay a tamdaw. A maanen a miterek, mivalah, mitungal, miserep, awu mavana'ay tu pinalangaw atu matenesaytu mananamaytu savana'ay a misacaca tu sinavel. Iratu isaw ku makaenay nu sadak sananay a pinalangaw.

Mahaenay u mamelawaytu a cihing, tatukem, pihaciway awaawaay ku misitekeday a sanesanek, u madayum a limuuten, ciyan han pacevu' han, alesutu a kaenen. U caayay hen kananam a kemaen tu dateng atamdaw, pisatanetnengen isaw a kemaen.

Isasaay haw, u nipakaynien i misitekeday a dateng ku nipilimuut, nipavana'.

U siulatay a dateng

Sipakayni i nipakaraemed tu ulat ku saayaway, pacevu' han i nipacilahan a kemukuay a nanum ku dating a mikavadas, tuiri, sudaten a misenger i lietecay a nanum(Nu kulia nanum ku sakapahay), makatukitu sasaen. Anu haenen, masavaluhaytu ciraciratu ku manta' caay kasumad.

Kalacilecileminan a dateng

Kavadasen hen ku ayaw a mivalah tu cilemin, anu cilemin henay, sanu cileminay hank ku nipicacak, pala u cu han a kemaen madengayaytu. Nika, a misacacak tu mahiniyay a dating, cikanca awu macacaky ku nicacakan, tu sakacaay kaadada nu vituka. U cileminay a dateng ku cleminay atu pungangah.

U singangayay a dateng

U singangayay a dateng, u paheku u vadukuk u kultu u likulun, u teluc nira u lamit aca singangay, pacuen, pacilahen, pavirawen i minhun a mitenger i simal. Dengaytu a kavadasen patustusen i nipekpekan tu kenaw a tawiyu, pasalaen aca a dengaytu uruma ku alesu', u nihaenan a misacacak masarumatu ku vangsis.

Kalalaldahan a dateng

Adiha:ytu ku kalaalaldahan a dateng, nu kulangan nu saytawwan alaylay, alaldahan a kaenen, masaseksek tu epaw atu cupel, micungdus i ngangusuan milekal tallusa kita nakemaen. Aluman ku nateving sahe a kemaen, araw mananam tu misacerekay micungdusay a kaenen, halikaen tu aca. Sasangaen tu saparasras tu ruma a sinavl, mahaenay u tana'.

Alalengelan a dateng

Nu ciyukean a laylay a dateng, u sama u samawu', alengen a kaenen. kavadasen hen a miciyan misavel, tangsul han a mitenger tu simal, malasawad kiyami nu vaedetay a simal ku alengel. Nika mapadangtu nu alengel ku nipimurec nu vituka, kakemaen saw anu makakaentu.

Kalcupecupelakan a dateng

Kalcupecupelakan a dateng, u dungec nu icep u tevu', kawu lietecay a nanum ku sapicacak, a makapangkiyu nu tatukiyan a micacak, akaa haw kawu kemukuay a nanum ku sapisavl, matungala ku cupelak.

Sakatulu a lulud

◆

U TAKULITAN NU DATENG NU PANGCAH

Nu heciyan a laylay a dateng

I palapatan nu kasariwsiwwan, kasienawan a maruhaem ku heci nu dateng.

U kamaay akulit u kiyukiyuway a kulit u mataay a kulit, tanukavi saan, u pakaedemaya kaenen.

Dengay sasimantaen a kemaen, peruen a pacilah ku ruma.

Sangaen tu kwociyang, nisaepahan tu heci.

Mitanam tunu tahadaucay a nirahtengan nu i umaumahay a wawa.

U kilang nu apalu

Na tayiraaytu i Hwalin, makamelaw tu samanta' sananay a kulit, tataang ku tatapangan, tanu caang saan, dadada:hal ku papah, maluvic ku heci, u kulawlaway ku kulit masapucupucu' ku kurut nu vanges, u "apalu" han kiniyan. Siheci i enemay, pituway a vulad tu mihmihcaan. Ina kulawlaway a heci mahaen u tataakay a minpaw, kalahae:nan u adidiay a polomi. Nawu Hwalin a cacay ku silamgaway, misuritay tina cudad yu wawa hen tangasa anini matuastu kemaen henay, yu kavaliwsan tu mihmihcaan, iratu ku sasapudan mapacpacay nu vali a apalu.

U Hwalinsyin Sofongsyang i Yimecun, Ciapaluwan han ku ngangan nina niyaru', na adihay ku nipaluma tu apalu kiyam, manay Ciapaluwan han ku ngangan. I niyaniyaruan nu Pangcah, ira aca ku nipaluma tu apalu i liklik nu luma', inaayaw yu mawumah hen, nipahavayan a rarapa i sasaen nu apalu a pasiket, kaludamek han tu ku nivalahan nu rarapa, manay taktaak amin ku tatapangan maluvic aca ku heci sipaahen i viyaviyawan.

Puhcien kina apalu, kelapen ku i terungay a ukak,dengaytu a samaamaanen a micacak.

Tavuwen nu runah ku paenu, alesu' a kaenen siingyang aca.

Hinacacak ku Pangcah tu "pahipuwan a apalu."

U sasasuwalen, ku nipaluma nu niyaru' tu icep u apalu u vataan. U taterungan nu mita u Pangcah ku apalu a misasinavl, anini maulah amin ku vinawlan nu Huwalen a kemaen, u caayay padameki pasapaiyui, sakapahay pakataniktikay tu tireng a heciyan a laylay nu dateng.

U ingyang nira, taterungen ku Tangley, adihay ku Kay, Lin a Kuwangucan atu Wisengsu A, B, adihaytu ku kakaenen a Cienwisu. Caay kasiadada tunu aniniya a adada(wuenminping).Mitutucay tu apalu a kemaen i sacaledesay a kalaludan, tu sakasaepi' nu tiretirengan.

U heci u paenu makaen amin, madengay amin a iluhen, tameken, ciyanen, sakavien, u misitekeday ku alesu' a kaenen ku apalu, caay kaawaay i nipatahka nu tamdaw nu Huwalen i pivangtangan nu kalaludan. U sadayumay ku nisavel nu tatuasan nu Pangcah, u "Nipahipuwan a kavi nu apalu" hananay, pacevu han i nanum anu matengertu pahipuen, caay katenes pacilahen. U ruma satu Hongsawwen,Liyangpannen,sangaen tu Suwanlatang, atu nitengeran tu simal, caay isaw kalcadcad ku alesu' a kaenen. U paenu nira, ididen, tengren tu simsl, savelen, misiteked ku alesu', mikikaka tu vangsis nu kudasing.

Pivangtangan nu kalaludan katayni hen i Hwalin a mihulul, caay kayniyan u nikavecul nu mata, mitanam hen tu "Saalsuay a tahka nu Pangcah." u nakemanay tu apalu a tamdaw, awaay ku caayay kasemual tu "Uruma ku allesu nu apalu."

Caay kawu heci a cacay ku kaenen nu mita, u sakapahay a sasuwitupawceen a kilang, mikapet tu sera ku lamit nira i masacierisay a umah, dadahal aca ku papah, sadak sananay a sapihpih, mapalidung ku sera sakacaay kakackac nu urad. U kilang nira, sasangaan tu cipan u nava atu lalusidan nu luma'. Anini i Taywan, i Hwalin ku saadihayay a langaw nu apalu, sulinay, u taniyaru'an tu nu apalu ku Huwalen. Nika caay kalcad tu i niyaru'ay nu Pangcah kaluvic katatak nu heci, nikayliyangantu kiyami ku sapaluma, market aca awaay ku damek nu namakayi rarapaay.

Taur

Anu halisicedamay kalcicileminan kisu, maulah aca a talaumah miperu' a kemaen tu caayay papidai a heci. Kalusuwikuo han nu i naayaway a wawa nu Pangcah, peruen ku limalimaay i kapalen alaen ku punar, uva' hatu a mimulamul pasadaken ku paenu, kinapinapinaen a miuva' pakasingangay caaytu kasuaw mavecul tu aca.

Tu mihmihcaan nu i cacayay, tusaay a vulad (I terung nu nipivangtangan nu kasienawan), talaumaumahan, sasauwacan, lalakelalan, liyaliyalan makaeraw tu tumahaenay a langaw nu heci. Aku u misuritay i tina cudadan, yu adidihen mahakulung atu cavay talaumah a miperu', kemaen tu caayay paacai a taur, sulinay caay kawu kapawanan ku alesu', anu adihah ku niperu' dengay a pawalien a misinga, pawanengen a misenger, sakuoceen atu kuoce.

Caay katalaw tu kedal ku taur, kilemel a mivuwah, lemangaw tu i awaayay ku damek, maulah a lemangaw i tanawaray a lakelal, i lililisan nu liyaliyalan. Sitintin ku papah akaway atu heci, sakayi kedal saan, masadit ku papah, saka caay kakalamkam a malasawad ku nanum nu papah.

Caay katara:kaw ku kilang nu taur, salikalikaku' saan ku caang, langalangaw saan i lalaedan nu kilakilang nu vekeluh atu i vuhang nu mapuheday a kilang.

Anu sadimelen a paluma ku nanip nu tawur i kureng, samaamaanentu ku nipiluec nipipusut, malamisitekedaytu a kilang kapah a melawan, matekes ku aca anu cakayen.

U maulahay a paluma tu pinalangaw a tamdaw, u tatangicen nu heni ku taur. Itina mihmihcaan kalien amin ku i lakelalay i umaumahan a taur, marawacutu ku lalangawan nu liklik. U palumaay a tamdaw kawu paenu nu taur ku sasapalen a paluma.

U Natawran han nu Pangcah a pangangan ku Hwalinsyin Ciansiyang Nancangcuen, ina ayaw naadihay ku langaw nu taur kiyami, masarumatu ku nikaurip nu niyaniyaru', paluma'entu a satusecihuwaentu manay liteken amin ku taur, tusa tu a tatapangan ku materekay.

U sasapaiyuen amin ku langaw nu taur. Mihadeng ku akaway nu taur tu fongse, levawa, hiwhiw, miriwasak tu leseles, pakataniktik tuvuwa. Mihadeng ku lamit nu taur tu fongse sencingtong, fongse tengtong, fongsesin kuwanciyeyen, senkuwi yawtong, tiyeta sunsang, atu vala'; pataniktink tu tiring, pasaterep tu piyas ku heci nu taur.

Vataan

Anu mirakarak kisu i niyaru', makamelaw tu kulawlawway a varu, lahngangay a varu nu vataan, i ngataay a umah, i aayaw, i lalikul nu luma' atu taritaringan, cikanca u nu Pangpangcahan a niyaru kiraan. Ina ayaayaw, pakuyuc ku nikaurip awaay ku maamaan, taterungen ku vataan itiya, u mamamedacen nu wawa nu Pangcah. Yu pakaen tu rarapa, sinisimed amin tu vataan i suvuk, makasimsim a nini sakatawaan saan, tangasa anini maulah hen kaku a kemaen caay karenec! Tu mihmihcaan i pesur nu mihcaan savaway tu tusa a vulad, tangasa i cacekah nu rumaan a mihca tuluway a vulad a mivataan, masitudung a sasinavelen i nipaanip tu palaludan. Inaayaw yu paaniptu mapapaliw tu kami atu viyaw, cikanca palita ku ayaw aku tu " sivataan haw i kalahukan." Yu ruma anu cacacacay aca ku vataan i takar, madengayaytu itiyaay a nikauip.

Anini caay ka adi:hay ku nipalumaan tu vataan, sulinay, madayum a paluma tu vataan, awu malicangay a vataan ku sapaluma. I cacayay tusaay a vulad tu mihmihcaan a paluma, makamuketep a vulad napaluma sivarutu a siheci, i tukus ku sakapahay a nipaluma. Yu

masadaytu ku langaw maperu ku papah, kalceracerahan ku puci nu rara, putuputun han ku siheciyay a caang, licangen a micahcah, sakapahay a sakasuyen ku nicahcahan a langaw. Ira ku suwal, u saayaway a tayni a malinah a maru' itini i Kuwalensiyen Kuwangfusiyang matayan a Pangcah, adihay ku langaw nu vataan, dengay kaenen ku rara, sisa pangangan han tu vataan a ngangan kina niyaru'.

U nisacacak tu vataan, pavaduwacen tunu vavuy a misakavi. Tusa a tatukiyan ku nisenger tu vataan, kavadasen ku vaduwac nu vavuy patayuen a micacak, vangvangen ku lamal kemukutu ku nanum, hamanantu ku nipakasuy, tusa a tatukiyan ku nipitenger pacilahen dengatu sipatata. Mitudungay tunu Taywan a nicacak ku nihaen, unu Pangcah a nicacakan, pacevu han i nanum pavasisen pacilahen', mihecep tu simal ku vataan kiyami manay caay kareni a kaenen. U rumasatu, sitiyenfen sitanpayce ku vataav, mivalah tu redek,

U tada kakaenen nu Yincumin kina vataan. I tangasaan tu a mivataan , a pudacen hen ku yu puhci nira, tangsul han a misacakcak, u ruma pawalien iri,itiya a misinga'

nikalicaan nira, tiya a misaupu tu vataan.

pakakilemel tu tireng, pakatamelac tu isi' caay kasikata.

Anini i masaniyaru'ay nu Yencumin a makilim ku vataan, mahaenay i Kuwngfun: secang nu Huwalen, anu silawad katayra may a micakay pataluma'en a micacak. Masaruma masaruma ku niyaniyaru, adihaytu ku kakaenen, caay tu kawu mamamedacen nu wawa nu Pangcah ku vataan. U nipaluma tu vataan caay tu kahanen inaayaway ku adihay, nika, iratu ku sitesiteked sananay a makasimsim a Pangcah, tu caayay pilecad tu rumaan a rara' ku alesu'. Sisa silangaw hen i likli nu luma', i tukutukusan, matiya u semuwalay ititaan, u nitaelivan nu tuas sananay. Nika, anini caay tu kamelaw ku mivataay i umaumah.

Caay tu kaadihay ku langaw nu kamaya i Taywan, nika, mamelaw hen i niyaniyaruan nu Yincumin ku adingu nira. I waluway sıwaay a vulad tu mihmihcan u sakaulahan nu adiwawa cira.

Kamaya

U heci nu kamaya atu heci nu alupal, masasengi ku tataak ku kulit ku tahpa nu kimulmul; u puci' nu kamaya sivanuh, kalmuhmuhtingan ku lahngang, u savangcalay tu nu suwikuo, talngangay kita tu vangsis nira. Mikikaka tu alupal ku asu' a kaenen.

Anu manglay a kemaen tu heci nu kamaya, sapuden ku mahetikay isasa u maruhemaytu kiraan. Kavaliyusan mahemin a pacpacan nu valiyus, maulah ku adiwawa amisapud itiya. Yu a maruhem ku kamaya, macerah ku kulit arw malalahngangay kalmuhmuhtingan tu ku kulit hetik satu cira, u maruhemaytu sicedam savangsis saan a kaenen. Misiketay i langaw a heci nu kamaya, masarumaruma ku kulit, masatuku ku rakat ita a misametek a mimelaw. Yu u wawa hen kami, i karuheman nu kamaya, tu davadavak maratar a misapud tu maruhemay a kamaya, mikilmtu tu tamdaw a mipuci'.

Uruma a nikakemaen tu kamaya, pecuen ku mataay a kamaya pucien a miyala tu paenu, tingalaw raemed aca ku caayay kaikes a paenu, cikciken papingtangngen pakulien aca, mulamulaen a

Pucien ku vanuh dengaytu a kaenen.

Lipaenuen ku caayay kaikes a kamaya, sademsem a kemkemen.

mikemkem urma ku alesu', misetset tunu aniniyay a cengcunayca.

Kapah amin ku kilang nu alupal a sakilangen, mangalev kunu kamaya, u sakapahay a sasaalilien, madengay a sangaen tu lalusidan.

Mahaenay u salawa tu vali u padadinguwan u papitilaan tu maamaan u cingkul u alapit. Manaun ku nikalemahad nu kamaya, u sapadaca nu kamayay, kalvuhcalan kallahengangan ku kulit nu lilis,muhetingay kumeced aca ku terung, uruma situris tu kiyukiyuwan

u landaway vangcal a melawan. U "Heytan" han nu kalutamtamdaw, u misilsilaytu ku kamaya. Matekes ku aca nu kamaya kiami, awaawaytu a mamelaw ku matuasaytu a kamaya. Caay kayniyan a cacay, vangcal ku langaw atu kulit nu heci, sipalumaen i putal nu luma', matungal ku vangcal nu liklik. Uruma, u sakapahay a langaw nu milawaay tu vali nu liyal.

U satikede nu Pangacah ku nipaluma tu kamaya i niyaru' nu Yincumin.

Nu heciyan a laylay a dateng

Karimucud

Madidiway salahengang sananay a heci u karimucud kiraan, madicem ku pulut masusu ku tapang, kalhaenan u likat nu lacik, kalhaenan aca u dingki nisitekedan a misang, mangalev yu maruhemtu i langaw vangcal a melawan. Sisa aluman ku palumaay i kureng a pakay i luma', mamamelawen.

Ira ku masamaamaanaytu a cupel, i liklik nu putal nu luma' nu Yincumin i cayhuy aca, makamelaw hen tu langaw nu karimucud. Inaayaw u sinavl nu Yencumin, tangsa anini caaytu aca kasawad a paaldah tu sinavl. Aluman tu kiyami ku mangalayay a kemaen tu karimucu, mavana' ku Yincumin a pacilah tu sapacakay, u sadayumay a nipacilah kunu heni, nisuvawan a karimucud hirhiren a milicang, makatusa a remiad pacilahen a pakayi cungal paepahen, u matenesaytu a nipacilahan, vanuhung ku vangsis.

Adihay ku wisengsuA, C nu cupel, mikiadihay tunu kama atu lingmong(U adihay nu wisengsuC nu mantaanay nu cupel, liyangpe' ku nipiadihayan tunu kamaan a laylay; U maruhemay a karimucud, lahngangay kulawlawway mangalev ku taraw nu wisengsuA, C. kaay aluman ku caayay kavana' a tamdaw tiniyan! Inaayaway a nikaurip pakuyuc araaw tu kakaenen, u cupel ku makaenay araw u makalawaay tu masamaanay tu a adada.

U macakataytu ku nikaurip nu aniniyay, matuas ku mihcaan rudayit ku remes, sakasivalecay a adada, tarakaw ku remes atu tankucun. U hina kaenay tu aldahay a kakaenen, naunsa a tingalaw ku remes namakuta, ayira isaw ku makadungdungay tu aldah a vituka. U vana' nu kalutamtamdaw saaldahay ku karimucud, u kapahay ku vituka itiya a makakaen. Nika kemaen tu nipaaldahan tunu karimucud a kakaenen, pakasingangay tu nguyus atu vituka, pakakapah tu vituka pasadak tunu navaliyan nalietecan a adada. Uruma pasipasipen i vanges, pakakalamkam tu rakat nu remes, pakalahngan tu vanges. Sulinay aluman ku misasapaiyuway tu cupel, a pakakapah tu vituka mivahvah aca tu adada nu navaliyan atu nalietecan, tangasa i sapihadeng tu piyas tu sukut tu adada nu wadis atu sikata, nika awu

Suvawen ku karimucud, hirhiren a milicang,pacilahen atu epah a misenger, cacay a lalipayan dengaytu a kaenen.

matatudungay ku nikaen. Urumaytu, mahaenay a tamdaw, tangsulsa a malevawa, adadaay ku pukuh, adadaay ku vituka,akaa haw kakemaen, pihacengay ku adada. Utiihay ku tiretirengan nakemaen tu aldahay a kakaenen, aka pisaadihay a kemaen. Sitekedsa a manawayay tu nikivi a kapah, pilualeli a kemaen tu cupel.

Silaciyawsu kiyami ku cupel sisa aledah. Pakaynien i adihay nu  laciyawsu, makivana'tu ku aledah, namaka nitaelivantu a mavana' kita, u nu remiad nu cidal nu sera nu nanum, pasu i picupelan a palapatan ku misiwaray tu laciyawsu. U sasasuwalen, dihemay ku aledah nu i suemetay a nipaluma tu cupel, nika malcaday a nanip nu cupel, sipalumaen i caledesay, kaay atekak ku aledah.

I nisacacakan nu Yicumin tu pacamulannanay a sinavel, ira ku luengelay a papah nu cupel, masitudung a kemaen ku caayatu ka sipinang ku nipimelaw a matuasay, iraan aca matalaway tu lietec ku vituka.

Nu heciyan a laylay a dateng

Vangsisay a panay

I tinamehmehcaan mapamatatu ku serangawan nu Yencumin, u kakaenen nu pangcah a "vangsisay a panay", Mahaen u nipacilahan tu vuting mavelin aca a lemuwad. U satekesaytu ku aca nira, adihay ku ingyang, siwisengsuA, E, tiyece atu tanpayce. Mikikaka tunu kaluvelacan, caay kawu sasangaan tu sangidangidan a kakaenen a laylya a cacay, u sakapahay a pakakapah tu caayay hen kataniktik a tamdaw atu namasuvucay.

U misitekeday a nipalumaan nu Huwalensiyen Kuwangfusiyang ku vangsisay a panay. U sasavudawan a kakaenen nu Pangcah, pikikungan, pikapatayan, pikarimurakan, pisalisinan, u vangsisay u epah u icep ina tuluway, caay kanca a patataen i talatuas.

U suwal tu tuas nu Pangcah namahaen saan, yu malinah a maru'
i Taywan. Itiya, misuayaw tu tataakay a vali masalutukay a tapelik,
tanguur a miliyas tu lalumaan, sinikeridtu tu cacayay a pawti tu
vangsisay a panay i lunan, u vavuwahan a kakaenen nu tuas i katakahan
a kakitilaan. I nikalinahan a maru' i Hwalin tangasa anini palangaw
hen tu vangsisay a panay. Tangasa anini, yu iratu ku mikikungay,
makapatay, karimurakan atu tataakay a lisin, a mirahkad amin tu
vangsisay a panay, u sasarahtengen a caay kapawan.

Kanahatu palangaw tu vangsisay a panay milecadtu tu nipalangaw
tu kalutipus, nika, adihay hen ku miduduway tu nu tatuasan i tukusen
ku nipalangaw, mahaen hen ku siteked nu vangsis tangasa anini.
Langdaw atudi ku papah, tarakaw ku langaw, kilemel tu sakayi
cirekay. Nika, rararaya ku kumes nu savak, yu mipanay mahepipi'ay a
langaw, mialik aca ku kikay uruma ku utiih, pasun u nipalangawan tu

vangsisay a panay, caay kaseduk a misiwar ku langaw tu sakayi cidal, i palaludan saan a palangaw, sisa, caay kaadihay ku sadak, caay kadayu a misadadahal ku nipalangaw.

Sahakhaken saturunen nu Pangcah a kemaen ku vangsisay a panay. Sakacacay. Cacayen a lavii ku nipilalu tu vangsisay a panay, pakayi kuduen a mirahkad, u vangsisay, ludayitaytu a hakhak. Sakatusa. U nirahkadan a hakhak pakai navaen a mitalik, pasutsuten ku sulu tu simal kuayaw a mitalik tu hakhak, u turun han nu Pangcah. Yu mirahkad tu vangsisay a panay piarawi haw, awu malaluwaytu ku velac, u nipacamulan "Cacay a turu ku vangsisay a panay, tulu a turu ku kalupanay." Tadamalicang ku lahngangay a panay kiyami, awa:ay aca ku cica', anu caay katatudung ku nicacakan a hakhak, caay pakaenuc ku tamdaw, wasilahud hen a kemaen, itiya a makatanam tu misitekeday a vangsis.

Mapamata isaw ku lahengang nu kulit nu lahngangay a panay, mahaen u sanhu ku lahngang, kalvangvangsisan ku kakhak nira, kalludayitan a kemkemen. Anu saturunen saangkukuwien samulimulien sapapawfanen sacutongfanen atu sapapawcoen, mahaen amin u masavaluhayay alahngang a temeli' ku kulit.

Kwawi nu Pangcah

U lemangaway i tadacaledesay ku kuwawi nu Pangcah, i sawaliyan nu Taywan atu Hongtoyu itiya a makamelaw, itila i niyaniyaru'an nu Yincumin, kalasuwiko han a kemaen. Nika haensa caay saadihayi ku nipaluma, sulinay isaw, adihay hen ku caayay hen kakeman a tamdaw.

I pituway a vulad tangasa i siwaay a vulad a maruhem ku kuwawi nu Pangcah, mikitataak tu heci nu kalukuwawi. Maruhemay a kuwawi nu Pangcah kalceracerahan ku langdaw nu puci', mareket ku minaruan, mareket ku heci i teluc nu minaruan. Duhepic ku puci', puci han ku maruhemay a heci, tataak ku paenu kuvetul ku heci, uruma ku sicedam, sisanek tu misitekeday a sangk a kaenen. Han saan ku cudad, sinanamaytu a tusa a mihca kinacacay a siheci. Makasepat lima a vulad napaluma sihecitu.

U nu tadaumahaytu a heci, caay tu isaw pilecad tu kalusuwikuoan ku kakapah a kaenen, nika u nikayiran nu masamaanay a Wisengsu atu ingyang, masasetset tu atu tawu. U ruma satu, ina mahiniyay a masamaanay a heci i umah, caay kawu kaaraawan nu aniniyay a tamdaw, pakaedem tu tamdaw a mitanam tu nu umaumahan a kakaenen. i kalalud a palaetan, i umaumahan, i lutulutukan, adihay ku heci, matiyaay u kuwawi nu Pangcah u lulang u kamacal, mangalayay a mitanam tunu umah a kakaenen, namisalesu a kemaen, akaa haw kapawan a paluma mivuwah!

U ruma, caver han a semuwal, i terung nina adihayay a suwikuo, adihay ku malapiyay a pawli, nika u nipitapal atu nikasemuwal nu tamdaw ita, aihay ku malapiyay a kuwawi nu Pancah. Yu makamelaw ku adiwawa tu malapiyay a kuwawi nu Pangcah, matalaw a kemaen, suwal saan ku matuasay, anu kemaen a malapi ku nisuvucan, itiyaay a nisimsiman nu tamdaw, caay kawu kapahay ku malapiyay hananay.

I pasawaliyay nu Taywan adihay ku valiyus i kalaludan, itiya yu masawawa hen kami, maulah a mavaliyus, talaumah, i viyaviyawan aca a misapud tu nipacpacan nu valiyus a kuwawi, sulinay sakaulahan saan! Tahadauc a marahteng ku nu wawaan a nikaurip.

U heci nu kuwawi nu Pangcah kuvetul sikavi aca.

Verus

Nikacacuruk a matatules nu kasariwsiwwan atu kasienawan, awaaytu a mamelaw ku varuvaru, macevar amin ku veruverusan malikat i umaumahan.

Dengay a kaenen ku teluc atu heci nu verus. Maverah ku lahngang kalkiyukiyuwan aca ku kulit nu teluc, nisuvawan kavadasen pacamulen tu sakaalesu', a dengay palitaulen patitien a miciyan. Ahcid ku heci, dengay a sacilahen, inaayaw maulah ku Yincumin a talaumah, u milavinay i lutuk a tamdaw, anu caay kadengay ku nikerid tu cilah, mavana' amin ku heni a maanen ku demak. Marekereket ku varu nu verus, yu macevacevartu ku varu, caay kasatudung ku adihay nu epur, u sakapahay a sasawanengen nu udal, sisa i kacevaran nu verus, patayraan tu nu pahavayay tu udal a papilipuenar tunu varu.

Maraheteng hen yu u wawa henay, i kacevarantu nu verus milimektu i sasa nu kilang ku paka'enay tu rarapa a adiwawa, sicapa'tu a mitunieng tu miturecekay a altipapal a tuwid a tiruc,

U kakaenen nu Pngcah ku verus, sipicengel nu naayaway a tamdaw nu mita saan ku suwal. Sipisanga nu Tayan a vinacadan tu tatuktukan, ahemaw ku kilang alsu' a tenglan ku suni', cira ku sakalalitemuh nu kapah nu kaying nu Taywan a vinacadan. Manay makamelawtu tu verus, masadaktu ku masasungaayay a demak i valucu'.

Mamelawtu i umaumahan ku verus, sisuwal kutamdaw ita, u sakapahay a kilanng ku verus, a sapaluma i umaumahan, mikapet ku lamit tu sera suemet ku sersa, masitudung a palumaen i lilis nu lalalanan atu macierisay a lakelal. Namahiniyay a langaw nu kilang, i sepatay a palaedan, masaruma ku langaw nu kilang, u teruc nira kalceracerahan ku lahngang, vangcal a melawan. Nakayluhan, nitadasan a macierisay a umaumahan, u saayaway a lemangaw a kilang iratu ku verus. Sisa anu maluayaw a masadak ku verus i tina umahan, u iterungay hen ku nikalemangaw.

U maruhemaytu a verus, sipudac tu kalvuhvuhcalan ahecid a kaenen, dengay a sacilahen.

Kakurut

U malapiyay ku kakurut nu umah atu kakurut, nu heciyan a laylay a dateng. U nu umahan a kakurut nu Taywan, makacacaytu a patekenan ku nitaelivan tu mihcaan, nika, itina mihmihcaan alumantu ku palangaway, sasavaluhayen nu i umaumahan a kakaenan a sinavel. Maluumaumahan nanay tu a sinavel ku kakurut i Huwalen, mapasilsil i muketepay a sinavel nu umah, kanahatu, a paayaw a pasitudung tu sakakemaen nu aniniyay a tamdaw, alumantu ku mitelacay a misamaamaan a misavel tu kakurut nu umah'. Nika, sanuPangcahen ku nicacakan aluman ku maulahay a kemaen.

Masimsim hen yu adidi kaku, mihakulung tu luma' a talalutuk mikasuy, malahuk i umah caay kasatudung ku alesu' nu sinavel, sikakurut sipapah nu kakurut sisama' sikawpir sitatukem sikaripulut atu lukut. Maalapit ku kakurut nu umah' patustusen icilah, ira aca ku saledu' nu vangsis a kaenen. Nika merumeru han caay kavanai, a naunen a mikemkem, itiya kavanaan ku masitekeday a alesu.

Sikukwasu ku kakurut, manay alengel, u nicacakantu kalsaleduan

Caay kadengay a kaenen ku maruhemay maledihay a kakurut, alaen ku apaenu a sipaluma.

U papah nu kakurut nu umah, sapaalengel nu Pangcah i nipacamulan a sinavel a dating.

ku alengel, pakaalesu tu nikaen, caay kasuaw, pakasaepi' tu tiyad, mivalah tu redek, sakacaay kalietec.

Caay kawu heci a cacay ku makaenay, makaentu nu Pangpangcah ku teluc atu papah, sulinay dengay haenen ku suwal "Ngeru' nu ngeru'." Anu sanaden ku tataak nu kakurut nu umah malatulu, a adidiay u terungay a tataakay, hatila u cukana ku adidiay, mahaen u litaul nu ayam ku terungay, u raraya nu tataakay hatila u adidiay a vidawul. Ira ku semuwalay tu kakurut nu umah, u kakurut nu lutuk han,sangulansa ku nikamantaay nu kulit, uruma ku vangcal. Nika, mikialengel tu kalukakurut, kanahatu mahaen, kapah kiyami ku langaw, awa:ay ku cirkay, sakaulahantu nu alumanay. I sepatay a vulad tangsa i muketepay a vulad tu mihmihcaan a siheci. Itina mihmihcaan sipalumaay tu kakurut nu umah i laku, caay kadadahal, u sadadahalay makatusa a kongciing kiya.

U kakurut nu umah atu kalukakurut caay kalcad ku nipicacak, anu mangalay tu caayay kaalengel, putunen hen a mikavads tuwa miciyan. A dengay tu sadihpicen ku nicikcik pakayi lengtongen nu pingsiyang, anu kemaen alaen a mitustus tu tawiyu atu salaciyang a pahemay, uruma ku sademsem. Anu cikciken patitien tunu vavuy a miciyan paimsien pasuwanaen atu cupel, vangvangen ku lamal a miciyan, kalsaleduen ku alengel a kaenen; Uruma paiywanen pavaduwacen nu vavuy a misakavi. Anu caay kaulah a kemaen tu alengelay a wawa nu luma', sarumuden a mitenger tu vaduwac nu vavuy, makakaen ku wawa tu saleduay a alengel. Sulinay unu aniniyay a tamdaw ku haenen a micacak. Sakavien ciyanen tu pudaw liyangpanen

Iratu ku nipacakayan i secang tu nilipaenuwan a kakurut nu umah .

alesu'tu amin a kaenen, anini masadaktu ku ngangan nu sinavel nu Pangcah i tafantiyen, mahaen u salasankukuwa u wuwisankukuwa u sankukuwapaykutang.

Masitudung a kemaen tu liyangpan yekukuwa i kalaludan, u masapinang ku alesu' nu umahay a kakurut. Caay kawu sapacamul tu sinsvel a cacay, i kasihecyan cikciken a mihudhud milicang, sangaen tu cevus hananay tu kemukuay a nanum a minanum, u tecan nu Hwalin kiniyan.

Adihay ku nikasi "Kukuwaciyen" nu kakurut nu umah, pakaalesu' ku nikaen, caaytu kasuaw, pakasaepi' tu lalavu nu tiyad, palasawad tu redek, mihadeng tu levawa, mivahvah tu lietec nu tireng. Kanahatu u tadalalumaan nu kakurut, nika siredek ku maruhemay a heci a paenu nu umah a kakurut. Anu sasengcay salaen a kemaen kaay adada tu mutaay mapiyasay a adada. Sisa piarawi a kemaen, kawu langdaway a heci ku alaen, akaa "pisatanetang tu maruhemay." Kalsaleduan ku alengel nu umah a kakurut, milecad atudi tu kalukakurut, nika u sadak sananay ku heci nu umah a kakurut i umaumahan, matiya u matungalay tu ku riang.

Nu heciyan a laylay a dateng

Havay

U "havay" hananay, kay u seliyaw nu lutuk a ayam atu vanul saan ku kalutamtamdaw, sulinay i limaay a tatatipusan nu Congkuo ku havay, sipakaynien i nisurit tu naayaway a cudad, aayaw nu ciyun tusaay a malevut a mihca, i Congkuo sennong setay, ira ku nisuritan napatata tu havay a misalisin.

U su hananay u havay, u taterungan a kakaenen nu Yencumin nu Taywan i naayaw, mamela i nipisalisin nu pay vinavinacadan, u sattaterungan ku havay a patata, i "pilalikidan nu Pangcah", i "Pitaarciyan" nu Bunun, i "piayrengciyan" nu Saysiyacu, masadak ku celedan nu havay, nisangaan tunu havay a epah atu turun.

Masitudung i dihkuway ku remiad, madengayay ku urad, a

lemangaw ku havay. Caay katalaw tu kedal,i macuwacuwaay a sera langaw sananay, nika u sakapahay ayi tangrasy a sera, u sidamekay tu tayhi a sera. U satarakaway a umah tu sapalangaw tu havay, ayi sasanu cacayay a malevut a laya ku nipi tarakaw tu haypa. Nakina cacay tu a talalutuk, makamelaw tu nitavuwan tu kuwiti a havy, yah! kiya haenen saw saan a misimsim, araw matalaway a kaenen nu ayam. Sakacaay kasisadak ku nikaenan nu tuwid a nisahavayan, yasuwi aca ku aca. Anini awaaytu a mamelaw ku misahavayay.

I sarahvar nu cacekah nu mihcaan nu kuyumi nu Taywan, a malingatu a palangaw tu havay,.makaenem a vulad napalangaw, i pituway waluway a vulad a miketev, manay itiya a makamelaw tu nicaceledan, mapawali i putal i lalan.

I kakedalan mikikilemel ku havay tu tipus a lemangaw, i caayay kapacirisi nu tamdaw, a umahumahan, matiyatu cira "u wina nu palapalaan" dengaytu a pakavecul tu tamtamwaw, mangaay aca a misinga, manay

Sicaang ku minaruan nu havay.

ira ku suwal iciraan u sakayi kasulepan a kakaemem. U mauripay i Taywan a tamdaw, caay hen pakamelaw tu langaw nu havay, adidi' ku savak, cacay a raeducan nu minaruan, makapatekenan ku savak. Yu iterung hen a macacak ku havay i lakulakuwan, mahaen u ekim ku kulit, macemkevtu, veriw han nu vali, mikivangcal tu tipus a mananuwang yu!

U makaedemaytu tu pituway a pulu' ku mihcaan anini a matuasay nu Yencumin, i hemin nu pinalangawn, cacay ku sapalatiay a saluavng, sakalivutan a sapaluma nu mawumahay. Matiya u siadinguway cira, nu tangilaan a adingu, nu mataan a adingu, nu savana' a adingu. Waadihay ku nanamecen, anu mamamaan aca ayratu ku sakalavades, sangaleven yu miketev i laku tu havay, mangeru isaw, caay kawu nipisinanut a cacay tu sasasuwalen, a caay kawu matakulapay, anu mahaen u sidemakaytu kisu. Mahaenay u "pahanhan" u "maherek" u "taluma'" a suwal atu muesus, mitaes tu tamdaw a wayway, u caayay kawu kaulahan amin nu saluavang nu havay. Manay yu palangaw tu havay, awu misakangu misingai duway tu, namakamicakcak miketev a misinga i alili, i nika sangatungatu nu demak a masinanut, a malavu ku nipiadup i pipalumaan, paluma, miriseris, milicirkay, misacidal, miketev, malingatu a miketev, misinga a pakayi alili.

Malecad ku havay atu tipus dengay a sahemayen, saaamen saepahen..., kilemel a miruhepit cira, ludayit, dengay a sangaan tu sangidangid a piyang, misitekedtu ku alesu'. I tiniyay a nisangaan a "suping" matenestu a singangan i Huwalen. Aluman aluman ku kemanay tu "havay" anini, tarakaw ku ingyang nira kiyami, tarakaw ku cyenwisu nira, dengay a sanga' tu masamaanaytu a kakaenen. Caay kawu mahaenay a cacay, anu maulah a misanga' tu maamaan, ina masaraeducay a minaruan macerahay a kulit, u sakapahay a sasangaan tu kaulahan, u misitekeday a maamaan, anu silalan pisatanetanengi may.

Havay-u padakiyay nu rarimenah i lalengaw

◇◇

U nipimelaw nu 70 a mihecaan nu matuasay iri, u ya mapadakiyay ku havay hananay, u sakalivutan a palumaan a palelangawan. Matiya u simataay, sitangilaay, sikinavanaantu. Sisa, sipaysing a paluma, manay caay kasiraecusay a demak. Yu mihavaytu, u sakangetruan a demak, pasu anu sumuwal nu maan iri, aka paceva sa a semuwal, aka pisatataak tu maan a dademak, kiya kapah ku nidemakan. Yu pahanhan, u herek nadademak, katalumaantu, anu sumuwal tu maan aca maesus, mitaes tu tamdawan, u kavidangan nu rarimenah nu havay. Manay anu paluma tu havay sadimel han a malingatu tangasa i nɪpɪmɪkerɪt tu havay, pasu ayaw a paluma, ira ku lisin tu miadup, matungdaw, paveraang, mikulis, mitawpeh. pakacidal, milikuc, mihavay, minaang.

Nu heciyan a laylay a dateng

Alemet

U misitekeday ku adihay nu alemet i Taywan, lemangw i mapiecay a enar nu Pusung atu Hwalin, sangleven ku adihay i macudungay a masasauwacay a lutuk nu Huwatong. Adadidi ku heci kalmuhmuhtingan ku lahngan nu kulit, u sakapahay nu Taywan a mamamelawan tu heci a pinalangaw, kanahatu adidi' ku heci, nika maluvic ku heci, u matuasay tu a kilang, makamalevut makaemaemang ku heci, kalmuhmuhtingan ku lahngang nu heci awaay tu ku tatudng nu vangcal. I palaedtan nu kasaliwsiwwan maruhemtu ku alemet, makasimsim tu mihcaan ku maedemay tu sepatay a pulu' ku mihcaan a tamdaw nu niyaru'.

I kalaludan, katangasaan ku remiad, sadak saan ku vuhcalay a varu i caacaangan, matiya u nisukepan tu meyhuwa a melawan. Matenes a macevar ku varu, tuwa malaheci tu langdaway a heci. Nika itiya caay hen kapamatai nu tamdaw. Katangasaan tu nu kalaludan, masapinang ku temeli nu lahngang i langalangawan, masalaedueduc ku luvic nu heci, itiya ku tamdaw a malingad a misamelamelaw. Matenes ku nikasiheci nu alemet. aluman ku ayam a tayra miturecek a kemaen, sangleven ku laluk nu altipar. I kasariwsiwwan, talalutuk, i lalakelalan, i umaumahan ku adiwawa a mialemet, sicedam cepelak atudi, mahaen u malawitay nu rumhem a pingkuo.

Yu adiwaw hen kami, na pakaen tu rarapa, tada kaaalawan nu adiwawa a kemaen tira heciayn. Masimsim aku tu nikatayra i Kiku a malecapu tu malalikid nu niyaru', caay kanca pitaeliv tu sialematay

a lalan. Tangasa satu anini, maemintu a kawmahan ,sisa, awaaytu a mamelaw. Ira tu a mamelaw i nipaluma nu pacakayay, u sapamelaw a cacay.

Aniniay hantu, iratu a mamelaw ku kapahay a nipaluma nu tamdaw tu i irairaan a varu, u mamelawan nu tamdaw a lalengawn. Yu alemet mahaenaytu, anu maruhemtu heci nira, savangcal sa ku lahengangay a kulit, madimel aca ku nipaluman nu tamdaw. U varu ku mamelawen i kacanglahan, u heci ku mamelawen i kasaliwsiwan tangasa i kasienawan, misiteked tu ku vangcal nira.

Madengay a saepahen ku heci nu alemet, ilangen a malakakaenen, u sapitungal tu nika awaay ku kakaenen. Anu makamelaw tu alemet na icuwacuwa a misarakarakat, mitanami tu matiay u heci nu pingko hananay.

Singangayay a cupel

U papah nu "singangayay a cupel" mikitataak tu kapal nu mita, u nu kasienawan a lietec ku sakatalawn, maulah a lemangaw i nu rumaan a palaetan, caay kaherek a macevar ku kulawlawway a varu, maturin a miketev i mihcaan. Kanahatu dengay a kaenen ku heci, nika ludayit sisanek aca tu nu rengus, u caayay kavana' a micacak, isaayaway caay kau:lah a kemaen. Nika itina mihmihcaan marakarak tu nu kemanay tu dateng atu nisacacakan nu Repen, malingatu tu a kaulahan nu patiyamay a misacacak ku singangayay a cupel, anini mamelawtu ku nipalumaan nu mawumahay i cuwacuwa, a makacakaytu i matatudungay a patiyamay.

Yu mikituc piarawi haw a mimelaw tu heci, kalamkam ku nikalemahad, cacay tusa a remiad ku uwac a tayira maikestu, anu maamaanen a micacak caay katenger, caay tu kaasu' a kaenen. Manay piarawi a micakay, aka kaanuv tu nikatataak, u adidia:y tu ku luengelay mangaay a cacaken.

U luengelay a singangayay a cupel, raemed singangay, dengay a ciyanen, savelen, tengeren tu simal, atu nipacilah. U sadayumay a

nicacakan, pacevaen i nanum a mikavadas pasuwanaen, u tawiyu, adidien ku cilah atu cupe', haen han malaasuaytu a kakaenen. Anu sarumuden a palilucen i ni virawan tu litaul a minfun, tengeren i simal, u asuaytu a sinavel.

U nikavatasan a singangayay a cupel ku alesu' ay a kakaenen tu sinavel i kacaledesan.

Mavana' ku nakemanay a tamdaw tu singangayay a cupel, mahaen u tarudu' nu vangcalay a melaen, lameneng a kaenen ku macacakay. Adihay ku witamin A atu witamin B nira, u tavuhuay a sinavel han nu Repen, maulah ku Repen a pakumud tu misengiyay a pahku a patata, patawiyu parasrasen tu yuhuwayu ikudul, nakemanay hakiya kisu tu mahaenay a sinavel.

Tataak ku varu' nu singangayay a cupel, sakulawlaw saan ku kulit, vangcal saan, u nikasalayli nu langaw, sulinay, masasetset atu kalu mamelawan tu varu a langaw. U sakapahay tu a sapicahuwa a cayliyaw. Itina mihmihcaan marak nu micahuwaay ku dateng atu lusay, masalaylicay a heci nu singangayay a cupel, manay mapamata nu micahuwaay a tamdaw, sangaleven anu palalakepen tu heci atu varu, yu miaraw ku wawa nu tukayay, a makamelaw tu caayay kamelaw a pinalangaw.

Adihay ku paenu nu singangayay a cupel, langalangaw saan a palumaan, anu misasapalum tu paenu, tu mihmihcaan tusa tulu a hahaheciyan denaytu, patedu han ku saayaway a heci, tangsa inikaikes masumad ku kulit malicangtu, itiya a miperu misaheci. Anu peru saan cira, sakatusa a mihcaan ira tu ku tera nu langaw, langalangaw saan i seraseraan, sakapahay a sasapaluman nu putaputal. U sasapaiyuen ku singangayay a cupel saan ku suwal, u kaulahan nu patiyamay ku nikahaen kiyami , u lamit nu singangayay a cupel, pakasaepi tu lalavu nu tireng, palasawad tu redek, mivalah tu vena', mivanaw tu ulat, mihadeng tu takulaw tu uhuh tu taisian ku cayay kaikes a heci, sengeren ku varu nira i mayu, mihadeng tu nika veru han. Dengaay a sasimalen ku maikesay a paenu nira.

Nu heciyan a laylay a dateng

Rurang

Masitekeday ku heci nina rurang, anu maruhemtu satu ira ku nikapela' tu lahengangay a heci. Itiyatu ku mamulmulay a heci, matiya u sikulitay nipacait tu mali i caang, u ya salang nira sa alesu' saan a melawen.

U kasiheciyan nira iri, enem aca pituway a vulad , anu mangalay a kemaen, makapahpah i kalaludan paimelawitu! Adihay ku ayam atu cirekay nakemaenkiya ayam, talatalasawatu ku ayam, a mavaher temayi' tu cira, kiya sisapal icuwacu:wa a lutuk.

U rurang hananay ira mingata tu enar a lutuk, ira i liyut nu niyaru', tiya a lemangaw, matiya u pasevana'ay tu tamdaw tu nikaira nira. U piheci nina rurang u sapisanga' tu tatipeluk atu sapidaan a tatipeluk, sisa, u ce-mu aca u cu-su han a pangangan. U pahpah nira u lu'engelay a teluc nu pahpah, sakapahay tu sapakaen tu kararayan atu malunem, u kakaenen:tu nu tamdaw. Nika ya luengelay a papah,

sacarekah saan, anu kemaen a kavadasen tiya micacak aca ciyanen.
U sakasideked nira ,u yu vavainay a varu matiya u vavayuh,
kaulahan nu Yincumin a kemaen tu nikaviyan. U nu vavainay a varu
kavadasentu a mihetec, herek sa ciyaen, anca pacilahan maladateng,
sa alesu' saan. Ya maruhemay tu a heci, tangsul han a kemaen anca
sananumen tu kwo-ce-ci. Yu miperu' tu heci sapinangen a mimelaw tu
nikasicirekay,lalangaw...u maulahay a kemaen ku heni kiyami!

   U suwal nu matuasay, u sapaiyu kiniyan saan. U sakikapah tu
ukak ku sapaluma, sakikapah tu mata, vituka. Ya papah sapihadeng

tu fose atu sanci, u lamit han tu
sapihadeng tu duka atu saparakat
tu isi' nu lalan. Kanahatu anu
maamaan, u sakahemekan nu
maku tina rurangan, u yu matiya u
cidal sa kaku isaw!

Tangsul han a misakavi ku niperu'an tu
vavainay a varu nu rurang.

Nu heciyan a laylay a dateng

Dayud

Tu mihmihcaan nu savaw tu cacayay a vulad, tangasa i sakatusa a mihcaan nu tuluway a vulad, malingatu tu a siheci ku dayud. Pavaduwacen nu vavuy a misakavi u ruma ku alesu', caay kaawaay ku nipatata tina sinavelan i kalaviyan nu nipikuwini.

Kalu ngangan nu dayud u "hunti nu rara" u satataakay nu rara, u nipatinaku tu iterungay nu rara a hunti, pasupuci' a diteken makedem amin tu muketepay a kongfen, tulutulu kiya ku rara i lalavu, hatila u latusa nu muketepay a paysu ku tataak.

Maulah a lemangaw i caledesay i suemetay atu caayay kasataku a umah.

Yu paluma tu nahecian iri, i waluway a vulad a paluma ku sakapahay itini i niyaru' nu Pangcah, maleka ira ku nipaluma tu mamaan a rara', cacay a mihecaan.

Caay kahemi a kaenen, patutek satu tu ngangan nira, u rara' han a maemin. Anu ka'enen iri, malecalecad ira kueyu, caay pasapa'yui, sisa, ka'ulahan ita kina rara' a paluma, yu milalad tu tina rara'an iri, ceved satu ku papah nira, mapavali iri sa'adihay satu ku varu, tuwa cacalaycay satu ku heni. Manay iri kaulahan nu mita u Pangacah. Anu i lakuen a paluma iri, sa a puluden iri, siwa a pulu' a remiad kiya sivaru. Sepat a vulad iri, maka'entu ku heci nira. Anu si'esi'enaw iri, caay katured, u piketevan tina tevi' tulu a vulad kiya masaterep. U urip natevi iri, matenes napaluma tangasa i herek nu urip ningra iri. Cacayay a miheca ku tenes, u heci ningra talekareni'an tu, ina rara' iri, madengay a sipalamlam tu hakhak, u ruma ku alesu'.

U makupitay a tamdaw ira tuwa susu satu, yu talalutuk a mikasuy iri, caay kanca pitevi tu sakalahuk , nika iri u suwal nu matu'asay hadengayen ku nikakemaen tu rara', ma'esus sa, sisa, anu taluma' tu i lalan , ka i likul a ramekat, ahetenga ku matu'asay, sisa u sasimsimen nu mita anini.

Kavadasen cingra, cevusen tu lietecay a nanum, kiya a matanger cingra, raeped satu akaenen, anu kemaen ku wawa iri, valedak ku nika urip nu wawa nu mita, anu siadadaay tu vutus atu hinatangatangan atu siadada'ay ku vituka, mipadang amimurec tu nikaenan nu mita.

Tevi'

Ina tevi' iri, aluman ku mavana'ay tina sinavelan. Adihay ku nipaluma tu tevi' i likelik nu luma', palanglaan maluvic ku heci ningra, u pudacanu dayud iri, carekah, duhepic, u heci nigara iri, cupelak, aluman ku caayay kaulah a kemaen. Nika anu palamlaman tu mamaan a dateng iri, u alesu'ay a sinavel nu mita u Pangcah.

Ina tevi' iri, akaway nira adidi, sataraya'sa, u kulit nira iri, amuamuyan lahelahengaayan langlangdawan, anu macevar tu kira varu iri, kaulahan satu a melawan. Aluman satu ku adipapang a mirinuk, matenes ku urip nina tevi, milalad i lengala, madengay a kilidungan,

anu iratu ku sera a papalumaan iri, tulutulu a tapang ku nipaluma, caay ka away ku sinavel nu lalavu nu luma'.

Anu luengel henay a peruen a misacvel iri, u ruma ku alesu' pasupuci han amisavel uruma ku alesu'. Caay katalaw tu cirekay hamanan paiyui, madengay sa sinavalan, madengay aca a kilidungan kapah aca a melawan, malekaira ku kaulahan ati kangalayan.

Anu icuwacu:wa a niyaru' ira kina tevi, rangarangadan, cilicilisan, i tapicapican alemangaw, anu mangalay a pacakay kita sa adihayen ku nipaluma. Nika kita u Pangcah iri, a u kakaenen a cacay nu lalavu nu luma', sisa, caay ka adihay ku nipaluma. Caay kaw spacakay, anu mangalay akemaen tina tevi iri, katayra i Pangpangcahan, kiya makakaen kisu tina tevian.

U vuhecalay a tevi'

Malatusa ira ku kikic, ira ku rara', i tiya ayaw a miperu tu nikacaay hen ikes nu rara', anu u nu Pangcah a nipisavel iri, palamlam han tu ayam nu lutuk, caay kasatudung ku alesu' a kaenen.

U dayud hananay siwitamin A,B,C,kay atu lin. Yu vuhecalay a dayud ku sapaiyu, sapihadeng tu vituka, tinayi', sapahedeng tu nikapiyas. Anu tada nika lalemed nu adada ku tiya, tada mamuni' ku tayi', kaw u dayud atu misaaam, micacak tu tali, pawaneng han malakakaenen tu siwanengay a kakaeni. Ira ku suwal tu sapihedeng tu adada nu tireng, ira hen ku sapikapah tu vituka nu matuasay, palamlam a pacamul ku vahecalay a datud atu may-pyen, ngay malatyam-sing a masumad tu kakapah tu tinatinayian.

Nu heciyan a laylay a dateng

Puki

Ina puki hananay a dateng nu Pangcah iri, namakaRipunay kina sapaluma a puki, kasiheciyan nira iri, u laludan. Tusa a miheca sacaluhayen a paluma. Anu paluma iri, u heci nira ku sapaluma, caacay a vulad ira ku pangkiw a madengay tu datengan ku teluc nira. U sakapahay a pikitucan tu teluc ningra iri, sepatay a vulad tangasa i savawcacay a vulad. Anu kavaliyusan iri, caay katalaw tu vali atu urad. Sisa, u sapahay atu kaulahan nu palumaay tu dateng.

Anini a tamdaw maulah tu wamin a kemaen tu teluc ninapuki, anu maamaanen ku nipicacak alesu'tu pawali hantu a pacilah, namikituc iri, u nipangangan nu aniniay u longsyucay. longsicay hananay narikay sa a lemangaw, manay, sidatengan tu nu mihecaa. Anu micakay tina teluc nu puki, kaw u salangdaway, caayay kalahul nu papah a mipili. U ya akaway siwi-sen-su A, B atu Tay-ce iri, malasapaiyu aca mikepi' tu vutus. Kavana'tu nu aniniay, ciyanen si siwisensu A, C atu Lin, Kay, u kapahy nu vanges nu tamdaw.

U kulit nu heci nira ira ku langdaway ira ku vuhecalay, u heci ningra iri, masavinavinalac, matiya u tarudu' nu samiyai, u heci nira iri, pateli han i silidungay iri, caay kalahul. Sisa, satenesay hanku nipangangan tina dateng, ina puki iri, cacay a heciyan iri, cacay ku paenu cacay ku sepal, daducuducus satu ku sapal nira, caaytu kalasawad.

U saalesu'ay ku long-si-cay, u teluc nu puki

Pateli han cingra lemangawtu, anu paluma iri palatusa han ku nipivaleng, kiya caay kavadi' tua palangla hantu, kiya ira ku

Cacay ku puki, cacay ku paenu, pasakudulen ku nipateli i sera nu 1/3, tiya lemangawtu.

kakayakayan nu langaw nira, a milalad kiya cacalaycay satu ku heci ningra.

Anini adiahy tu ku palumaay tina pukiyan, kapay ku nikalengaw, awaay tu ceka,salangdaw aca. Ira ku Cya, Kay, Lin hananay, kapah a kaenen nu wawa, ngaay manikay a lemahad saan, yu wawa hcnay awaay ku sapicacak, samangta han a kemaen.

Puki hananay cacaken aca ciyanen, pacilahen, senger han tu dawyu, sa nu misu hantu ku kaulahan. U misiteked ku cupelak aca nira, manay anu micacak tina datengan, a kapivasaw a kemaen, a caay tu kaalesu' a kaenen. Anu mangalay a mitanam tu vaeluhay a nipisasinavel saan,

Macacakay tu apuki, kivetul ku heci nira, alesu' a kaenen.

dengay a cikcik hen ku puki, hamanan ku paenu, a misuvaw, saadiadidiken ku nipicikcik, herek satu palamlam han tu miluku atu nivasawan a nanum, patalavu han i kowceci a malanananuman, anu maulah kisu tu saleduay, palamlam tu fomi atu kuli, u vaeluhaytu ku mihiniyay a nananuman. Ira ku sakipahay tu tireng sa ku suwal yu!

Yu u wawa henay kita iri, mitadihang ku ina a papiperu' tu heci nu puki a pananunur a misasinavel, sisa iri, ira sa ku sinavel a kemaenm anu talaumah kita u Pangcah, caay ka awaay ku teluc atu heci sapalamelam tu maamaan a dating kiya alesu' ku nikalahuk.

Nu heciyan a laylay a dateng

Vadas

Anu tayra kita i pacakayai tu dateng iri, mamelaw tu ita ku langsaway atu a muamuyan a rara', matiya u latak manay u vadas hank u ngangan ningra.

Ina vadas hanay a rara', maulah a mikayakay i langala i rangat. U alesu'ay a rara', nika u papah ningra atu lengelay a heci lamlamen tu cilah a misamangta' alesu'tu anu misakavi iri, palamlaman tu ukak nu vavuy iri, u ruma tu ku alesu'!Anu u nu Pangcah a nipisinavel caay palamlam I tu maamaan alesu'tu.

Anu i niyaru' nu pangpangcahan i muketepay a vulad iri, iratu kina vadas, kiya aca alumantu ku mavana'ay nu payadaada aluman henay ku caayay kavana' tina vadasan, caay ka adihay ku niketevan, sisa, u ya sa u mavana'ay a kemaen ku micakayai, caay pirenii', caay kacupenat, kaulahan nu Pangcah a kemaen, anu mamelaw nu misu iri, aka kanca pikerid a taluma.

U rumaan a masasikutimay a kukit nu vadas, ciyan han alesu' tu a kaenen.

Nisasalaan tu vadas

Anu mangalay a mitanam tu masavadasay vadas, itini a pavana' tu sapicacakan tina datengan: tudisen hen a mihalatusa, hereken a misuvaw cacaken tu simal, cilah,nanum a mitenger, mitiya tu u holindaw a kaenen. Anu palamalamen tu kavus...a miciyan. U ruma kaw nikavatasen ku vadas, mateli han i nivasawan a nanum,tiya pateli han i sala, pau-wi atu sala, u (idolenpan). Sakatulwan ku nipicacak u nipilet han miputun kira vadas a misuvaw, tutus han tu mihung a nipitenger tu simal, u alesu'aytu mahiniyay a nicacakan.

Nu heciyan a laylay a dateng

Sukuy

U heci nina sukuy iri carekah, anu vuhecian iri, raemed ku lalavu ningra, anu maamaanen ku nipicacak iri, alesu'tu, u paenu nira adihay, matiya u viranga ku paenu ningra, tangasa anini awaay ku palumaay tina sukuy!

Ita u Pangcah hananay iri, nanu wawa a kemaen tina papah nina sukuy, itini i lumaluma'an nu mita u Pangpangcahan iri, adihay ku lemangaway i rangarangatan. Ita u Pangcah maulah a palamlam tu papah nu sukuy atu katacumuli, u ruma ku alesu'. U lamit nina sukuy atu papah ningra malusapaiyu, pekpek han tuwa pacilah han sipaiyu tu nikalatan nu uner, kiya caay pilalad ku duka nu uner, u ruma iri, malusapaiyu nu viruuk anu adihay ku lamit atu papah nina sukuy pawalien spanunul.

Anu ira aca u ngangan nina heci iri, u yin-nan-pay-yaw han cira, vuheci' han kina heci raemedtu, tuwa palamlaman tu hipu atu tayu atu kenaw, u rumatu ku alesu', anu maruhemtu ku heni, lahengang tuku satavu nu paenu, tuwa sengeren tu epah kira lahengangay, makahedeng tu adada nu tiring nu mita.

Yu matiya henay ku matuasay nu mita, awaay ku savun, ya papah ningra pekpek han malusavun sapililuc nu matuasay, u tali ningra madengay sipivaca tu vuduy, anu adihay ku nidatengan nu misu iri, sipasisi tu viyaviyaw, kiya malakemaen amin kita u Pangcah.

Nu heciyan a laylay a dateng

Vadal

U langdaway a varu iri, caay kamelaw nu mita, anu mangalay kita a makamelaw iri, a tayra kita i suemetay a sera, kiya makamelaw kita tu varu nu samadu, nika iri caay kasipinang a melawen tu nika adiadidi', caay kasapinang amelawen nu mita, anu mangalay kita a sipinang a mimelaw tu langdaway a varu iri, u varu nu vadal ku sipinangay a melawen nu mita.

Anu i enar, anu i lutuk adihay ku langaw ningra, nika caay katamuran a melawan, tangasa i kasienawan a remiad iri, salahengang satu ku heci nira, sakaulah satu a melawen, ani malawit tu ku karuheman ningra iri, kalamuhemuhetingantu, u ruma tu a melawen.

Yu u wawa henay iri, tala umaumahan a pakaen tu rarapa makemelaw tu heci nu vadal nu kamacal, nu harimamuraw.....kaenen tu, yu caay henay sadadahali ku lalan nu silamalay iri, adihay henay ku langaw nina matiniyay, anu miperu' kisu tina heciayan iri, piarawi, macucuka nu ceka.

Yu u wawa henay kita iri, maspakuyuc henay ku nikaurip, nikalipahak tu remiramiad nu aniniayay a nikaurip n wawa nu mita iri, awaay tu ku matiyaay a lipahak, sakasaan iri, u nipicudad atu ku i calucu'ay, mangeru' tu ku adiwawa nu mita anini. Yu matiya piververan tu tevu iri, mitalatu ku pakaenaytu rarapa nu adiwawa tu silamalay a mihuduc tu tevus tuwa simed hantu I vadavadalan, taluma'tu kiya itiya a miala a pataluma' akemaen atu lalavu nu luma'.

U heci atu papah ningra iri, madengay tu akaenen, u luengelay a papah madengay sakavien,ciyanen,cacaken tu simal, kavadasen tuwa tustus han tu cilah. Yu maikesay a papah pawalien tuwa sananumen, u luengelay a heci nina vadal dengay a simangtaen a mietiv.

Nu heciyan a laylay a dateng

Sakur

Ina katang hananay a kilang iri, kala u tamtamdaw iri, mavukil kita a misapinang tu nika u vavinay, vavahi, itiyatu anu siheci tu kiya mavana' kita, tu nika u vavahi, u vavainay kina katang! Nika anu sivarutu sa lanikay a siheci, mataun tiya maruhem ku heci nira, a tangasa i kasienawan tiya ruhem satu. Nikasiheci tangasa i nikapelu nu heci, malawid tu tulu a mihecaan, kiya masapinang tu vavahiyan a katang saan, anu itiya i cacayay a mihecaan makivana'tu.

U katang hananay a kilang, u telak nu papah kasalengawanay, u yu langdaway tu a kilang han nu tamdaw. Anu maemintu a mapelu ku papah, itiya satu a malingatu a silemangaw ku teluc nira. Anu kalemahadan cira, u ya teluc nu varu a itiyatu a malavaru.

Yu mihemihecaan ku muketep a vulad, dadudu satu ku heci a maruhem, na u langdaway nu puci nira iri, tangasa malaocay a kulitan,sisalang tu ku heci, maluwantu ku nilacupelak nira saan, itiya satu a kaenen.

Yu u wawa henay iri, karuheman nu heci nu katang, tayra tu I tatapangan nina katang a mimelaw tu nika kemaen nu aletipal.

Anu a kemaen tina heci nina katang iri, suvawen henay tuwa pacilahen pawanengen malwit ku tuluway a remiad, kiya malasawad ku cupelak nina heci, na u atekakay a heci iri, reamed satu a kaenen, u ruma satu ku alesu'. Yu matiya henay iri, u luengelay a papah madengay a sasinavelan tustusen tu cilah.

Anini satu iri, sipacakay tu aca nu mavana'ay a pacakay, araw han iri, iraay ku sapaiyu tu saka i tiring nu mita, u tamdaw, ina katanga iri, araw han iri, madengayay a pawaliyan a misanga' tu sananuman atu

U yu pipacilah a heci, pangkiw a remiad ku saalesu'ay a kaenen, anu matenes ku nipacilah a tada mamuni' a caay tu kaalesu' a kaenen.

saka valedak nu wawa a maurip.

U kilang nina katang iri, madengay sanga'an tu lusay nu luma', anu palumaan i tepar nu luma', u kapahay a kakilidungan a pahanhanan. Anu natayratu kisu i Tayton Peynansyang, a mamelaw tu kira salangdaw sananay a lalan, anu silawad tayra han tu a mihulul , iraay ku sapilaylay tu tireng nu mita yu!

Nu varuwan a laylay a dateng

U sapatungal tu nikavangcal a melawan tu kulit i sepatay a laed nu
mihacaan ku nikacerak nu cileminay, lalengac, lunaa atu varu nu kulang.
Itini i nikakapah a remiadan, talahekal sahen a makamelaw tu varu, u ya
savangsis nu varu atu kulit, matiya sa mamamitanam a kemaen.

Varu nu kulang

Yu kasienawan tu mamitipus tu ku nu saayaway a tipus masina' i ariri. Salangdaaw saan a umaumahan midevung to i kasienawan, masumad tu ku maaraway. U pipahahanan tu a paluma, U ruma patal tu ku maumahay tu sakavangcal a tipus, sakapaluma tu ku mawmahay tu sakasidamek nu pinaluma, anu varu tu nu kulang, anu saytaw tu, ku na u maladateng atu malusimal ku varu nu kulang, i matini malavangacalay aca a sapadamek. U herek nu pitipus malingatu ku mawmahay pasapur, patala tu pasavana a paluma, matavitu ku macevaray a varu nu kulang, macacamul tu sera, sakasidamek nu nipaluma tu tipus.

Maherek tu pasapur tu varu nu kulang mataeliv ku tusa a vulad, masadak ku kulawlaway a varu, sitatudung sai vaeluhay a mihecaan atu pipahanhan nu micudaday tu nu kasienawan. Ita macerak tu kulawlaway a varu, tada vangcal, matiya u liyal, na u saeienaw saan a umaumahan tangsulsa a mavalic a malavangcalay, mihakulung tu ku varu i a matawaay ku varu macengel ku umaumahan matiya u kim a melawan.

Macacamul ku vuhecalay a varu nu saytaw atu kulawlaway a varu nu kulang, savangsis satu ku umah. Saka masapinang nu tamedaw, caay ku aniwyiway ku umaumahan nu Taywan.

Anu caay kalecad tu nu kavangcal ku nikavangcal, saka maulah ku tamtamdaw a misasing,a mingata,mavaher ku vangcalay a adipapang a maker, malasa'iyay nu mihecaan a piarawan nu adipapang, aka kapawan tu mihemihecaan. A remakat, mihulul tu mawmahay maharateng tu nika tata'ang a maherateng i valucu'.

Caay ku maladamek a cacay nu tipus , malapialaalaan nu adipapang atu udal tu wanen. Anu pakayni i Pangcah maladateng ku varu atu luengeray a papah, malatadavangcalay a malasinavel. Papah nu kulang atu vuhecalay a kulang malecad ku nipicacak, caay kasasiruma a kaen!

U ruma suvawen ku varu a pawali a milican iri, pacacamulen tu minhong anu caay u lita'ul, cacaken tu simal malatinpula tadamaan ku alesu'. U ruma satu malasasimalen atu vangsisay a simal atu malasapisanga tu sapivaca' pakayni tu nu sapiadah miteng tu tarakaw nu remes. Mitingalaw tu remes sakangaay nu mata, sakavangcal nu isi'. Anu ira ku caay kangaay nu tiring sananumen a minanum, miala tu caru nu kulang cacay a liyang atu pinku, linmun, pinaruen i kwoceci, malananum tu pacamul tu ku salang nu linmun, u suwal mitana' tu tarakaw nu remes, matungal ku caay kadengay a remes atu vaha.

Lunaa

Ma u atedi ku tamdaw nusengi ku papah tunu adeen nu dadak sananay a lusay, imatini satu malapi arawen tu i niyaru', mangaay paluma i kuren malapiarawen, a ngaay a mala adipel, malasasalaman nu adiwawa, nikawra cima ku mavana'ay malakakaenen ku varu, malasinavel hakiya? U ruma a tamdaw i, u vusan cacayay ku pikpik u vusan sa, kirener ku langaw, sipacucuk han i sera i lemangaw tu malasakaulahan, puener ku langaw, adihay ku caang ,u nika laheka nu varu, malamutekan.

Masadak ku sa raray sananay a varu. Ira i teluc ku linay a masasive a varu'.

U pinengan nu micidekay a lusay i enem a pulu' nu kasaniyaru'. Maalaw ku adiwawa, maru i lilis nu lalan. Anu sipipawalan tu tipus, a miaawih, a misalama rihaday a malawis, malasasalamaan nu adiwawa, anu tudisen ku varu masadak ku cica', parepiten nu adiwawa i pising tumes satu nu varu, tudisen ku varu masadak ku akawawi, parepit han.

Langaw nu lunaa, anu kedal, sumetay tu awaway ku cirekay mikaen tu cacay mihecaan,mangaay miala tu lamit, papah atu varu tu kacalesan, u ruma ku vangcal nu varu. Satudung sa ku nikavangal, riharay a paluma a lilisemed, u ngaay cukeren misa adihay apama malupialawen.

U suwal mihelup tu anavuh atu palasawad tu suni, sakapakayni liyut nu patiyam, ira ku sadama, mala kaulahan nu niyaru', adihay ku kangaayaan nu luma' a maharateng, yu wawa hen miala i ngangusuan. Masadak sarara' sany u a varu, malasapakatuw, u vavahiyan a wawa, mialatu varu nu luma', pepeken mitudung tu ina a misacacak.

Sulinay mangaay ku varu nu luma', a makaen suvawen ku varu, pacamulen tu nimerecay aemin cacamken tu simal u mala tada maanay a dutduten a kemaen caay ku varu acacay, halu papah, mangaay a malasinavel, sakavai han ku nu Pangcah, u nu amaniay misatuudtuud misavangcal tu sinavel. Tanetek ku Ci vayi tu papah atu varu nu luma' a maadah ku puces nu tangal aku merecen ku papah atu varu,

Kavadasen hen ku varu nu lunaa iri, pakulien,waneng, tiya malakyanti aca u kwoton, sa kapah sa a melawan.

patuhepi han i duka, u nikavangcal u lunana', caay ku mamelawen, a cacay mipalasawad tu sawarak, sakangaay nu isi', nmalasawad ku levawa aka kapawanen a u caay ka i mata, aka pisaawa, u ruma satu yu caay kadengay ku sapisanga' nu matuasay tu kaway miaala tu pudac nu lunaa.

Lalengac

U sadak nu lauud tangasa i peruc nu lasalusuwan. U kasivaruwan nu lalengac, aluday i tingalaway lilid nu nanum a mamelaw, mapawan nu tamdaw ku caledes, u lamit nu lalengac kuremu adihay ku salang, malecad tu daydam ku vangsis, yu adidi hen kami maemintu ku daydam nu luma', miala kami tu lamit nu lalengac a maludaydam.

I limaay ku vulad tangasa i savacacay vulad nu mihecaan macevartu ku varu nu lalengac, matenes ku kacevar tu vuhecalay a varu. Masararaya'sa ku langedaw nu pahpah, anu i lutuk tu, anu i umaumahan masapingan i mata, tada u ruma ku vangsis macungdus ku ngangusu'an.

Yu kacevaran tu nu varu, milecad tu vuhecalay a adipapang tu adipapang ku kahacacay nu varu, caay ku mamaasip i sauwac a midanguy, matumes nu lalengac ku lawac , awaay a mamelaw ku patukurang. U yu masu'aw misudec tu varu micepcep tu nanum, tada maan ku saepi', tu na macakat tu urip mapatireng tu ku kadademang, masungaliw ku pisayar tu sera, u kaci tu ku sapiadipar tu cilis. Sakalasawad satu ku matu adipapangay a varu nu lalengac.

Yu masasuwal tu pakayniay i vangsis nu lalengac malakumudann a sowalen.

Nikawrira maluvic ku varu, caay ka hacuwa ku heci, cacay,tusa, kiya,caay kadayum. Yu ma'ikes tu ku heci, malatulu a mavitelak, masadak ku lahengaay a sapal, ngaay malu sapaluma, caay ku nikavangsis, nikavangcal a cacay, maladateng, malacamulen tu titi , anu caay u lita'ul , malukavi, anu micacak tu hemay pacamulen tu varu, tada u ruma ku vangsis, kakuteng nu hemay.

Anu pawaneng,licang, malanananumen, siteked ku alesu', u suwal ni vayi aku, minanum tu varu nu lalengac, maadah ku caay kaala ku vavuti'en.

Suracen ku lamit, ta cikciken dameken tu cilah, sapisakaen, mangaay a malasapaiyu, miadah tu adada nu tangal, palasawad tu adada nu tangal, mitena' tu si'enaw , ma'adah ku adada nu ukak.

Maulah tu cidal, maulah I sumetay i mapacidalay, i lawac nu cilis, anu I uamaumahan nu Taywan, adihay ku kangaayayan ningra. Anu ira ku pipalumaan i lalikul nu luma', mamaan paluma kita tu pinapina?

Nu varuwan a laylay a dateng

Cileminay

Aluman a tamdaw maharateng, yu u wawa hen, u satadamaanay itini nu kalulusaayan, caay katekes a sasalamaan pasu lamit han a mivutvut tu tudisen ku vangas, pakakaviten ku papah, ta sasutengteng, anu nima ku maperaay ,uraan ku mapidahay, mangaay sapisanga' tu cance,pudacen ku pudac ningra, sipakanayi salanuan a mipungec tusa akonfen, ta malcad tu nu vanuh nu ayam a cance, mangaay parukuden, u nu sadak sanay a sasalamaan nu adiwawa misalama ku nu aniniay a adiwawa hakiya?

Yu mikilim vahal sa a maaraw ku sepatay ku papah. Malealaw lu limucedan a mikilim sakalemed a talud.

Maharateng yu micudad hen, napahanhan tu kalaludan tayra tu i umaumahan mivanut tu cileminay , maherek misuvaw pacilah han tu adidi', taemud han a kemaen , ahacidan cilecileminan , tasurem salu ciliminay ira ku ruma a ngangan tu sian sudang cacaw, anu caay san ciaw i an san, u nu Pangcah tutus han tu cilah yu talalutuk a mawmah, malusinavel nu sakalahuk, ciluway liharay, makaen lu akaway, papah atu varu nu cileminay , pasu lamit suvaw han mangaay simangtaen , anu cacaken, u nu varu mangaay ciyanen, anu caay padevungen I kumuku'ay a simal tadamaan ku alesu'. Tu pakaniay tu nu cileminay a sapiadah hananay, caay ka adihay, nika uraan pakani tu nu isingan a cudad, mapatalahal ku tadamaan, u nu cong-i nipangangan tu cileminay, sing-wa-sang han, mangaay palasawad tu sawarak, levawa,misaepi tu vaedet, mangaay ku ni ku temay, nu aniniay amin kadadak, i laluma' nu cileminay, ira ku cawsanyan cusesan atu lingmusan, pakunay i kulalaway a cirekay ira ku tadamaanay makapahay a demak nu cileminay, anu talaputal a mihulul. Anu makalat nu likes, laheng,calenget ku vanges, mamaan mikilim tu cileminay i liyuk, anu matama, lulut han ku cileminay, susu han i calengtuy, masaterep ku cahen atu levawa. Cilemin ku cileminay adihay ku salung. Anu masuaw na talalutuk miala tu pinapina nu akaway atu papah kemkem han masaterep ku suaw, ira tu ku ngangaw nu tireng. Masimsim yu wawa hen, maduka ku ngapa, suvawen ni vayi aku ku mangtay a cileminay, suvaw pacilah han tu adidi' camu han tu mipekpek, ta pasisit han i duka tu sakatusa a remiad maadahtu.

U makyukyuwan a kulit ku varu nu cileminay, anu kemaen kita, tustus han tu cilah a kemaen aca madengay a samanta han a kemaen .

Nu varuwan a laylay a dateng

Savahvah

Caledes ku laluud maturamar ku cevar nu savahvah, u kavanan waliay a tamdaw, u kacaleseday a varu miedsil ku varu, matu luliw matu mamarawis, mavana' ku tamtamdaw tu savahvah adidikay a varu nu savahvah, mikipueneray tu riyar a umah i lilis nu riyal.

Anu icuwa tu maaraway tu, ira ku nu tamdaw a nipipaluma, maaraw nu mita ku nipalumaan i likut nu luma' tu taangayay a varu nu savahvah, ira ku pasuwalay, vuhecalay a varu nu savahvah palaadah tu ngangsuan saan, saka aluman ku palumaay, adihay ku sasiruma nu kulit nu varu, nikauria malecad ku pilitudan.

Kadevah ku papah nu savahvah, caay katalaw tu urad atu cidal, tu kasienawan, masusu ku langaw, milalad ku lamit i sera, sakaraniakay a lemahad, anu cacay tusa aca ku nipaluma, caay katenes saparang satu ku langaw, tuni kanarikay ku lahad saka kapah ku nipalumit, mangaay sapitena' tu nanum, saka matatudung paluma i lutuk, laluma' nu savahvah, ira ku misitekeday a langaw, pangangan han

128

U varu nu savahvah, u lahengangay, kulalaway ku nikamelawantu nu mita.

kakaen a savahvah. U ruma a tamdaw, u vunga anu caheni, u tali saan, tataang ku akaway dadahal ku papah, pipalumaan itini kacanglahan atu sarusuwan i waluay a vaulad. Anu i kacangalahan i tusaay, tuluay a vulad kapahay a pipalumaan. Nawhani adihay ku urad, maherek paluma kalamkam a lemangaw paciim, anu mahaeka mihecaan tataang tu ku tatapangan, a mavadi' ku akaway, papah tu militud lamit ningra. Cacaken malakakaenan, anu caay ciciken, malaseliw anu caay alaen nu misamihunay sapisanga' tu piyan atu taypihung, i kakanu apaw atu malengsu ku nikakapah, sicedam ku putut nu varu nu savahvah, u kakaenen nu adiwawa yu matiya,

mangaay malasinavel ku varu. Kemaen ku i niyaru'ay tu papah u ruma ku vangsis, anu pilisinan, ira ku rimurak, malusapasaksak tu turun malecad tu papah nu lalengac, ciluway tamelac, caay paaca,

malasasalamaan nu adiwawa ku paenu, pateli i putut nu valu', anu caay teluc nu pancengi pasa kudul han a miiyup mavaher talakudul.

U matiay a sasalamaan n adiwawa yu matiya suwal nu tamdaw pakakitinay tu midawcay a urip saan...Sapaka layap nu valuhay a mararamuday tu sakalemed. Pakayni tu nu sapaiyuan ira ku tadamaanay a saadah, u sapiepiay ku tudung nu savahvah maadah ku vaedet mikapah tu isi' ku lamit nu vuhecalay a varu nu savahvah, cacaken tusa a tatukian ku lamit nanumen ku kavi, makaadah tu adada nu atay. U varu napasaterep tu maremesay a duka, yu caay hen kacakat ku sapaiyu, suwal nu vayi aku, matiniay ku saadah, yu matulu' maduka, alaen ku lamit atu varu, pekpeken patuhepi han i duka, i kaka nu ok-pang ku nika tamdaman ku saadah.

Nu lamit a laylay a dateng

Namakaniay i lengawan nu sera ku siadihayay nu tyenfeng, yu katakuli,apaw, lukyu...

U cacayan a lengaw, ira aca ku sakavahal nu nikasilemangaw atu kapaurip tu tamdawan naitiya hen awaayay ku kakaenen i nikaurip.

U sakasingalih nu maumahay tu nikalengaw i seraay a kakaenen.

Lukyu

Na makayni i pasuvana'ay kiniyan a kenaw hananay, ina kenaw hananay iri, na makayniyay i Nanyan kina sapal, yu matiya henay ku matu'asay nu mita u Pangcah, yu maleholuhulul ku heni u matuasy. Masasuwasuwal ku heni tina kenaw iri, u ruma ku alsu saan. Sisa, yu tala'umah ku heni iri, caay kanca mivanut ku heni tu sasinavelan a malahuk, nika u nipaluma nu matu'asy, caay ka dadahal, anu cacay a apulud, tusa a apulud, hatila ku nipaluma nu matu'asay, yu matiya henay.

Anu madengaytu ku lalavu nu luma' iri, madengaytu, u alumanay a tamedaw iri, a lama'anan patelac ku nipimelaw, u papusutan a kenaw hakiya sa ku alumanay a mimelaw, anu sapinang han a mimelaw iri, u kulit tu ku kavanaan atu kilang nira. Sisa, mavana' kita tu nikaukenaw

nu Pangch. alamaanan iri, patelac ku nipimelaw nu ruma a tamedaw, u tamaningi saan ku heni, araw han iri, u patelacay ku nipimelaw, micungdus ku aledah nira, ka'ulahan nu Pangcah, sapivuhat tu venget.

Ina kenaw hananay iri, araw han iri, u kapahay a kaka'enen nu mita u tamedaw maemin, u emin nira makaen a maemin, anu maamaanen nu mita ku nipisavel kapahtu. Simangtaen kapahtu, anu u mita, u Pangch isaw iri, u simangta' ku saalsuay a kaen.

U suwal nu pasevana'ay ira ku sapa'iyu, itini i lalavu nira, anu ira ku adada' nu mita atu hinatanang atu rihen iri, u sakapahay a sapaiyu kina kenaw nu Pangcah. Anu tala umah kita' anu kalatan kita nu cirekay,

sipasutsut han ita i nikalatan nu cirekay, mahadeng ku levawa. Anu ira ku ca'ayay ka'ulah tu cungdus nira iri, micakay kita tu kan-zu-mi a mitustus, anu caay iri, pekpek han iri palamlaman tu litaul a miciyan, u ruma iri palamlamen tu hi-pu a misakavi, u ruma' tu ku alesu'.

Masimsim aku, yu u wawa henay iri, katangsa'an ku pipaanipan iri, yu matiya henay ku matuasy, malpalipaliw iri ,yu kalaviyantu iri, caay ka awaay ku kenaw nu Pangcah atu vataan atu kacu atu taluviciw. Anu mangalay kisu a mitanam a kema'en tu kenaw nu Pangcah iri, katayni i Natauran atu Pukpuk pacakayay tu dateng, anu caay iri, pavesuc han a tayra i Dawlik kiya a sadesemsem ku nipitanam nu misu tu alesu' nu kenaw nu Pangcah.

Itini i muketpay a miheca iri, u nu aniniay tu a adiwawa, u tinayi' nu vavuy ku sakaen kiya a caay kareni' i nu simal, anu nu matuasay a saka'en isaw iri, u siraw, u saalsu'ay i valucu' nu matuasy. U pipaluma'an tina kenaw iri, i cacay a vulad, i tusaay a vulad kiya a kapah ku heci atu langaw ningra. Anu tayni kamu i Kalinko iri, aka kapawan a micaver i Dawlik, anu nakemaen kamu iri a manamnam kamu.

Nu lamit a laylay a dateng

Tali

Ita u Yincumin, yu matiya henay awa'ay hen ku kakaenen tu nipaenip tu kakaenen, saayaway a kakaenen nu mita ku tali atu rara'.

Yu paluma ku Yincumin tu tali atu rara', miiluh tu lutuk, ya damek nu ni'iluhan a avu ku sadamekan nu lusay, yu matiya.

Sisa, irasa ku kakaenen nu tatuasan nu mita. Iniyan a tali hananay iri, na nu tiyatu ku nikaurip nu tali, caay katalaw tu kedal atu nanum, manay maulah tu sidamekay a sera.

Ina tali hananay iri, nanutawan a niyaru' , kinasapal i tukus, i laku, i taritaringan, lemangaw satu cingra. U tapang ninatali iri, adihay ku tariw, kaenen ku tatapangan ningra, sipaluma ku tariw a padutuc, malasepat ku tali hananay.

U kulit nira malatulu 1.u vuhecalay 2.u amuamuyan 3.lahengangay, u vahuk ningra iri, kapahtu a ciyanen, uruma ku vangsis ningra.

U usaw tinavahuk sipalamlam tu tali uruma ku vangsis, anini satu iri maulahtu a ma'emin ku tamedaw a kemaen, kana aca iri a ritit tu aca kira vahuk iri, nika ya a ritit nira, araw han, u sakahadeng nu ekang sa ku matuasay. Nalikulan nu lais sumadentu nu mavanaay a paluma, mangalev tu ku ka'ulah nu alumanay a tamedaw a kema'en. Yu kavaliyusan nu mihecaan awaaytu ku maamaan a dateng, u tali satu ku mauripay nu dateng, anu saka i tireng nu mita u tamedaw iri, iratu wamin ku sasakapah nu tireng nu mita u tamdaw.

Anu a kemaen kita iri, vadisawen tu ku kapahay kiya tanestes ku alesu'. Anu mipuci' kisu iri, anu a ritit ku kamay isu tu namipuci' iri, kamamanaw tu rangrangen tu lamal, kiya malasawad ku calenget.

U tada kakaenen nu Yincumin kina tali, namapakayniyay nu Tongnanya a kitakid saan.

Nipalamlaman tu vahuk misakavi, sa caaytu katadung ku alesu'.

Nu lamit a laylay a dateng

Katakuli

Iniyan satu a kakaenen nu matuasy iri, katakuli han cingra, yu awaay henay ku nipaenip tu kakaenen iri, u sakaurip nu matuasay, yu matiya henay. U iniyan u katakuli atu vunga atu tali palalamlam han a mirahekad. Anu masuleptu namaumah iri, vutvut han,puhpuh han,simangta' han a mingusngus. U ruma iri tuduhen, anu taenek tu ku tinayi', kiya kilemel a miherek tu dademaken, u lengaw nina katakuli iri, sararaya'sa, adihay ku caang, tamelac sa. Masakinakinay, matiya u cirekay.

U aniniay tu a adiwawa nu mita iri, caaytu kavana' tu nika u kakaenen kina matiniyay, iniyan u sepatay apulu' a mihecaan a mavana' henay tu kaen nu matuasy. Yu matiya a maurip. U suwal niyawaluway apulu' a matuasy iri, na nuwawa u mahiniyay ku kakaenen, caay kavana' cingra tu maamaan a kakaenen. Itini i niyaru'an i padatengan iri, caay kaawaay kina katakuli, anini satu ititaan i lutulutukan adihay ku langaw. Anu i

Pangpangcahan iri, malusalaedan atu rangat tu viyaw, kiya sipinang tu salaedad. Anu katangasaantu ku piketev iri, upapah ku kavanaan, mavaer tuku papah, madengay tu a vangaden a mi ketev, anu mivangad iri, naunen, mala tu mavurvura nu cacayay a sapal iri, vuwah satu, anu caay emini a mivangad iri, vuwah satu, maemintu ku umaumahan a matiyak ningra!

Lemangaway ku katakuli i sera, masacacacay sa ku nikalengaw, adihay ku tinfeng nira, u kakaenen iri, u malakakaenen nu mangalayay a misakupit aca tu tireng nu tamdaw; ira aca ku sapikapah tu tireng nina katakuli. Yu matiya kita u Pangcah, awaay henay ku vuling, siwawa caay kadengay ku salang nu ina iri, pawali han kiya katakuli, malicangtu iri, tivek hantu malakuna tu viraw hantu apawaneng, kiya mavecul ku lutungay. Naira kiya pacakayay tu dateng nu vayi suwal sa" papitu ku wawa tu vavahiyan nu maku, naitiya hen u katakuli ku sapakaenen nu maku tu wawa, awaay ku sapatungal tu sapacucu kiyami, ina katakuli tu ku sapavecul saan. Manay anini u nipaluma tu katakuli, u sapacakay aca, u ruma sapaveli hananay nu maku i tauwanan, salipahak sa ku lavang a makatengil tu kungku nira a micakay tu katakuli nira vayi.

Ina katakuli cacak han tu a pawaneng, u ruma ku alesu'. Suvawen hen iri, vangvang han a micacak i dangah, tangasa' a kemuku' tu, saadidien tu ku lamal a mitenger, pawaneng hantu, haen han ku nipicacak. Kanahatu u saalesu'ay a nicacakan iri, pananum han a micacak atu nitenger hananay caay tu kalecad isaw ku alesu'.

Nu lamit a laylay a dateng

Apaw

Ina apaw hantu iri, yu matiya henay i nikaurip nu mita u Pangcah, tada u sakaurip nu mita u Pangcah kina apaw. Nanu adidi' iri mamelaw ku nipirahekad nu matu'asay tu apaw,vunga, taviras,palamlam han a mirahekad, ina apaw iri tataak kuduku nina apaw, anu caay kita pisausi a mirahekad kaenen nu mita mapatay kita, anu kapah ku nipirahekad a mitenger, u kapahay tu sakaytireng nu mita u tamedaw. Yu matiya henay, yu kaRipunan, caay kadengay ku kaen masulep ku vinawlan, na nu tiya dadahal satu ku nipaluma' nu vinawlan, kiya mavecul ku lalavu nu luma'. nalikulan nu lais nu Ripun, adihay satu ku nipaluma', sipakaen hantu tu vavuy, sangaen tu maamaan tangasa anini iri, sadadahal satu ku nipaluma nu vinawlan. Yu paluma iri, i lutuk amin ku nipaluma ku sakapahay, anini satu iri, anu icuwacuwa iri, mamelawtu nu mita ku langaw ninaapaw.

Ina apaw iri malatusa, malatulu, ira ku alengelay, ira ku cileminay, ira ku sicedamay. U lamit ningra iri , sangaaen tu siliw, anu talalutuk kita a mawmah, anu micacak kisu a kema'en iri, pimelawi tu kulit ningra atu langaw ningra, kiya a ca'ay kita kapatay a kemaen.

Anu paluma tina apaw iri, u caang ningra ku sipahecek, anu paluma tina apaw iri, ka i kacanglahan a paluma, kiya kapah kulangaw ningra, adihay aca ku heci ningra, anupalumairi aka'areka han, aka kaanuv, cacay hanalaya kulaed, kapah ku langaw, adihay aca ku heci ningra. Cacay a tapang iri, matumestu ku varuru. Ina apaw iri, caay katalaw tu cirekay caay kahinalahul, anu icuwacuwa paluma, pahecek iri, lemangawtu, nika palumaan nu misu iri, a cacay a mihecaan kiya adengaytu a ketevan, u ruma tu ku alsu', anu tiya, yu u wawa picudadan henay, pilipayan maruyaruy a pakaen tu rarapa i lutuk, makamelaw tu langaw nu apaw iri, tayra maemin a mikali tu sakalahuk, kiya mavecul ku nikalahuk nu adiwawa.

Yu matiya, ina apaw hananay iri, adihay ku masamaanen a malakakaenen, u ya lamit nira si tyenfeng 20%~40%, anu licaen matungal tu 80%, u satapanga nu nipalumaan a kakaenen.

Anu caay palamlami tu maan, rusrusen a pawali a milicang, tua cikciken a misacacacacay, sengeren, cacaken. Ira kiyami ku cing-cin-swang, caay kanca a sengeren, pekpeken aca tuduhen a maala ku raraw. Itiya i niyaniyaru'an, ira ku nisangaan tu 「musufeng cenkaw」, u niyan a nisangan tu apaw , pudacen hen ku puci , tua micacak iri, mavasaw satu i malasapitavu tu kaulahan nu misu a kakaenen, sacacacacay hantu a patelien i langseng a micacak.

U papah nira iri, madengay sasinavelen, madengay tuway a sakunaen, madengay a saerawen, ira heci atu lamit ningra, madngay a sipiseva' tu vaedet atu duku nu tireng, madengay a sipaiyutu. Nipaluma' nu mita tu lusalusay, anu tangsul han a kemaen, iri pawalien henay tu a cikciken henay, tu a misenger tu a misavel, kiya a makaen nita. Itini, mamelaw henay nu mita ku misangaay tu apaw atu vunga, a mitemi, a misanga' tu mangtu, anu maanen nu misu ku kapahay a kaenen u nu misu tu a navalucu'an, kiya maedem ku alsu'.

Nu lamit a laylay a dateng

Daydam

Yu matiya henay ku matuasay nu Pangcah, adihay ku nipaluma i liklikan nu luma' atu padatengan .

Tada u sinavel nu matuasay kina daydam, anu mawsaw iri, sipacakay i vinawlan, sikalisiw ku matuasay sapicakay tu epah atu cilah. Ina daydam hanay ka'ulahan nu Pangacah, sapacena' tu ruma a sinavel. Yu pipasayran nu mihecaan iri, sipacavay tu icep atu epah kiya ma'ulah ku kawas nu Pangcah a paveli tu sakalemed, cikciken pacilahan caay kasatudung ku alesu'.

luengelay a daydam

Nipacilahan a luengelay a daydam, sa alesu' sa a kaenen.

Yu paluma tina tayu iri, itini itarakaway a lutuk, u mapacidalay atu sidamekay kiya kapah ku langaw, kiya raritiritin satu ku tariw atu caang ningra. U sapaluma tina tayu iri,u maikesay tu a tayu, kali han ku sera, valeng hantu pakeda hantu , katangasaan tu kasilngawan madengay tu a picaang a sisinavel a mitustus tu cilah atu siraw, anu paluma i saw iri, u sakapahay i kaheveran nu vulad.

Anini hantu iri, maemin tu ku payadaada a mavana' tu kapah nina daydam, sipalamlam tu sinavel sangaan tu sapaiyu, adihay ku pavana'nina daydam tu saka i tireng nu mita u tamedaw. Ina tayu iri, u nu mita u Taywanay a Pangacah ku saayaway a mitanam a paluma, anini satu iri, malamlamtu atu nu tawan a niyaru' a daydam, nika u nu mita tu u nu Pangcah a daydam ku sademsemay a kaenen.

maikesay a daydam

U sulinayay a nipalumaan iri, ka lietecan tu nu remiad, anu piketevan tu iri, pangkiw nu mihecaan , kiya luengel, duhepic, vuhecal ku pudac ningra, i namaikesay a daydam iri, caay kanarikay a mavadi', u ruma ku aledah nira, sisa iri sipalamlam tu ayam atu epah a kakaenaen nu masuvucay, kiya sisalang ku cucu nu ina. Sipalamlam tu vuting kiya masiday ku angelis, anu sipalamlam tu maamaan a datengan mangalev ku alesu' nu sinavel, u pudac nira iri matimatiya u kines nu vuting.

Mavana'aytu ku tamedaw anini makahedeng kina tayu tu adada, pakavaedet tu tireng, kiya tahekal ku tanang mihakulung ku adada a tahekal, alesu' aca ku nikaen mivukah kina daydam, caay pingesnges kina daydam.

Vunga

Ina vunga hannay iri, yu matiya henay iri, awaay ku kakaenen nu vinawlan, tada u vunga ku sakaurip nu tamedaw, yu matiya henay, sipakaen tu vavuy. Anini satu iri, ka'ulahan tu nu tamedaw, sipalamlam tu aam, kaulahan tu nu adiwawa nu mita, anini a kemaen.

Anini satu matiya tu i paysadaada kina vunga. Yu u wawa henay iri, pakaen tu rarapa makamelaw tu langaw nu vunga iri, kalientu a mituduh a kaenen nu pakaenay tu rarapa, kawpir nira iri, cacaken a misasinavel, a sikaen tu vunga. U ruma ku alesu' a maulah, anini ina vunga iri, kaulahan tu paytamtamedaw, saka i tireng nu mita u tamdaw, u ruma ku kapah, makahadeng aca tu adada nu tireng nu mita. U suwal nu matuasay iri makahadeng kina vunga atu kawpir tu adihayay a adada i tireng nu mita, u tamedaw, ina vunga iri, anu adihay ku nikakemaen nu mita,a caay pisusu, anu mamaamaan ku remiad iri, caay katalaw tu kedal atu sienaw. Caay paıyuı cıngra kapahtu. Caay katenes kina vunga atu kawpir kavaliwsan iri, anu awaay ku maamaan a dateng, u kapir tu acacay ku ma'uripay nu dateng.

U lahengangay a kawpil u siteyse hananay, u sapitungal tu remes nu mita a dateng.

Yu matiya henay iri, na u sapakaen tu vavuy atu ayam, taduk kina laput atu vunga.

Adihay ku caayay kalecadcad ku kulit nina kawpir, ira ku lahengangay, ira ku amumauyan, ira ku vuhecalay.

Masimsim yu matiya henay, palamlam han a tu tali, tangsa i nikasivelacantu kiya makakaen kita, anini satu silamlamay tu vunga a hemay, anini satu iri adihay tu ku kaen atu velac, caay tu kasikul ku vunga anini, u sapakaen tu vavuy atu ayam, namaka tauwan tu a niyaru' ku sapakaen, nika anini satu pihululan a mituduh tina vunga, kiya a caay kapawan tu nu sakaurip nu matuasay yu matiya henanay.

Nu akawayay a laylay a dateng

Miuway tu dungec , u savana'ay a midungec ku Pangcah, u mavana'ay
aca tu mamaanay a mipudac tu langaw nu lalengaw.
U savana'ay ku Pangcah a midungec, mavana' aca a mipudac tu langaw
nu lalengawan, araw alesu'ay ku dungec nu langaw.
A mavana'kisu a milidateng tu nu umahay a datedatengan kiya
saalesu'sa a sasinavelen.

Nu akaway a laylay a dateng

Uway

I nikaraheteng nu maku, anu katangasaan tu i valuhayay a kalalikidan iri, a tahkaltu ci amatu tulutuluway a remiad, taluma' satu ira tu a itiya sa a makamelaw tu dungec. I lutulutuway ku langaw nu uway, u tadamaanay a langaw i nikaurip nu mita u tamdaw, adihay ku sadademakan nira, u sasanga'en tu lusid nu sakay lusid nu lumu' i kaluremiadan, u kakaenan aca nu mita u Pangcah ku dungec nira. Adihay ku sadademakan nira kiyami, manay lalahad tu ku nipaluma i lutuk, i enar.

Kanahatu, alengel a kaenen ku dungec nira, nika, misakapahay tu tireng ita. Anu caay kangalay tu alengel, sipatungalay tu ukak nu vavuy a sakavien. U nu matuasay a kaen i umah i matiya, hudhuden tu lamal puci' han ku pudac a pacilah.

U langaw nu uway 6-7 a laya' ku tarakaw nira, anu 5-6 tu ku akaway nu papah idengayay tu a dungecen, luengel ku dungec imatiya. Tanuceka saan ku langaw nu uway, manay anu miletek tu uway, a caay kanca kasikivetulay a sakikamay, raraya'ay a ledung nu vuduy, tuper, saki'urad a cukap, anu caay haeni ku lusid, a tanuceka, tanuremes saan ku tiretirengan nu dademakay.

A kavadasen hen ku masakilangay a kulit nu puhci ku ayaw nu a micacak, tiya a ira ku savuhecalay a dungec nira, anu haenen tiya a masaluengel tu ku dungec nira.

U langaw nu uway, caay kaadihay ku dademaken, riharay ku palumaay, 3 a miheca dengay tu a dungecen a pacakay, u kakaulahen a kakaenan nu tayniay a mihulul i Hwalien. Aniniay a uway, caay tu kailutuk a cacay ku langaw, sinipalama tu i enar, u padamaay tu sakaurip nu maumahay anini.

Adeci

Langaw nu vulu' tusa ku sanad nira, u salangawan nu vulu' a palamitan maceved, u nikaceved nu lamit, u pakangaayay a adihay ku langaw nu tariw, kilemel ku urip nira, anu caay kalawit ku nipiletek, caay kalasawad ku langaw nira. U nikalemangaw nu vulu' caay kaikudulay nu lutuk a cacay.

Iraan mahekalemangaway luengelay a tariw, herek saan a puci'en u adeci han nu Pangcah, u kakaenan nu maumahay imatiya, anu ma'ikes tu ku adeci malavulu. I ayaway a miheca, u vulu' hantu, u sasanga' an tu caveng nu luma', u sapatireng tu paruvuan nu ayam, sapirangat, sapisanga' tu sasalamaan nu wawa, adihay ku tataduan nu tamdaw tu vulu'. Nika anini, caay tu pitadu tu vulu' a misanga' tu lalusidan nu luma' ku aniniay a tamdaw.

Alesu' ku adeci a sasinavelen, anu micacak tu adeci, u nikavadasan, u nipatungalan tu titi a niciyanan, u nihudhudan. Milisimal tu masusuway a tamdaw ku heci nu adeci, midimel aca tu tinayi' nu tiyad, u misakapahayay tu tireng a kakaenan ku adeci. Adihay ku nipaluma' nu Vataan a Syngkungso i lutuk. I piadecian a vulad, anu cima ku sitatudungay tu nipalumaan a sera, cira tu ku sitatudungay a miadeciay a pacakay. Malecad ku aca nu adeci atu icep, u nipacakayan a pida, ngaay tu, u tatungalen nu sakaurip nu maumahay.

Caay kadayum a mi'adeci i mareketay a vuluvuluan ku tamdaw a mi'adeci, hatila u sakakaay a tarudu' ku nikatataang, kanakan sa ku tamdaw a misuped tuya masatevuay a langaw. Herek saan a misuped culu' en a pataluma' a mivuheci. U saalesu'ay a nikaen, caay ketuni a micacak, anu kemaen haveduc han ku nikaen, u saalesu'ay a haenen ku nikakeman.

Paringad nu Pangcah

U langaw nu paringad nu Pangcah, i dadisapan masavunavunakay a seraan nu liyal, caay katalaw tu kedal nu remiad, tu vali nu valiyusan, tu ahciday a nanum nu liyal, u padihingay tu vali a langaw. Tanuceka saan ku papah nira, nika, anu sadimelen a miliceka ku papah, malasasanga' an nu lusid nu luma'. Matiya u alivungvung hananay, madimel vangcal aca ku nakamayan. Anu tala'umah a dademak ku vavainay malatavu nu maumahay nu miadupay. Yu misanga' tu alivuvung, sadengay han ku tataak nu alivungvung, pacumuden ku velac rara' titi pakayra i nipavuhangan a papah, anu matumes tu, kelec han kira vuhang, pateli han i si'ui a mirahekad, herek sa a cacakan, pasusanek nu papah, uruma ku vangsis, saalesu' saan ku tavu.

U heci nira paringad, u mamamedacen nu i niyaru'ay a adiwawa, u kakaenan a heci, iraan a caay u maruhemay a heci, caay kahaen u tadaparingad hemin han a kemaen. Nika, kaulahen tu nu adiwawa nu niyaru' kira heci, a u maan tu saw ku mamamedacan.

U tadamaanay a kakaenan nina langaw, iraan i lalavuay a luengelay nu akaway, U teruc nu paringad han a pangangan nu Pangcah. Tanuceka saan ku papah kiyami, sisi, mangalay ku tamdaw a militeruc, a sakapahen tu ku nikasivuday, raraya'ay a ledung, tuper, sakikamy…, anu caay haeni ku nikasilusid, tanuduka tanuceka a satu ku tiretirengan nu misu isaw.

Anu halikaen tu teruc ku tamdaw, mihadeng tu siadadaay tu atay, tu mavutusay a vuwa', miserep tu tarakaway a remes, iraan u heci nira paringad, pakalietec tu mahedungay a tamdaw saan isaw ku suwal.

Yu alivungvung hananay a tavu, a sepaten ku papah a mitavu tu nisahemayen, tiya malatavu nu Pangcah.

Nu akaway a laylay a dateng

Hinapeluh

I talutaludan, i lilis nu lutulutukan ira tu ku langaw nira, u sadadahalay ku nikariwasak a lemangaw i Taywan, ina tusaay a langaw, u "penen" atu "hinaliti'" han ku nipangangan nu Pangcah. Tataang ku langaw nu penen, u walel nira siremud han a misilsil a miluec malacavengen nu luma' , yu ruma satatakalen nu luma' , u papah savadahungen nu luma', nu taluan. U teluc nu penen, vuheci han u hinapeluh han ku nipangangan, yu ruma, u dungec han amin ku nipangangan, alesu' a kaenen, iri malasinavel nu Pangcah. U rumaan milecaday a langaw, hinaliti' han ku nipangangan, u papah nira savadahungen nu luma' atu taluan, makaen tu ku teluc nira, anu katangasaan ku meketepay a vulad, yu mavayat tu ku teluc vuheci han, u "dungec" han kiraan, u mamavaruay "puwakih" han a pangangan, u alesu'ay a sinavel nu Pangcah kinian. Nika, anu malawit ku tusaay

Mahkulung a mihinapeluh, a makumud a kemaen tu nisacacakan a sinavel ku niyaru'

Nikavadasantu a a henapeluh, itiyatu i pacakayay tu dateng a sinanut han a pacakay.

a lalipayan, maikes tu ku puwakih, malatingting tu aca, u tingting nu hinapeluh, simiketevay a misuped nu tamdaw a misiremud, sanga' han a palasaasiken nu luma'. Anu mangalay a midungec/mipuwakih, piarawi matalem midingac aca ku papah nira kiyami. Manay, sadimelen ku nikasivuduy, kaw raraya' ay a ledung ku caluken, kasisakikamay, hangay caay kadingac nu papah ku kamakamayan. Anu adihay tu ku nivuhecian tu dungec/puwakihan, sakapahen ku nipitavu masumada ku vuhecal nu dungec/puwakih.

Nu akaway a laylay a dateng

Icep

Pakayni i nisuritan nu cudad, u nipacumudan nu Holanda a kitakidan i Taywanay ku icep saan ku suwal. U sakapahay a papalumaan a valad i sakawalu a vulad tangasa i sakacacay a vulad nu rumaan a miheca, u vungid nu icep ku sapaluma i saayaway, yu ruma u sapal nu icep ku sapaluma, anu saepi' ,siurad aca ku remiad, kalamkam a palutuc a lemahad ku nipalumaan. Aluman ku palumaay tu icep i liklik nu luma' , iri, sipalumaay nu tamdaw i umah nu tireng, cacay a laya' ku laed hakiya. Anu tusa tu a mihca ku nipaluma, cacay tu a laya' ku tarakaw nu langaw, katangasaan tu i kasienawan, itiya tu a vangaden a milinah a paluma.

Sepat a mihca hakiya ku kalamkamay, ta sinisadak tu dipas nu saayaway a icepan. U rumaan a langaw nu icep, 5-6 a mihca kiya siheci tu icep. Pasameteki saw a mimelaw, anu savaw tu tusa ku puu' nu langaw, u matuasay tu ku langaw nira, u kalingatuan tu a sivucacing a sisadak tu masarumuday tu a icepan.

Ita u Pangcah, i ayaw nu lingad a tala'umah, sadengay saan a mitiwas tu icep a pakialuvuen, yu ruma miculcul tu wawa a papikalic a miperu' tu icep, ngaay ira ku sapa'icep tu mapapaliway a cavayan. Caay ka u sasawadan nu Pangach ku icep i kaluremiremiadan, melangay tu itiya yu silisin ku niyaru', simaramuday nu luma', a maanen a awaay ku icep tu sapalavang, u sapapaini'ini nu tamdaw tu lalumaan, tu cavay a palemed ku icep nu Pangcah isaw.

Matavutu i papah ku varu, i tiya satu mapelu' ku palu nira, tiya makamelaw tu vucacing, u ya saalesu'ay nu icep nu kilang kira vucacing hananay.

Naitiyatu a mavana' a misakaysin atu misakaliling ku niyaru'.

Yu miicep ku tamdaw, pasu apul, vila' atu valinglu, anu awaay ku vila', u walel ku sapatarud, anu caay kangalay a paapul hamanan patungali. Nika, anu caay paapuli cupelak a kemkemen, anu tadaadihay ku apul, malangal ku nguyus. Anu adihay ku vila' caay kalahengang ku nikemkeman a icep. Anu simangalayay nu wawa a miicep, u icep a cacay caay patungal tu maan. Anu caay kakapah ku nisadak nu icep, u nipawalian a vungid a kakemkemen nu mi'ucepay.

Caay ka u icep a cacay ku kakaenan, iraan u dungec nu icep, i vucacingay a varu nu icep alesu' a sasinavelen. I ayaw, na u Pangcah a cacay ku mavana'ay a kemaen, nika, anini hantu, kalealawan tu nu pacakayay ku dungec nu icep.

160

Anu misavel tu dungec atu varu nu icep, a caay kanca kavadasen ku ayaw, herek saan, paciveren i lietecay a nanum a misasa', anusa, u vadisaway a nanum ku sapisasa'. Sulinay, malangal ku nguyus, maveruru, alengel aca a kaenen. Manay, aka kapawan a mikavadas i ayaw nu nipicacak. Herek satu a mikavadas, ta satudungen ku nipicikcik a patungal tu titi, tu maan a kangalayen nu tireng, anusa kangalayan nu lavang, anu marimuh ku nipisacacak nu misu, sulinay, a caay ka u

U paysing nu Pangcah tu sakaiicep

1. Saayaway a nikasiheciyan a dipas nu icep, a caay kaw sapalamaan ku heci nira, iri, raecus aca a mi'icep ku masakapahay atu limucedan a wawaan. Anu tatulu tu ku nisuvuc tu wawa, kiya idengay tu a mi'icep ku matiniay a tamdaw.

2. Anu caay kaw nu luma'ay a nipaluma tu icep, raecus a mikelap tu nipalumaan nu tau, iri, raecus aca a mitivaw tu mahetikay.

3. Aka pi'ahen, aka pi'ala tu nipaveli a icep nu caayay hen kaedem tu tuluway a vulad nu madapunuhay a vavainay atu vavahi, anu miala tu nipaveliyan nu heni, a macakenuh ku mi'alaay.

Nu vekeluh ku sapicacak
tu sinavel

kakaenan nu tamdaw ku nicacak nu misu.

Aluman tu ku pacakayay tu dungec nu icep atu varu' nira i
papacakayan, malakakaenan a sinavel nu tamdaw anini. Iraan maheka
maperuay a palu', pudacen ku puci' sadengayen ku lahad a misayit, ta
sapitavu tu hemay a satavuan. U ruma satu, yu mivuting i tarawadaw,
mikerid ku matuasay tu nikilacan a palu' a palatipiden, herek saan pateli
han ku vuting i tipid, dateng atu nanum, iri pacirev han kira nituduhan
a vaedetay a vekeluh pacireven i nanum a pakemukuk, caay katenes
macacak tu ku vuting atu sinavel. Herek saan a malahuk i umah, valah
hantu i umah kira palu', caay kaw celul nu dangah a cacay, kapah tu a
pinaruan tu nanum, kavi, adihay ku dadademakan nu palu' i kakuremiad
nu urip nu mita u Pangcah isaw.

Maanen a misanga' tu tipid nu palu' :

1. Sadengayen ku nipiditek a mipidek tu sasatipidan a palu'.

2. Pasalalavuen a mipidek.

3. Tusaen ku nipivesul tu vuhang.

4. Pakaivuhangen a mivesul ku nisadicemam a nipelaan tu awul.

5. Sayiten ku palu' a pasasingtev tu tarakaw, ta maherektu ku nisanga'an.

Nu akaway a laylay a dateng

Cihak

Katangasaan ku kacanglahan, sivaru tu i matiya, adidi' ku varu nika maluvic. U varu nira na u langdaway ku ayaw, dudu saan malavuhecalay, celak saan masumad a masavunaray a cengel, uruma ku vangcal, kaulahen nu misasalunganay tu varu a tamdawan, cacay a vulad hakiya caay hen kavadi'. Iri, ira varu nu cihak, kaulahen a kakaenan nu ayam, nu adipapang, sisa, anu vahal a milangas tu cihak, usawi ku heci nu varu, angay ira tu ku kakaenan nu tayniay a ayaman.

"Cihak" a nganganan, u namakatuasay a suwal saan, na u cihacihaan ku talud i ayaayaw a mihcaan saan. Savila'en a pasu icep a mipapa' nu maru'ay itila a Yincumin ku pudac nu cihak. Na u cihacihakan kira uma'umahan imatiya, sisa, cihak han tu ku nipangangan kira palaan. I lilis nu lutuk, nu talutaludan mamelaw tu ku

Kyuyuwan a varu nu cihak.

Vuhcalay a varu nu cihak.

langaw nu cihak, u lamit, papah, varu nira kapah a sapaiyuen nu siadaday tu pu'upuu'an, tu adadaay tu takulaw, mata, mikiyay tu levawa, tu vena' nu tirengan. anu caay tu kadengay ku lalalaan a icep, u pudac nu cihak ku sapatarud nu matuasay, iraan u luengelay a papah kitucen a micacak a sananumen i kaluremiadan, misakapah tu tireng saan.

Nu akaway a laylay a dateng

Validas

Kureced ku urip nu validas, i sasa nu lutuk, nu enar, i liklik nu putaputalan nu luma', nu cacudadan. I kasivaruan savangsis sa ku varu nira, manay, u tataynian nu ayam a mikaen tu heci nira. Milecad ku dipas, ku varu atu nu icep, cupelak nika sicesicedaman ku heci nira, u lalalaan nu wawa a kemaen.

U teluc nira mahaen u dungec nu uway atu icep, alesu' a sasinavelen, iraan u walel nu papah, pekpeken tu walaked a milecang, sakapahen a misiremut a lalapien a minuka malakapahay a saluec. Sisuwal ku matuasay, i nipiketepan tu havay, a laluecan tu celled nu havay saan. Iri, iraan misiketay a pudacan, siremuden a misadimel malatangsuy i

kauradan nu maumahay, masasa'
asik, malasasulac tu dangah,
u kapahay a salusid nu luma'.
Iraan luengelay a teluc nu
papah, anu masetul a malevawa,
maremes, pecpecen a patupida' i
kadukaan, kalamkam a mapupu
ku nikasiremes, ku nikalevawa
mihadeng ku duka, u heci u pudac
nu heci nu validas, mihetec tu
kuetengay a remes a pakakapah tu
tireng saan ku matuasay.

Iterung nu akaway atu
papah ku saluengelay
a kakaenen.

Nu akaway a laylay a dateng

Cihing

Malatusa ku cihing anu sanaden, u saayaway a nikamelaw nu mita u Pangcah, iraan sicekaay lahngangay ku papah atu langaw a cihingan, sakatusa – awaayay ku ceka a cihingan, vuhvuhcalan ku varu nira, cacak han vangvangli:han a kaenen, nu aniniay tu a langaw kinian.

Caay tu kaadihay ku langaw nu sicekaay i umaumahan, iraan tu awaayay ku caka a cihingan ku mamelaway. Sulinay, iraan u lahngangay a cihingan ku alesu'ay. Yu mikituc tu sicekaay a cihingan pisinanuti madicem ku ceka, anu maceka caay kadayum a cekiwen.

Ina tusaay a cihing caay kaw papah a cacay ku kakaenan, ira walel nu langaw makaen tu. Nika, a tudisen ku ayaw kiya cacaken, anu ciyanen patungalen tu nicilcilan a titi, suwana, kenaw, cupel alesu' a sasinavelen.

Kilemel ku langaw nu cihing, iraan u varu nira adihay ku salangawan a heci, manay masavelaw ku langaw nira i uma'umahan. Kanahatu kitucen ku lutuc, ku caang, kalamkam palutuc aca i caacaangang, sisa, ira tu ku luengelay a dadatengan.

U lamit nu cihing pananum han a misakavi, nanum han pakaisi' tu caayay kaisi' a adadaay, anu pekpeken ku papah mihadeng tu silal, anu pekpeken ku hemin nu langaw, patupien i mawilihay, mangeletay a adadaan, mihadeng tu adada, mihadeng aca tu nikalatan nu uner a dukaan, inian u namakatu'asay amin a ninanaman.

Vutul nu edu

I palamitan adihay ku hatilaay u vadisusu ku nikatataang a heci, sivanuh masakurahay ku cengel ku pudac nu heci, anu masu'aw ku tamedaw i hekal, vanuten ku langaw a miliheci, kemkem han sisalang ku heci ngaaytu malananum i kasuawan nu tamedaw. Masavelaw ku langaw nira i talutaludan, i lutulutukan, kilemel ku urip nira, hatila u vadisusu ku tataang kiyami, manay, pangangen nu Pangcah "vutul nu

edu" han ku nipangangan tina hecian.

I sera a lemangaw ku vutul nu edu, u sakacaay ka suaw a kakaenen.

Iraan luengelay a teluc kitucen a miala, suvaw han maladateng nu Pangcah, mahaen u paheku a kaenen. Makaen amin ku langaw nira, maherek a suvawen pananum han a micacak, hetec han a misakavi, u ruma ku kapah tu mavutusay ku tireng, anu mataval nu puut, nu hawan, pecpec han ku luengelay a lutuc madengay tu a mikiyay tu levawa, mihadeng aca tu nikatavalan a duka nu tireng.

Suvawen hen ku nidatengan tu vutul nu edu, tiya sakavi han tu.

Nu akaway a laylay a dateng

Lalengac

Lalengac milecad tu langaw nu tayu, nika tarakaw ku langaw nu lalengac, u sanek nu papah misengi tu papah nu tayu.

I lilis nu lutuk mamelaw tu ku langaw nira. U maan saw a varuan ku savangcalay i talutaludan, i lutulutukan anu saan ku nipipalita i takuwan, a kakerur saan ku nipacauv nu maku " varu nu lalengac". Masacidek ku varu nira, i laludan nu mihmihcaan, mahaen u vucacing nu icep ku satavu tu varu, yu mavuheci ku vucacing, malaritiritin a macacuy ku varu nira, namaka sariwsiwan tangasa i kasienawan ku nikacelak nu varu, u ruma ku vangcal a melawen. Herek nu varu malalahengangay a heci, anu maruhem tu ku heci nira, malamuhetingay, likul saan mavetak a materak i sera a malasapalumaan.

I kasienawan kalemangawan nu tariw i matini, kialesan ku dungec nu hinaliti'. Raraya' ku papah nu lalengac, iri ivecang aca ku papah nira, manay sapidemak han nu paliwalay a mitavu tu vasis, tu pakcang, tu tawhu, tu kukuy, vangsis ku sanek nira kiyami. 2-3 a laya' ku nikatarakaw nu lalengac raraya' aca ku papah, manay tusa ku dadademaken nu langaw nira. Sakacacay: yu talalutuk ku tamdaw namikasuy, awaay ku saluec, ketun han ku ma'ikesay a langaw, naun han a mipekpek, anu raemud tu ku walel, mangaay tu a sarayicen a miluec tu kasuy. Urama satu, niketunan nipekpekan a walel, pawali han a milican, anu malicangtu nukaen a misarayic. Sakatusa: kilacen ku papah a miliwalel, pawali han a milicang ku papah, anu

U akaway nu lalengac ku sapisanga' tu varuru, sikal atu masamaamaanay a sakaurip nu mita.

malicangtu tuliken a misasikal, sapahemayan a kupid, kakanan, pa' icepan, pihpih. Kawnay kanas, adihay ku sasanga'an nu matuasay.

Sisuwal aca ku matuasay, pawalien a milicang ku heci nu varu, pananum han a micacak malasapaeyu ku kavi, mihadeng tu mapiluhay atu mapiletay, u misakapahay tu tireng saan.

U taterungan nu Paywancu ku "lalengac" u papah satabu tu alesu'ay a pakecang. Nika, nasivaruaytu, caay kapahay a sanga'an tu maamaan, hinalatu' hinalengat. Namilalengac lipapahen, pataluma'en a pawali tu pinapinaay a remiad. Malicang satu pudacen ku akaway, sakapahen ku nipicevar luluden a misakimulmul pawalien aca. Akaa kadacep nu urad napawali, tu saka caay kamuhting nasuemet. Raecus a melawen caay aca katurenus. Malicangtu iri, sacacacayen a patatingruh. Anu mahaenay, u sakapahaytu a sapitulik tu kangalayan a maamaan.

Nu papahay a laylay a dateng

I kalaludan, silalesing, silahud nu namakaseraay, pakadawmi' tu teluteluc nu datengay a papah.

Malekairaira ku kerat,tatukem,mauway/pahaciway i lutuk, i umaumahan, i tapiingan nu padatengan.

Kanaun han a mipitpit, sakavi han, uruma ku alesu' a sasinavelan.

Nu papah a laylay a dateng

◆

Lukut

Anu tayra kita i lutulutukan a misarakarakat, caay kanca makamelaw kita tu langaw nira, itila i suemetay silidungay a seraan, mitadipi i kilangan, i masatepaday a vekeluhan, misengi tu dipung nu ayam ku langaw nira kiyami, manay "masadipungay a lukut" han nu tamdaw a pangangan tu langaw nira, iri malukut ku valuhayay a lutuc, manay u "lukut" han nu mita u Pangcah a pangangan.

U dadatengan nu Yincumin ku teluc nira, ngalepngep a kaenen, yu ruma patungalen tu kacumuli a misakavi, a u maan saw ku sasuwalen tu alesu' nu kavi, melaw han anini, pasu taywan, miki'aya'ayaw tuaca a kemaen tu nau mitaay a datengan.

Aluman aluman ku kemanay tu lutuc nu lukut kiyami, manay caay tu kadengay a paliwal tu nidatengan i lutulutukan. Manay alumantu ku palumaay nu Pangcah tu lukut i liklik nu luma', i laku nu tatirengan. Caay kadayum kiyami a midateng tu nu lutukay a lukut, matekes aca ku sapacakay a acaan. Sisa, sadatengan nu maumahay ku laku a

paluma tu lukut. Tunamahaen, caluway ku maumahay a mikituc tu lukut, maserep aca ku nu lukut. U raan papah nu lukut caay kakalamkam a mavadi' kiyami, manay malavavuutan nu luma', ka'ulahan nu mavana'ay a mivuut tu luma' a tamdawan.

Adihay ku nisacacak tu lukut, ira ku nikavadas, nipatungal a niciyan tu titi nu rarapa, tu vuting, u kaulahen nu tamdaw a sinavel. U suwal nu matuasay, anu halikaen kita tu lukut, midimel misakapah tu tireng nu tamdaw saan isaw.

Nu papah a laylay a dateng

Pahku

Mingataay a siluma' i tepar nu lutuk a tamdawan, mavana' amin kiyaru tu langaw nu paheku, malukut ku lutuc alesu' a sasinavelan. I lilis nu ciricirisan i suemetay a uma'umahan, i lilis nu lutuk ku langaw nu pahku, kilemel ku urip nu heni. Halinanum ku pahku, manay anu suemet tu ku sera, kapah tu ku langaw nira, kapah aca a sadatengan nu tamdaw. Anini aluman tu ku maumahay pacena' a paluma tu pahku i lukut nu tireng. U papalumaan a vulad, i kacanglahan ku sakapahay, limaay a vulad tangasa i muketepay a vulad, u papalutucan a vulad, i waluay siwaay a vulad ku sa'adihayay, kanahatu i kavaliyusan, iratu ku cacakayan tu langadaway a datengen imatiya.

Yu misasinavel tu pahku adihay ku sacacakan, matiya sakavien, pacamulen tu pudaw, patungalen tu yimsi, palitaulen a miciyan, kavadasen a patungal tu nipecpecan a kenaw. Urasisa, u lutuc nu pahku caay kau kakaenen a sasinavelan a cacay, malasapaeyu misakapahay aca tu tireng nu tamdaw.

Nu papah a laylay a dateng

Vukaw

Mikiheting masavulatak aca ku cengel nu kitapang（樹幹）nu vukaw, anu ketunen a mitaptap malataruk, malapapacunekan tu varu, papalumaan tu lukut atu milaladay a pinalangaw. Ira kitapang nu vukaw, malasalili nu luma', nu taluan nu i ayaway a tamedaw, tusa tangasa i tulu a pulu' a mihca hakiya caay hen kalahul ku nipatirengan a slili. U nikavana' nu mita, matiniay masapahkuay a langawan, apu' apuru' ku langaw, inian a cacay u vukaw, sacidek saan ku nikatarakaw, masatavutavu ku kitapang i nikalemahadan, manay uruma ku nikakureced. Adihay ku nikasarumaruma a langaw nu vukaw, nika, cacay ku malecaday, caay kasivaru caay kasiheci. U salangaw nira itila i likut nu papah.

Makaen ku lukut nu vukaw, nika, pisinanuti tira misiketay i pudac a vanuh nu lukut, anu siketen i vangevangesan nu kamay, caay karengang ku calenget nu vanges. Sisa, anu mangalay disdisen ku lukut nu vukaw,

U sakapahay a sapatireng tu taluan ku vukaw

ayawen ku nipisuvaw tu lukut, hangay caay siketi nu vanuh. Maherek a midisdis tu pudac, cikcik han kira lukut, kavadasen ku ayaw, dudu han pasutiti' a miciyan, uruma ku alesu'. Iraan i sasaay nu teluc, puci'en ku pudac simasakuletuay a dungec, sakavien a micacak, mahaen u tawhu ku nikaraemed a kaenen alesu'.

Masavelaw ku langaw nu vukaw i lutulutukan salungan a melawen, anu sılangaw tu ku lukut makaentu, malasapa'iyu ku langaw nira.

Nu papah a laylay a dateng

Tatukem

I enaray a lemangaw ku tatukem, anu sidamek ku sera, tangasa i tusur ku nikatarakaw nu langaw. I sakatusa a vulad nu mihca tangasa i kalaludan ku langaw nira, nalikitucan caay katenes pacaangtu tu valuhayay a teluc. Anu sidamek ku sera, saluengel sa ku caang nira, u sakapahay a datengan i matiya, anu maruhentu ku heci malamuhetingay, sicesicedam a kaenen, u ka'ulahen u mamamedacan nu adiwawa. Nika, hadengayen ku nikaen, adada'a ku tiyad, iri anahar aca ku takulaw, iraan caayay hen karuhem a heci, aka pisakaekaen mawaraka.

Anu sasinavelen ku tatukem, u nisakavien ku adihay nu Pangcah, sicesicedaman ku kavi nu tatukem, uruma a nisacacak, kavadasen a mihetec patungal han tu kenaw atu tayu.

Anu lalisan, suvaw han ku langaw pasulamit, cacak han a misakavi, nanum han kira kavi, kalamkam a misasa' tu vaeded nu tireng.

U hemin a langaw nu tatukem malasapaeyu amin, miserep tu vaedet

U sapatinaku a kungku tunu Tatukem:

◇◇

Milunguc ku maumahay nu i amisay a Pangach tu kudulay a Kawasan tu a mangalay a kapah ku nisadak nu mikawmahan. Manay i ayaw nu kalingatuwan nu kaliwmah a terung nu labii, lemuwad ku matu'asay a micaluk tu lusid, micacak aca tu tatukem a misalisin tu kudulay a Kawasan, iniyan a lisin, u "Mi'acas" han ku nipangangan. Nika, ira ku nipivelihan a nipatinaku, anu simacacihiyay nu maraduday i terung nu labii, "mi'acas" han nu tau a pasuwal, u mikadiyah mipuelacay tiya maramuday isaw. Anu sisuwal tu "cacay sa a mi'aca" anu saan, u patinakuway tu nika'idi, tu nikatarahad, tu nipiteked a kemaen sananay a tinaku.

nu tireng, misedal tu nikacaay ka'isi'. Anu maduka, mawilih, mapilet ku vatil, pekpeken ku emin nu langaw, patupida'en i nikadukaan, nikalevawaan, kalamkam a mihadeng tu utiih nu tireng. Maniket tu ku aniniay a tamdaw tu sakaen, manay caaytu pivasvas tu sisapaeyuay a nanum, a mipatay tu i papahay a cirekay. Sisa, riharaytu kita a miseka tu nipalumaan a dateng.

U kavi nu tatukem, u pasasaepiay tu tireng, misasaay aca tu lasang a sinavelan.

Nu papah a laylay a dateng

Samau'

Adidik ku langaw nu samau', manay halitahtahpuen nu kitarakawan nira a rengus. Kanahatu matahpu nu rumaan a rengusan, kilemel cira a pasacidal a maurip, sisa, mamelaw nu mita ku kasavelaw nu langaw i putal, i padatengan, i uma'umahan, i lilis nu lalan.

Yu tara kita i umah mamelaw tu ku langaw nu samau', anu mangalay a midateng pi'arawi ku nipimelaw, mangalev i umahan a padatengan, kayhaw sinivasvas tu mipatayay tu rengus a sapaeyu. Anu mamelaw nu misu ku malicangay a rengus i lilis nu lalan, nu taring, kavana' tu, caay kanca u mavasvasay tu nu sapaeyu kiraan.

Adidik ku langaw nu samau', yu caay hen kasivaru luengel hen ku papah datengentu, kanahatu uruma ku alengel a sakavien, nika, caay ka'alengelen ku Pangcah mananamtu ku heni tu matiniay a kaen. Mavana' amin ku tamdaw tu nika'alengel nu samau', nika, cacaken a

sananumen nu taywan kina samau', misasa' tu vaedet nu tireng, paserep tu tarakaw nu remes, mihadeng tu makuriay. Sisa, simivanutay tu langaw, maherek a misuvaw pawali han a milicang, tusa tulu hakiya a remiad ku nipilicang, iri sakapah hantu ku nisinga'i kureng. Anu mangalay a minanum, cacayen a kamel ku nipi'ala, pacirev han i nanum a micacak, cacay a tatukian vasawen ku kavi pawangeng han ku nipinanum, masasa' ku vaeded nu tireng, u sakapahay a nananumen i kalaludan.

Sama'

Sama' atu samau' milecad ku ngangan nu heni, anu sanaden caayay kalecad ku langaw, tataang tarakaw aca ku langaw nu sama', adihay ku langaw nira i uma'umahan, u sapakaen sapahavay tu ayam, taduk atu tataruwa nu luma'.

Nacaay hen kangalay kananam a kemaen tu alengelay ku alumanay a tamdaw i ayaw, nika, anini aluman tu ku kemanay tu alengelay a kaen, pacena' midimel hen tu tanusimal sananay a tirengan.

I kacanglahan tangasa i kalaludan ku dadatengan a vulad, kapah tu isaw i rumaan a vulad. Nika, ma'ikes tu ku langaw iri sivaru tuway, aheved ku papah a kaenen.

Sinisumad a paluma tu valuhayay a langaw anini,

"sicedamay a sama" han ku nipangangan, caay tu kahaen nu i'ayaway ku nika'alengel. I nipicacak tu sama', anu hinavawah tu satahev nu dangah, matungala ku alengel nu kavi saan.

U suwal nu matuasay, alengelay a kakaenan, misasa'ay miserepay tu vaedet nu tireng, anu makadundung kisu tu alengel, u misakapahay midimelay tu tireng nu tamdaw ku sama'.

Nu papah a laylay a dateng

Likulun

U mitadipiay mikucakucay milaladay i kilang, i rangat a langaw ku likulung, luda'it ku langaw nira. Anu milidateng kitucen ku papah sadimelen ku nipisuvaw, yu miciyan patungali tu tayu, tu suwana, yu ruma patungalen tu nicikcikan a titi, anu mangalay a sakavien patungali tu litaul. Iraan caayay ka'ulah tu luda'itay a kakaenan, kapah tu a patungal tu nisa'apulan tu muki tengeren tu simal, nu rumaan a nisacacak kinian.

Ira salang nu maruhemay a heci, u kapahayay a cacengelan tu vuduy, misiket i vusuk ku cengel nira, caay kadayum a macerah, u ka' ulahen nu midemakay tu vuduy a tamdawan. U papah atu akaway nu likulung si'vitamin tu A, B, C, u matiniay a vitamin miniyuray tu rakat nu tinayi' tu sakangaay a temayi', iri micerep tu levawa atu rakat nu

remes, u misakapahay
tu tireng nu tamdaw.

Kilemel ku langaw
nu likulung, caay siketi
nu vau atu cirekay ku
papah nira, sisa, caay
pivasvas tu sapaeyu i
langaw nu likulung,
riharay ku micakayay tu
dateng nu likulung.

Nu papah a laylay a dateng

◆

Muwa

U pudac nu maikesay a muwa, maherek a sadimelan a pawali, u nananukaen a malarayic, malakared satenun tu karawad, tu cadiway atu satenun a keliw tu vuduy, tata'isan a keliw.

I enumay a vulad tangasa i siwaay a vulat, u kalemahadan nu muwa, papitpitan tu luengelay a papahan imatiya. Carekah ku papah nu muwa, manay anu mangalay a misasinavel tu muwa, picpicen ku papah a mi' ala tu walel nu papah ku ayaw, kinapinapinaen a milutlut a misuvaw, hangay masuvaw ku alengelay a salang, nu rumaan a nisacacak, palamlamen tu incay mangalev ku nika'alesu' saan, u nu rumaan a nisacacak iri patungalen tu pudaw, hay! Awaay ku sasuwalen tu alesu'.

Caay kadayum a mikituc a miliwalel tu papah nu muwa, manay, nu aniniay a tamdaw, micakay tu madayumay tu a nicacakan a muwa, anu mangalay a kemaen, pavaedet han kapahtu a sasinavelen, caluway satu ku kaen nu aniniay a tamdaw.

Ira ku suwal nu tau tu angel, sasingangay saan, anu palamlam han tu tamurak a micacak, sa alesu' sa a kaenen.

Nu papah a laylay a dateng

Kuliya'

I niyaru'ay a tamdaw, mavana' amin tu kuliya' hananay a langaw,. Caay kaw kakaenan nu tamdaw, u sapakaen tu vavuy cira, sisuwal ku tamdaw, yu sivulekan ku raang nu vavuy, anu u kuliya' ku sapakaen, adihay ku cucu saan ku suwal, sisa, "sakicucu nu vavuy" saan ku nipanganan tina langawan.

Lahengan ku akaway atu papah nu kuliya', sikemanay tu nu tamdaw anini, cilemin ku kuliya a cacaken, manay caay kangalayi nu tamdaw a kemaen, i kasaremiadan, u sapakaen tu vavuy a havel cira. Kalamkam a lemangaw cira. Manay icuwacuwa anu sisera tu, mamelaw tu ku langaw nira, anu caay kadimel ku nipirisris, alemuda savelavelaw satu ku nipilalad, paeyawen anu makedal ku paseraan lemangaw tu ku langaw nu kuliya', kilemel tu kedal ku matiniay a langaw. I kacanglahan mangalev ku kalamkam a lemahad, kanaha:tu vanuten nu maumahay ku langaw, anu mapaurad tu ku sera, caay pakapina a

U niciyanan a kuliya', samelumelu'
han a kemaen.

remiad, lemangaw tu ku langaw nira.

Iraan sivaruay tu vuhecalay a langawan nu kuliya', pasuvaru, papah, akaway cacak han makaen amin ku langaw nira caay kavanglih, iri, iraan u siadadaay masacileminay tu isi', siwanengay ku isi' a tamdaw, anu tahkaen tu kuliya' miserep tu tarakaway a remesan. Sisa, melawi saw ku umah nu maumahay, sinipalumaan tu kuliya' i umah nu heni, angay sadateng hantu nu heni a kemaen.

Iraan vuhecalay a kuliya' u nipalumaan nu maumahay ku adihay, caay kakahapah ku langaw nira. I laludan, kapah ku langaw nira, nika, anu adihayen ku nipivasvas tu nanum, kalamkam a malahul ku palamitan, kahinapusut a midateng, kiya u luengelay tu ku datengan, anu mangalay kisu a paluma, pacaiten i caven nu sasingaran, tungruh nu vadahung, i liklik nu putal, angay masavangcal ku liklik nu luma'.

Iraan vuhecalay tu ku varu a langawan, adihay ku vitamin A, B, C kahap tu tireng, Iraan lahengangay ku varu a kuliya', u sasapaeyuan ku langaw nira, mipadang tu mamerecan nu vetuka. Nika, u raan halisikataay, mapuyapuyay, caayay kakapah ku vituka a tamdaw, sadengay han ku nipikaen.

Nu papah a laylay a dateng

Tana'

Yu misasinavel kita u Pangcah tu nidatengan i uma'umahan, 7-8 hakiya ku masarumarumaay a dateng. Sacacay han a palakavien a micacak, i likul nu nipicacak, patungal han tu lungelay a tana' savangsi saan ku sanek nu kavi, caay kalecad ku nipicacak nu tamtamdaw tu tana', anu u macuwaay a kaen ku kangalayen, tantatireng han ku nipacacak, u miwanikay tu vanglih nu titi nu rarapa, nu siri, nu vavuy nu vuting ku papah nu tana'. Anu mangalay a pavangsi tu nicacakan, cilcilen picpicen, ta patungal han i nicacakan, saan savangsis satu ku sinavel. Pasacidal kilemel aca ku langaw nu tana', na'adihay hen ku langaw i lilis nu lalan nu lutuk i naayaw, nika matadas nu tamdaw ku seraseraan,

Sipalamlam tu litaul ku tana'

Palamlamen tu ayam, tu dengec ku tana' a kavi

maluwan tu ku langaw nira, i lumaluma'an tu ku nipaluma mangaay sapacakay tu mangalayay.

Mangaay a kaenen ku lamit akaway atu heci, iri malasapa'iyu aca, anu tengeren a micacak ku nituntunan nicilcilan a lamit atu caang, mihadeng tu namadukaay a ukak, adadaay tu puu'puu'an, malalisanay, iraan u heci nira, pakakilemel tu samerec nu vituka, pasedu aca tu tayi' nu masikataay, misasa' tu mahedungay, u luengelay a papah mihadeng tu utiih nu tireng. Caay kaw kakaenan a cacay ku langaw nu tana', mahaen u wasavi ku acedah a tanamen, sisa, sicaayay kangalay, simaulahay a kemaen tu sanek a tamdawan.

Tanuceka sa ku kilang nu tana'

Mauway

U langaw nu mauway
makaen amin, icuwacuwaay
a uma'umahan, i lilis nu
lutuk, nu liyal mamelaw
tu ku langaw nira, i cacay
a mihcaan nu sakatuluay a
bulad tangasa i sakamuketep
a vulad ku sakapahay a
dadatengan, nika, anu sivaru
tu ku langaw, u caayay kaw
dadatengan imatiya.

Kilemel kalamkam aca
ku langaw nu mauway, cacay
a langawan adihay ku varu
nira, anu maikes macelak
tu ku varu, maveriw nu vali
a mavaher ku salangawan

U saalesu'ay tu ku nicyanan tu mauway.

icuwacuwa, manay masavelaw ku langaw nu mauway i uma' umahan. Tataang ku walel nu mauway, tudisen ku pudac ciyan han a patungal tu nicilcilan a titi. Yu ruma pacilahen a misenger tu cacay a remiadn malarumaan tu a sinavel. Iraan luengelay a akway atu teluc sakavien alesu' tuway, anu mavana' kisu a misasinavel, paeyawen ku nipicacak isu, alesu' amin isaw.

Maulah tu nanum tu urad ku mauway, kalamkam aca a lemangaw anu matatudung ku suemet nu sesera. U langaw nu mauway mahaen tu u nu rumaay a langawan, misakapahay mihadengay tu tireng ita, maan ku pinang anu kalaten nu cirekay nu likes, pecpecen ku papah akaway a palasalang pasipasip han i vanges, sani caay tu kacalenget ku vanges, u kapahay a sapaeyu anu i umah ku tamdaw.

Nu papah a laylay a dateng

I nanumay a luhevaw

I nanumay a luhevaw, ma'ulah i tingalaway nu nanum a ma'urip. anu mangalay a mitanam tu matiniyay a dateng iri, adihay i lakulakuan , i sauwacan,i ciricirisan, u i nanumay a luhevaw marekec aca ku langaw nira .anu sapinang han a mimelaw kira luhebaw, matiya u ingcay mapuhaway ku lalavu. masaruma kina i nanumay a luhevaw .

Anu mangalay a mitanam iri,sakavien ,ciyanen,yu ruma palamlamen tu titi a miciyan saalesu' saan a kaenan.u langaw nira awaay ku nipalasawad matengay a maemin a kaenan.

Katangasan tu ku tuluay atu sepatay a vulad, pasaluma tu valuhay a langaw, u papah nira salangdawsaan, u papah nira masa litaul, ira han ku masa keliway, mahaenay yari ku nisumad nina langaw. nika malecad

tu ku vangsis nira atu vangsisay a dateng. saka'ulahan nu midatengay a midateng ,ina luhevaw caay kanca kaira:tu i mihemihecaan.

Ina i nanumay a luhevaw,sadateng han a micacak,yu ruma ina sapaiyu miserep tu remes ,misasa' aca tu cevu atu lalisan, misakapah tu tiretirengan.

Nu papah a laylay a dateng

Kuliya

U kuliya hananay a dateng adihay i rangarangatan,i ciricirisan, i lalalalanan, ku langaw nu kuliya. Yu adidi henay kaku.i liyut nu luma' adihay ku langaw nina kuliya,masakalivutan saan a mivangad tira kuliyaan,mareked ku langaw.u papah nira celemin a kaenan, anu mangalay a keman pacilah han ku nisidateng alesu a kaenan.u heci nira sicedam tanusalang saan, madengay a sasimi han a kemaen.

U adiwawa han tu ma'ulah a midademec misalama akemaen tu kuliya, anu cima ku salangdaway ku nguyus i, u mademecay tu cira .

Yu ruma si caayay ka'ulah tu matiniyay a kuliya cilemin, u mavanaay a misacacak patitien a miciyan, alesu' saan ku kaenan.

Inamatiniyay a kuliya sasapaeyuen nu misangaay tu sapaiyu,u papaha nira madengay a palamlaman tu lita'ul a micacak,miserep tu isi' . anu

sivenaay a duka i, u lamit atu papah nu kuliya pekpeken a patupi han
i vaengs nasan araw mahadeng tu kira duka,mavana ku ina a misanga
tu sasapaeyuan. u papah nira sangasiv han u salang nia madengay
a sipatera' i mata, misiwduku tu utiihay a tireng malikit ku uning ,
anu ira ku utiihay nu tireng, pakaen han tina kuliya masumad tu ku
tiretirengan.

Inaayaw a waay ku kakaenen,
cilemin kiyami , u ruma satu
sapiyan han tu a kemaen.

Nu papah a laylay a dateng

Kalaepa

U langaw nu kalaepa kahemekan, pihaceng ku urip nira. ira i umaumahan, lutulutukan, lalalalanan, ciricirisan, lakulakuan ku langaw nu kalaepa'. u tadadateng nu Pangcah ku kalaepa.

I ayaw u Pangecah pakuyuc ku urip , suwal saan ku matuasay, savaluvalud han ku kalaepa a pacait i panan nu luma', matalaw ku kawas a micumud tu luma', mivahvah aca tu raecusay a demak saan ,

u vangsis nira sapivahvah tu lalangaw atu likes saan .

Anu tayra i lutuk ku tamedaw a miadup, mivuting, i ayaw unu tavayal atu kalaepa ku sasatavu tu niadupan, nivutingan, sakapah han a milimu'ut ku titi, pasaksak han i kudul a mipasipasip tu cilah,caay ka angetul ku titi, simsim han anini away tu ku mahaenay a demak.

Katangasaan tu ku pilisinan nu mita miilang tu panay, misakukuy amin tu kalaepa u teluc nu papah merecen a pasadak tu salang, nasaan palamlam hantu tu ni ilangan a misanga' tu kukuy, savang:sis saan saalesu' saan a kacnan.

Nu papah a laylay a dateng

Karipudut

U karipudut, adihay i umaumahan mikihatiya i rengurengsa ku langaw, u papah nira mahaen u sema'. sibaruay aca ku ruma'. anu kemaen kita u luengelay a papah ku kakaenan madengay a ciyanen ku kaen, u lamit nira mangaay palamlamen tu ukak nu titi ale:su a kaenan. anu sangasiven a minanum masasa' ku tiretirengan.

Midateng tu karipudut i terung nu kacanglahan atu kasariwsiwan

i matiya ku kapahay saan
ku matuasay. nika away ku
palaedan hananay a mihecaan
nu sausi.

U karipudut, u tatukem atu
sama', palamlam han amin a
micacak saale:su saan a kaenan
ku kavi.

U kaulahan nu Pangcah
kina matiniyay a dateng.u ceka' nira micerek tu vanges sakalivutan
saan a milimu'ut misiket i calaped, i vuduvuduyan, adada ku vanges a
nicerekan nira.

U lamit nu karipudut, u sapaiyu nu misapaiyuay, misasa tu
cevu,miserep aca tu remes, mihadeng tu adada nu tiretirengan.

Nu papah a laylay a dateng

Vayal

I Taiwan awaay tu ku mikiayaway tu langaw nina vayal, hina pasaruma tu papah i cacay a mihecaan kina tusatusa a pasaruma tu papah.Yu ruma i mahetik amin ku papah tumeli saan a melawen maluvic aca ku heci nira.u ka'ulahan nu ayaayaman, nakaenan nu 'ayam rasras han a pasapar a paluma'.

U teluc nu vayal atu heci madengay a kaenan u savuhecalay a teluc

nu papah ku kakaenan, u langaw nina vayal i kasienawan awa' ay ku heciheci nika u langaw nu heci nira ca'ay kaira ku vayal nu langaw, u luengelay a teluc nu papah pacilah han a mimerec madengay tu a kaenan, ciyanen a micacak madengaytu, anu alengelen a kaenan mangaay a kavadasen, pawanengen pacilahen tu adidi, sakatusa a remiad madengay tu a patahekalen a mitanam ale:su tu a kaenen, u tadakaen nu Pangcah patustus han tu cilah saalesu' saan ku nikaen.

Nu papah a laylay a dateng

Kaduwangay

U langaw nu kaduwangay caay kalecad atu rumaruma a langaw, kiyukiyuan ku kulit nira.adihay ku cica', pitpit han ku papah nira masadak ku vuhecalay a salang, u papah iri alengel aca malecad atu sama' ku alengel, anu caay pakadungdung tu alengel nu kaduwang, kavadasen ku ruma a micacak, u sivaruay a langaw i satingpulaen

han a kaenan. Anu siduka ku tiretirengan pasipasip han tu cica' nu kaduwangay cuvay saan a mahadeng ku duka. mahaenay kiyari ku kaduwangay mihadeng tu tiretirengan.

U langaw nu kaduwangay ira tu i mihemihecaan, caay kanca kaira ku lamit, u kaway u papah kapah a kaenan, away ku nipalasawadan, u kuliyul ma' ulah a kemaen tu papah nira ,u kaulahan nu tamedaw a dateng.

Nu papah a laylay a dateng

Padadiw

Ilalikul nu pikuyvungan, adihay ku langaw nu padadiw a rengus, Cinmingcaw han kuruma a nipangangan. anu miala tina matiniyay a rengus, i sakatusa a vulad tangasa i sepatay a vulad mangaay a kaenan, luengel henay sisa kapah ku langaw.

Anu mangalay a kemaen tira padadiw,i sakatusa nu kaliwmahan a miala ku kapahay lu'engel henay ku padadiw. I niyaru' samedac han nu Pangcah ku padadiw a kemaen itira i taytaywanan sakukuyen nu heni a misanga ku padadiw bengaw saan ku vangsis i nguyus.

Namidateng tu padadiw, anu caay ka narikay a kaenan sipainging han i cidal cubay saan a mabadi',namidateng satengay han a pawali namalicang tiya sakapah han a misinga.

Suwal saan ku ising u padadiw hananay u sasapaiyu nu tamedaw, u lamit nira mihateng tu rihen atu teluhu, mihadeng aca tu cahiyu,vituka,miserev aca tu tarakaw nu remes.

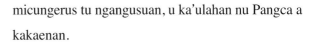

Nu papah a laylay a dateng

Epaw

Katangasa'an i kasienawa nu mihecaan, adihay ku ma'amaanay a langaw nu dateng caay tu kalemahad i kasi'enawan, nika ira:tu ku i kasienaway a langaw.

U matiniyay a epaw i kasienawan tangasa i kacanglahan ku langaw a ma'urip, nalikulan nu kaliwmah awaawa'ay aca ku maamaan nu langaw nu umaumahan, epaw i matini a mihecaan a masadak ku langaw nira, epaw imatini pihaceng ku langaw, u papah nira luengel aca, adihay i lakulakuan, i ciricirisan, i liklik nu luma', amelik ku langaw nu epaw a lemahad.

Anu mangalay a midateng i sivaruay henay ku mangaayay.i pangpangcahan pacilah han a misemsem matiya u wasavi ku vaesis. micungerus tu ngangusuan, u ka'ulahan nu Pangca a kakaenan.

Anu misadateng palamlamen hantu titi a miciyan, anu sakavien palita'ulen sa'alesu saan a kaenan. u lamit nira sangsiv han a palananum a minanum.oepaw si wyisensu B.C, misasa' tu vaedet atu maluwan ku nikasiwduk.

Sama'

U langaw nu sama' kahemekan nu Pangecah, u tadasilangaway a langaw, yu remakat kita i lalan,melaw han i cuwacuwa, ira i liklik nu luma', i putaputalan, i lalan, i lakelalan, i umaumahan,u sa'adihayay i dadatengan nu Pangcah, u langaw nira malecad atu pahaciway ka adihay, u sama' atu samau', malecad ku alengel, sapingan han a mimelaw ku papah nu heni caay kalecad ku langaw, u caayay pakaenuc tu alengel nira sama' adidi' ku papah, u samau' hantu lalahad ku papah caayay tu kalecalecad.

U papah nira palamlamen tu hipu' a misakavi matungal ku alesu', u caayay pakaenuc tu alengelay, kavadas tiya palamlamyu lita'ul a miciynan, ira ku satingpulaen caay ka lecalecad ku kaen.yuruma savaludvalud han a mivalud ku sama' pa,ıngıng han ı cıdal a mılican, nasaan sakapah han amilimuut u sasapaiyuen nu misapaiyuay. misasa' tu remes, atu cevu, adihay isaw tu sakakapah sakay tiretirengan.

Nu papah a laylay a dateng

◆

Kerat

U kerat a dateng adihay i umaumahan, nalikulan nu kaliyumahan pihaceng ku langaw, u langaw nira mareket, awaay ku vuhavuhang nu rengus a masadak a lemangaw.

I ayaw, u pahavayay tu taduk, u kerat ku sapakaen tu taduk, caay kawmah narikay a mayala' tu kerat a pakaen tu taduk. sisa vahvahen nu patadukay ku taduk a patayra i lakulakuan a pakaen, ma'ulah amin a kemaen ku taduk, ina kerat u tadadateng nu Pangcah, i kacanglahan

Caay kaw sapakaen tu kaciw ku sama' , u kakaenen a dateng nu mita.

ku langaw nira, naherekan a nikawmah pihacen ku langaw, u niyaru'
ay a ina amin siniawit amin tu karawad masakaput amin a madupuh i
umaumahan a midateng, hatini ku pihaceng nu langaw, sakamit hantu
a mivangad a midateng.

U lamit atu papah nira sakapah han a misuvaw, sangasiven han
a minanum, yuruma ira ku nipalamlam tu tatukem atu pahaciway a
micacak sa'alesu' saan ku kaen.

I tusaay a mihecaan sienaw hanay saluengelay ku langaw, imatini
madengayay a datengan a midateng.

U kerat a dateng misasa' tu cevu, mihadeng tu adada nu mata atu
maamaan nu tiretirengan.

第一篇 ◆ 阿美族的野菜文化

自然的飲食觀

　　台灣的生態環境豐富，原住民各族群在千百年來與大自然密切的互動下，發展了根植於大自然的文化。從食物、服飾、生活用具等等，都可以看出原住民與自然環境相依共存的關係。單以野菜來說，最擅長食用野菜的阿美族人，所採集運用的野菜種類就超過兩百種以上。阿美族部落多半依山臨海（太平洋），背靠中央山脈，中間又有海岸山脈為腹地，生活中所能取得的山產、海產、溪產非常充足，從葉菜、果菜到溪裡的水苔，甚至海裡的紫菜、海帶等等，都能成為阿美族人的飲食佳餚。

　　通常阿美族人一大早就會外出採集當日所需的野菜，近中午時分豐收歸來，有時將過多的野菜分送親友，有時左右鄰居各自帶著野菜，相邀一同來

煮食。到田野耕作時也常常就地取材，在野外煮出簡單美味的大鍋菜；下工回家時，仍不忘順道將沿途所見的野菜摘些回來。對阿美族人來說，採集野菜、吃野菜就是平日的生活方式，隨著季節的變更，周遭到處都有用不完的各式野味。

尤其在春天，更是野菜的旺季，將新鮮的野菜乾燥後儲存，還可以留待冬季缺野菜時備用。甚至大部分的豆類植物，就任其在植株上自然乾燥，之後再收集豆子裝在瓶內，只要封口前加點灶灰就不怕蟲蛀；或者直接就將乾燥的植株晾起來，要用時再處理。

阿美族所食用的野菜中最具代表性的是「十心菜」─黃藤心、林投心、芒草心、月桃心、檳榔心、山棕心、甘蔗心、鐵樹心、椰子心和台灣海棗心，「心」指的是植物的嫩萃。十心菜中又以黃藤及五節芒的使用最具多樣性，而台灣海棗近年來因環境的破壞，已成為稀有植物，長期以來幾乎不見族人食用。

黃藤心是阿美族的傳統美食，更是招待貴賓不可缺少的食物。阿美族有句諺語說：「吃藤心壽命如藤條長」，這顯示族人相信藤心對健康非常有助益，而到山上砍藤心也成了農閑、節慶前的必要活動。黃藤的藤心除了可食用之外，藤皮（藤條削成片）還可拿來編織帽子與籃子；甚至在早年，建築房屋前必須先集藤皮，長者認為有了足夠的藤材才能順利動工。

五節芒略帶苦味的藤心，是阿美族人既解渴又解饞的食物。口渴的時候，拔根芒心來咀嚼，能夠止渴；烤或沾鹽巴，也可以當野菜吃。由於隨處遍生，到現在仍然是阿美族人餐桌上常見的菜餚。而成熟五節芒的堅硬芒梗還可以拿來蓋茅屋；乾枯的芒梗，可以做成掃把；芒梗花絮甚至還可以填充枕頭！

阿美族部落多半依山臨海，生活與自然環境產生了極密切的互動關係。

傳統的阿美族社會，在一年當中有許多祭典，從不同祭典中所使用的祭品、器具、食物，不僅看到阿美族人對植物豐富而多樣的運用，也看到植物在阿美族社會所產生的文化與習俗。

祭典中的野菜

豐年祭：

　　阿美族的傳統文化特色，在豐年祭中展現得最淋漓盡致。早期的阿美族豐年祭大約為期五天到一週，台東地區通常在七月進行，花蓮則在八月。祭品以糯米糕、酒、獸肉為主。祭典的過程中有一重要的活動是眾人共享「阿美大餐」。熱

情好客的阿美族人所烹調的阿美大餐便是取自大自然的各種新鮮野菜，早期在部落舉行豐年祭前，家家戶戶都要先到野外採集野菜，祭典當天的中午，全村就在運動場周圍野餐，場面十分壯觀，所食用的菜餚以豆類、藤心、芒草心、雞肉和豬肉為主。而這種共食文化也是阿美族人培養團隊精神的最佳訓練方式。

海祭：

又稱為捕魚祭，在每年六月的第二個星期左右舉行。祭品以「阿里鳳鳳」為主，另一個祭品是「芒果結」，即把割下的芒草插在土裡，末端留下最嫩的一葉，其餘的打個結，用以象徵強韌的生命力。因此，在這個祭典裡，芒草心是必備的食物。由於阿美族信奉的海神最忌諱綠色的葉菜，因此阿美族人在多數的祭典中不食葉類野菜，這或許正是「十心菜」成為阿美族野菜主流的原因。

小米收穫祭：

六月，在海祭之前有個小米收穫祭，此時正值山棕的結果

在阿美族的重大慶典中，常舉辦野菜煮食與品嚐，與阿里鳳鳳的製作。

期。採收小米時，通常用山棕葉來捆綁，於是在採山棕葉的同時也採摘山棕心。山棕心與豆類是小米收穫祭中食用的野菜。

播種祭：

每年的二月、八月是二期水稻的播種期，播種的前一天凌晨夜裡，長者穿戴整齊後，要煮龍葵湯來祭祀神明，以祈求將來能豐收，到了天一亮便出門去播種。

補獵祭：

這是一年中最後一個祭典，約在十二月一至二十日舉行，藉由捕獵的活動，讓家族、親戚、平日換工的夥伴們一起享用補來的獵物，有不忘本與團結的意義。捕獲的獵物以鳥類為主，獵物通常與樹豆、鵲豆一同煮食。

建屋祭：

年初的第一個祭典就是建屋祭，主要意義是祭拜主管耕

建屋祭同時也是男性年齡階級晉級的祭典，圖中男子們正接受長者的贈酒與訓勉。

作、田獵的戰神馬拉道，同時也是男性年齡階級晉級的一個祭典。儀式大約從清晨四點多開始，所有女子皆不得靠近，內容有蓋房子、體能訓練、長者訓勉……等等。所食用的菜餚是豆類、烤雞、藤心、地瓜與芋頭，葉菜類也是禁食的。

祭祖：

於十月至十二月之間舉行，此祭典是以家庭為單位全員參與，由女祭司擔任家人與先祖的溝通者。祭品是生薑、糯米糕、檳榔、酒等。阿美族人稱生薑為「大地之母」，因為生薑繁殖快、生命力強，代表子子孫孫接續不斷地蔓延。

阿美族簡介

阿美族是台灣原住民族十六大群中人口數最多的一族，現有人口約215271餘人，佔台灣所有原住民人口的三分之一強。阿美族的傳統社會有兩個特色：一是女性為主軸的婚姻制度所形成的母系社會；一是嚴格的年齡階級組織。

阿美族大部分聚居於花蓮至台東間的狹長地帶，包括花東縱谷及東海岸平地，少部分居住於恆春地區。由於居住在海拔較低的地區，在行政系統的劃分上，阿美族被歸類為「平地原住民」，而學者們對阿美族通常有兩種區分方式，第一種是將阿美族分為：南勢阿美、秀姑巒阿美、海岸阿美、卑南阿美與恆春阿美等五個群。第二種區分是將阿美族分為：北部群（南勢阿美）、中部群

（秀姑巒阿美與海岸阿美）、
南部群（卑南阿美與恆春阿
美）等三群。

傳統的阿美族部落多採群居
式，房屋叢聚，井然有序，四
周喜歡種檳榔、麵包樹及毛
柿、小柿或番龍眼等。阿美族
雖曾是母系倫理的社會組織，
但今日因日漸受到漢人的影
響，入贅已較少見，家裡的經
濟權也漸漸轉移到男子身上，
母系社會的特質便越來越淡化
了！

由於族人崇尚自然，相信天地
造化，敬畏自然神祇。全年都
有播種、捕魚、狩獵、豐年、
司祭、成年等祭典儀式，其中
以豐年祭、捕魚祭最受大眾所
知，是目前仍然保留且多數部
落依舊年年舉辦的節慶活動。

民俗醫療與植物運用

　　對傳統的阿美族人而言，野生植物除了食用，還有藥用及宗教祭儀的功能。從阿美族的祭儀、民俗醫療體系中，常常可以看到族人以野生植物入藥，藥用植物在過去醫學不發達的社會中，乃扮演著相當重要的角色。

　　這些經常使用的藥材，通常是日常生活中隨手可得的植物。例如：燙傷時用搗爛的絲瓜葉來敷貼，有消炎的效果；牙痛時，將藤心烤軟後直接敷在臉頰上，能止痛；跌倒、扭傷時，用生薑加少許米酒塗於患部；月桃心生吃或烤熟後吃，可以驅蛔蟲；下痢時，用數片番石榴的嫩葉煮燙服用，便能止瀉……。這些簡單使用的醫療植物，雖然在文獻資料上少有記載，但從田野調查中得知，這在早期阿美族社會中是普遍被使用的。

阿美族傳統的飲食器具

阿美族人不僅擅長食用野菜，也
充分利用自然資源作為飲食器
具，既符合經濟效益又環保。

檳榔葉柄做成的舀
水、盛食物容器

竹盤

木臼

竹杯

檳榔葉柄做成的盤子

竹匙

檳榔葉鞘做成的便當盒

竹碗

1／阿美族的野菜文化

阿美族的傳統烹飪法

　　阿美族傳統烹調食物的方法大致可分為燒烤法、烘烤法、燻烤法、石煮法、水煮法、蒸煮法等六種，有機會在戶外進行野炊時，不妨運用這些別具風味的炊食法，不僅能嚐到原始的自然美味，也能體驗自然炊煮的野趣。

燒烤法：

　　這是比較簡單而普遍的煮食方法，在不需要任何器皿的情況下，可以在室內或野外進行，常用於煮食肉類。最常看到的就是先起一堆火，然後在兩旁架起一枝粗樹枝，將肉貫穿，不停地轉動直到食物燒熟為止。

水煮法：

　　這是最原始的煮法，就是將食物與水放在檳榔葉柄作成的容器中，蓋上樹葉，包紮好，放進一個地洞中，覆蓋上一層土，並在土上生火，就可以將食物煮熟；或者是將水和食物直接加入鐵鍋中，鍋下生火煮熟即可。

蒸煮法：

　　這種煮食方法較麻煩，需要有木製的蒸斗及陶甕，通常專門用來蒸糯米飯。其蒸斗或陶甕分上下兩層，中間用篩板隔開，上層放食物、下層放水，置於火中將食物蒸熟。

烘烤法：

　　這是處置肉類的方法，將樹枝紮成格狀木架，懸空吊起，將食物排列在木架上，木架下生火，火焰離木架約十公分左右，常翻動食物至熟為止。

燻烤法：

　　這是最原始的野外煮食方法之一，到目前為止，仍然有不少人採用，尤其是用來烤玉米或薯芋。在地上挖洞生火，然後丟下石頭，等到石頭燒至滾燙之後，洞中四周鋪上大片樹葉，再將芋頭、地瓜、玉米等食物放在樹葉上，最後在食物上再鋪上一層樹葉並蓋上土，等食物燻熟後就可以撥開土及樹葉享受美食。

石煮法：

　　在野外無任何炊具且欲煮食時，可以用檳榔樹的葉柄做成長方形容器，放入清水、野菜、小魚蝦、小螃蟹等食物；另外於一旁升起一堆火，火中丟入洗淨、瀝乾的石頭，等到石頭燒至滾燙時，很快地用樹枝持續夾起石頭放入容器中，就是阿美族獨特的「石頭火鍋」，即利用石頭的熱度將食物煮熟。

石煮法的步驟：1.將石頭洗淨、瀝乾並烤熱。2.將燙石頭放入要煮的食物中。3.等食物煮熟後即可將石頭取出。

第二篇

◆

生活中的野菜運用

野菜的採集方法

　　天然的「野菜」不必擔心農藥和化學肥料的殘留，它的營養成份其實就和一般的蔬菜一樣，葉菜類野菜含有豐富的纖維質及維生素A、C，甚至也有若干礦物質，如磷、鐵、鈣等；根菜類野菜當然也少不了澱粉質；而果菜類野菜中的蛋白質也相當豐富。認識野生可食的植物，不僅能運用在日常生活中，身在野外當食物短缺時，也能取之充飢、解渴，甚至度日求生。

　　平凡的「野菜」中仍有不少口味鮮美、營養豐富的種類，其中更有可直接生食的野果，它或許比一般蔬菜多帶點苦澀，然而只要稍微加工調理，也很可口。阿美族人對野菜的烹調方式向來非常簡單，大多以蒸煮、汆燙為主，尤其是用野菜煮成的大鍋菜，更是令人難忘。

　　原住民中採集野菜最活躍的是阿美族人，他們對於野

菜的食用部位或採摘時間都相當熟稔。很多野菜並非生長在深山裡，就連荒廢的空地、原野及馬路旁的鄉間小路上也隨處可見。採集野蔬野果雖說不難，但也必須瞭解野菜生長的時令與環境。為了永遠都能吃到自然的野菜，也為了讓採集工作更為方便，且不致觸犯資源保護法令或引起任何糾紛，採集者應特別瞭解並尊重生態法則與土地倫理。

有些草本植物的生命力旺盛，摘取幼芽嫩葉會促進它再發側芽，並不會影響族群的數量。

糯米團

鬼針草

採什麼樣的野菜？

許多植物具有旺盛的繁殖能力，常以大群落的方式存在，例如林投、火炭母草、龍葵、咸豐草、昭和草、鵝兒腸、兔兒菜等，這些野菜可放心採集，因只取其嫩葉，不必擔心族群會消失。如果只知道它可食而不能確定它的族群數量，建議你只能採集少量，千萬不要貪多；而對於稀有或長得緩慢的植物，最好不要採集。至於不認識或者不確定的植物，也絕對不要採集。

哪些地方的野菜不能採？

到處都可能長有野生可食的植物，不過對於下列幾個地方是絕對不可任意採集的：

- 國家公園或特定保護區，除非有公函並得到允許，否則不可前往採集。許多非國家公園內的特殊地區，由於孕育著各種保育類生物，也絕對禁止採集野菜的。

- 私人擁有的土地不要進入採集，避免有偷竊嫌疑。有些

私人土地或林園，會以圍籬或標示牌告訴登山者，為的是要行人止步或禁採植物。

●軍事重地是禁止攝影與走動的，不要違背規定以免徒增麻煩。

採集經驗傳授

●在樹林下或陰濕地生長的野菜，其莖葉通常比較柔軟，但甜味可能就差些；生長在陽光下的野菜，只有嫩芽嫩葉可口，而其他部位因發育得快，必然也老得快。

採集箭竹筍最好偕伴同行較安全；採摘一段時間後先去筍殼再繼續採摘，以免負擔過重。

●有些藤本植物如山藥等，可食的部位是深藏地下的塊莖或塊根，採集時首先要先找到它的主莖，再沿著主莖往下挖。

●新芽多半在初春到初夏間長出，而果實多數在仲夏至深秋成熟，想吃葉菜或果實，就要掌握好季節，才能使採集得心應手。

●進入大片箭竹中採集箭竹筍時，可將鮮豔的帶子綁在竹子上，沿途留下記號以便循原路折返，否則竹林茂密面積又大，很容易迷路，甚至可能走不出來。

●採集時最好備有手提袋或塑膠袋，一面採一面裝，這樣較能使野菜保持新鮮和完好，若一直握在手中，容易因體溫而使野菜變形或凋萎。

●有些野果即使成熟也不會轉紅，採集這一類野時時，如果無法確定它們是否成熟，就該先試試一兩個，再決定是不是要採，以免浪費。

●採集野菜最好跟有經驗的人前往，一方面有助於認識野菜，另一方面也藉此學習採集的方法和技巧。結伴同行也較能避免危險。

●如果想要多認識各種野菜或想多瞭解野生植物，可採集部分帶有花果的樣品，將它們製成標本之後，請教專家或翻閱相關圖鑑，如此日積月累的經驗與知識將使你認識得更多。

如何辨別有毒植物

辨別有毒植物是採集野菜必備的知識，除了查閱圖鑑或詢問專家之外，有幾種簡單的辨識法，可作為採摘時的參考。

1.有乳汁的植物如桑科、菊科之類，或多或少帶有毒性，在確認無毒之前不要隨便採食。

2.不確定的植物可先摘一小片置於舌尖，若有麻辣或強烈辛味者，最好不要任意食用。

3.鳥類、野鼠、松鼠或其他哺乳動物食用的野蔬、野果，通常人類也可以採食。在牧區或草食性動物活動的範圍，長年保持完好的植物最好不要採集，因為牛、羊可能老早就知道它們是不好惹的。

4.很多人以為顏色艷麗的野生蕈類都有毒，事實上有不少種類正好相反，所以如果沒有絕對把握，野生蕈類千萬不要輕易嘗試。

另外，要避免採食野菜後中毒，也有下列幾個原則可遵循：

1.有些含有微毒的植物，在加熱、煮沸後其有毒物質會隨之被分解，只要充分煮熟後食用就沒有問題。

2.除非自己有經驗或很有把握，否則同一種植物不要過量食用，因為野菜多屬於涼性，很容易引起下瀉等症狀。

苦澀野菜的處理法

　　野菜大多具有高成分的纖維質，往往太硬、太韌、太粗或太酸苦，如何克服這種特質而做成軟化、可口的菜餚，處理的功夫是不容忽視的。

　　至於野菜的各種特殊風味，有的人喜歡，有的人討厭，如何保留或去除，以及如何稍加或降低，都得靠對植物的認識與烹調野菜經驗的累積。當然，也有些野生可食的植物，像常見的野莧菜、龍葵、昭和草等，並沒有特殊味道，處理起來也十分簡便，只要素炒或煮湯就相當好吃了，對於不習慣吃野菜的人，不妨先嘗試這一類。

以下依據幾種野菜的特殊性質，說明處理及運用方式：

帶有苦味的野菜

　　菊科的野菜，像苦苣菜、兔兒菜、黃鵪菜等都具有苦味，要先用滾水燙過，再拿來炒或煮；也可以直接利用油炸，因為高溫油炸之後，苦味就會跟著消失。不過，苦味對於胃腸的蠕動也有相當的幫助，若能接受不妨多食用。

纖維質高的野菜

　　要先經過軟化纖維的處理，通常可以把材料放入加了鹽的滾水中燙過，然後撈起放在冷水中浸泡（以冰水浸泡更好），需要時才取出瀝乾。如此才能保持材料的新鮮度及顏色不改變。

帶有辛辣味的野菜

　　不少野菜帶有辛辣味，如菊科、十字花科的植物，可以媲美茴香及香椿，吃起來有一種特別的感覺。很多人一旦接觸過這種野菜，慢慢地也能習慣那種味覺的刺激，甚且越來越愛吃呢！這類野菜常被取來加工或跟別種植物一起食用，如食茱萸等。

帶有黏性的野菜

　　某些野菜如過溝菜蕨、烏毛蕨或是山藥、落葵等，其嫩芽或地下莖均帶點黏性，料理的時候可加些醋油或沾麵糊油炸，也可拌成生菜沙拉，味道相當不錯，如此料理能改變這種野菜的口感。

帶有酸味的野菜

　　先經煮燙去酸性，如果酸性無法完全去除，乾脆用它作為酸的調味料，當醋來利用也是可以的。但料理這種野菜時一定要煮熟，以免其酸性物質傷害到胃腸。野秋海棠、火炭母草等都是具有酸味的野菜。

帶有澀味的野菜

　　檳榔心、竹筍這類帶有澀味的野菜，與冷水一起煮約半小時就能去澀；千萬不要等水開了才放入鍋裡煮，否則澀味就更重了。

第三篇 ◆ 阿美族野菜圖像

果類野菜

秋冬季節，大多數的野果都已成熟，

橙紅色、紫黑色、綠色，飽滿的汁液，紮實的口感。

有些可以生食，有些採來醃漬，

做成野果醬，釀成野果酒，

品嚐鄉間小孩永恆的記憶。

桑科，波羅蜜屬，常綠大喬木，高可達30公尺，粗達1.5公尺，樹皮灰褐色；葉互生，厚紙質，卵狀長橢圓形或廣卵形，葉脈上有毛芽。花期4~5月，雌雄同株異花，多花聚合果。

阿美族語： u kilang nu apalu

學名： *Artocarpus communis*

別稱： 羅蜜樹、麵包果、麵磅樹

生長環境： 全島平地低海拔地區常見，以蘭嶼、花蓮地區最多

採集季節： 7~8月

食用方式： 將成熟果實剝皮切塊後煮食，種子（核仁）可烤、炸、炒、煮等

果類野菜

麵包樹

　　走一趟花蓮地區，你會看到許多樹幹濃綠、枝椏粗壯的大樹，上面結滿表皮呈肉刺狀的黃色果實，這就是「麵包果」，每年七、八月為盛產期。那金黃色果實像個大麵包，外型又有點像小型的波蘿蜜。它可以說是花蓮的土產，筆者從小吃它長大，每年夏天颱風來臨時，就有機會撿拾地上掉下來的麵包果。

　　花蓮縣壽豐鄉月眉村的舊名即為apalo（阿巴魯），那兒是阿美族聚落，因為種了許多麵包樹，族人就以它命名。在阿美族的聚落裡，常看到居家四周會有一兩棵麵包樹，早年農耕時，家裡養的牛就綁在麵包樹底下，牛的排泄物成了它的養分，因此，每棵麵包樹又高又大，每每結實纍纍，可與鄰居分享分送。

將果實削皮、去中間的梗軸後，可用做各種料理

果肉中的紅色部位裡頭有核仁，可口又有營養。

「魚香麵包果」是阿美族人經常食用的料理。

一般而言，在部落裡大多會種植隨時可採食的植物，如檳榔、樹豆、麵包樹等。麵包果不但是族人的主要糧食，現在也普遍被花蓮的民眾接受，是一種最天然的健康蔬果。它的營養成分以糖類為主，並含有豐富的鈣、磷等礦物質及維生素A、B，還有相當豐富的膳食纖維素，多吃有助於預防文明病。

炎炎夏日享用麵包果的美食菜餚來消暑解渴是最好的選擇。麵包果從果肉到核仁都可食用，燒、烤、煮、炒皆宜，口感獨特的麵包果，是花蓮人暑假餐桌上從不缺席的食物。麵包果食用的方法以阿美族人傳統的煮食最簡單，所謂的「魚香麵包果湯」就是將麵包果煮得近熟爛，再加點小魚乾煮兩分鐘後調味。另外亦可紅燒、涼拌、做成麵包果酸辣湯或酥炸麵包果，各有不同

的風味。它最特殊的地方就是將核仁烤、炸、炒、煮,其味更勝花生。

暑假不妨到花蓮一遊,不僅可讓你大飽眼福,還可嚐嚐「阿美大餐」。吃過麵包果的人,都有極佳的口碑,而且愛上麵包果那「說不盡的好味道」!

除了果實可食用,麵包樹也是良好的水土保持樹種,在山坡地可以固持土壤,寬大的葉片是天然的蒲扇,亦可減少雨水沖刷表土。此外,也是做棋盤、家具的材料。目前在台灣,花蓮是麵包樹的主要產地,可說是麵包樹的故鄉,只是與阿美族聚落裡的麵包樹比起來,果實的數量少了些,也因為栽植得密密麻麻,又沒有天然的養分,果實也長得不大。

胡頹子科，胡頹子屬。常綠灌木或小喬木，直立或攀援，枝條常下垂，具長棘刺。葉背、花及果均密被紅鏽色鱗片，葉背面銀白色有黑褐色斑點。秋季開花，冬季果實成熟。果實為核果狀，外皮有銀色鱗片物。果肉甘美，內有種子。

阿美族語：taur / tuwar

學名：*Elaeagnus oldhamii*

別稱：柿糊、椬吾、俄式胡頹子

生長環境：台灣全境海岸丘陵地至低海拔山區之河床或山坡再生林內

採集季節：冬季（1~3月）

食用方式：成熟的果實洗淨後可直接生食

果類野菜

椬梧

如果您偏愛甜中帶酸的滋味，也喜歡在野地摘食不花錢的果子，那麼，在此向您鄭重推薦椬梧的果實。早期原住民小孩就當它是水果，採下橙紅色的果實，除去果皮上的痂鱗後，漂洗乾淨即可生食。它具有生津、止渴、充飢之效。每年的一、二月間（寒假中），到郊區或者到溪流旁、河堤邊、山壁、岩洞及濱海地區，都可以輕易找到這種植物的果實。筆者小時候喜歡和玩伴到野外採食，吃免費的椬梧，那滋味實在難忘。如果一次收穫量很多，還可以曬乾儲藏，甚至用糖醃漬起來慢慢享用，此外也可以製成果醬或果汁呢！

椬梧非常耐乾旱，繁殖力強，也耐貧瘠，喜好生長在開闊的河床、山壁、岩洞及濱海的乾旱地。其莖葉及花果上的

痂鱗幫助耐旱,而革質的葉片也可以防止水分的過度蒸發。

植梧長得又低又小,枝幹蟠曲,甚至連牆角下或枯樹的洞穴,也能冒出小樹苗來。將它的小苗栽培成小品盆栽,還能形成古意盎然的珍品呢!然而由於盆景的愛好者鍾情於植梧,這幾年來,部分山區或河邊的坡地也因濫挖、濫採而嚴重破壞了它的生存環境,栽植者或許應該改以種子育苗的方式來栽培。

花蓮縣吉安鄉南昌村之舊名為Na-tauran,就是因為此地早期長了不少植梧之故。據當地的族人說,由於社會的變遷、住屋的修繕及都市計畫的因素,植梧都被剷除掉了,原本荳蘭運動場旁擁有數量可觀的植梧,但目前只留下兩株!

植梧的全株幾乎都可入藥。莖有祛風除濕、消腫、散瘀血、顧腎平喘的效果;根主治風濕神經痛、風濕疼痛、風濕性關節炎、腎虧腰痛、跌打損傷、肺癰等;果實有收斂止瀉及強健作用。

豆科，豆屬。多年生直立性小灌木，有紅花種及白花種。每年12月至隔年3月為採收期，是原住民重要的農作物。

阿美族語：vataan	
學名：*Cajanus cajan*	
別稱：白樹豆、番仔豆、木豆	
生長環境：全島海拔1500公尺以下之山野，行種子栽培	
採集季節：12~3月	
食用方式：採熟豆莢取豆仁，洗淨後煮食	

果類野菜

樹豆

　　如果你走進一個社區，發現附近的旱田、屋前、屋後或田埂上，種著一株株黃花種、紅花種的樹豆灌木，這個社區肯定是阿美族的部落。早年物產不豐的年代裡，樹豆扮演著相當重要的角色。當年阿美族小孩還把它當成零嘴食物，放牛時，每個人的背袋裡都藏有樹豆，現在回想起來仍覺得好玩，至今我還百吃不厭！

　　每年十二月至隔年三月為樹豆採收期，正好作為種植二期稻作時的主菜。早年當我要到鄰居家換工幫忙插秧時，一定會先問午餐有沒有樹豆，有時候餐桌上甚至就只有一碗樹豆湯，但以當時的生活環境，這樣就足夠了。

　　目前樹豆仍然沒有大量栽種，其實樹豆栽培很簡單，只要行種子繁殖，乾種豆直播田

地，約四個月後開花結莢，從下種到採收熟豆莢約六個月。種植時期為八月至隔年一月，以旱田種植較佳。採收的處理方式有很多種，於葉片凋落、豆莢轉呈黃褐色時，自地面上一公尺處割取莖枝、曝曬陽光，讓豆莢乾燥後輕拍豆莢即可使種子脫離。成熟的豆莢採收後，剩下來約二公尺高的乾枯植株則是最佳的薪材，是生火的重要燃料。據說阿美族先

世移住光復鄉的馬太鞍時，由於當地樹豆甚多，結實可食，遂命名為vataan（馬太鞍），可見當地產樹豆之盛了。

樹豆可以料理成樹豆排骨湯。先將樹豆洗淨泡水兩小時，接著洗淨排骨用熱水氽燙後，將樹豆、排骨、薑放入鍋中，大火煮開再轉小火，燜煮兩小時後加鹽即可食用。當然，這種吃法已算是漢化了，對族人來說，傳統的吃法就

採收期，將樹豆去莢取豆仁，有些新鮮煮食、有些曬乾儲存，這是原住民經常性的食物。

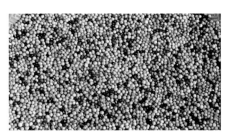

在植株上自然乾燥後，收集成的樹豆。

是直接煮湯或加點肥豬肉，樹豆會將肥豬肉的油都吸光，吃起來沒有一點油膩感。此外，樹豆富含澱粉及蛋白質，亦有清熱解毒、補中益氣、利尿消食、止血止痢之效。

目前樹豆只有在較多原住民的社區市場才找得到，例如花蓮的黃昏市場，有機會不妨選購帶回家料理。隨著社會變遷，物資豐富，樹豆不再是阿美族小朋友常吃的零嘴食物，種植也不如過去那麼普遍，但仍然有不少阿美族人對它特別懷念，更喜歡它那與其他豆類不同的味道。因此，在阿美族人的住屋附近或一些旱地仍有樹豆林立著，彷彿告訴我們，這是前人走過的歲月。只是，昔日在田間邊摘樹豆邊放進袋子裡的情景如今已不多見了！

柿樹科，柿樹屬。常綠大喬木，除了葉表面外，全株密被黃褐色毛。葉互生，革質，披針形或長橢圓形。花雌雄異株，黃白色，腋出，單立或呈短總狀花序。漿果略呈球形，成熟時呈橙紅色或暗紫紅色。

阿美族語：	kamaya
學名：	*Diospyros discolor*
別稱：	台灣檀、毛柿格
生長環境：	全島低海拔山野，尤以東部、南部最常見
採集季節：	8～9月
食用方式：	將成熟的果實剝皮洗淨後即可生食

果類野菜

毛柿

　　毛柿樹在台灣並不多見，但是在原住民的部落、社區裡還看得到它的蹤影。每到八、九月，它就成了小朋友的最愛。因為不論大小、形狀、顏色，毛柿的果實與一般的柿子沒有什麼差異；而且毛柿果皮上佈滿絨毛，呈暗紅色，真是漂亮的水果，那香味撲鼻令人垂涎，極為甜美的果肉，風味又與一般柿子完全不同。

　　如果想吃毛柿的果實，一定要等它熟透，否則就等颱風來，把它搖得全落在地上！果實成熟之後，會由褐色變成橙紅，顏色歷久不衰，點綴在枝頭足以引人駐足。記得小時候，熟果期的每天清早總是先到毛柿樹底下，撿起成熟掉落地上的果實，然後找大人幫忙剝皮。

　　毛柿的另一種吃法是摘下未

削下毛絨絨的果皮，就可享用甜美的果肉。

果實尚未成熟時，也可取出裡頭的果仁來生吃，相當有嚼勁。

成熟的果子，將皮削掉後，取出裡面的種子，再將種子剝開、取出晶瑩剔透的果仁，將它切成丁或整粒加冰糖、冰塊，然後將果仁放在嘴裡磨牙似地咀嚼，那味道絕對不亞於時下流行的珍珠奶茶或果凍呢！

大多數的柿類植物都是極為優良的木材，毛柿也不例外，除了是上等的樑柱材料，也可製作小型器具，如屏風、鏡臺、箱櫃、手杖、筷子等。毛柿生長非常緩慢，邊材呈淡紅白色，心材漆黑質密，偶而有暗紫色或灰綠色的條紋，十分美觀。一般人所稱的「黑檀」，其中之一就是毛柿，然而由於身價昂貴，野生的老毛柿樹幾乎已蕩然無存。此外，它那優美的樹型、美麗的果實，也不失為一種理想的庭園樹呢！另外，它也是海岸防風沙的優良樹種。

早期原住民部落都有種，尤其是阿美族。

茄科，辣椒屬。多年生草本植物，通常略帶灌木型態，高約60～100公分。花白色，單生於枝腋或葉腋；果實是漿果，和番茄同類，但不像番茄有那麼豐富的汁液及高的含糖量，因此保存期可以稍微長一點。漿果有長披針形及小球形等，果朝天直立，長指狀，頂端漸尖，成熟時呈紅色。

阿美族語：karimucud	
學名：*Capsicum frutescens*	
別稱：指天椒、簇生椒、小辣椒	
生長環境：全島低海拔、山野及郊區	
採集季節：全年皆可，夏秋兩季尤佳	
食用方式：成熟的果實洗淨後，撒鹽醃漬，亦可作為調味料食用	

果類野菜

朝天椒

　　朝天椒袖珍朱紅的小果實，末端尖尖、基部胖胖的，有點像燭焰，又有點像特製的小燈泡，將墨綠的葉子襯托得好鮮明，因此，有不少人把它種成盆景，當作觀賞植物擺飾在客廳。

　　辣椒有各種不同的品種，在原住民居家四周的庭院或菜園裡，至少都看得到朝天椒的影子，對原住民來說，早期它就是飯桌上的菜，直到後來才演變成不可缺少、不可抗拒的調味料。為了因應市場的需求，原住民也懂得將小辣椒調理後出售，他們用最簡單的方式，將小辣椒洗乾淨，瀝乾兩天後加鹽、酒，即可裝瓶儲存，放的時間愈久，味道愈香。

　　辣椒含有豐富的維生素A、C，這兩種維生素的含量，比柑橘或檸檬多得多（綠色辣椒的

維生素C含量為柑桔類水果的兩倍）；成熟的朝天椒，無論變紅、變黃，維生素A和C的含量又大為增高，這一點恐怕很多人想像不到吧！早期生活困苦食物較缺乏，常食辣椒無形中也抗拒了多種疾病。

在文明社會中最常見的是慢性疾病，血液隨著上了年齡而愈為濃稠，因而引起高血壓或膽固醇過高的現象。常吃辛辣食物的人，血液會慢慢轉濁為清，當然，這得有一個先決條件，就是你的腸胃要受得了！通常一般人會認為朝天椒過於刺激，腸胃強健的人才敢享用，但如果常用朝天椒作調味食用，卻能刺激唾液腺及胃液分泌，乃具有健胃驅風作用；而外用塗抹還能促進皮膚血液循環，為皮膚發赤劑。

事實上，有不少人把辣椒當作健胃驅風的偏方，甚至用來治療腹瀉、痙攣、牙痛及通便劑等，不過，用量必須謹慎。此外，類似急性腫脹，關節炎或一般胃病患者請勿食用，否則會更嚴重。平時食用辛辣刺激性食物會有敏感不適的體質，也不宜多量攝取。特別是只要青春不要「痘」的年輕人，也需要「椒」通管制。

辣椒之所以會辣是因為它含有辣椒素。從辣椒素含量的多寡，可以感覺到其辣味的強度。從經驗中，我們可以知道辣椒素的強弱也會受氣候、陽光、土壤、水分，甚至採收季節等條件所影響。一般來說，在陰冷潮濕的地區辣味較溫和，但同一品種若種在高溫乾燥的地區，可能辣味較強。

在原住民的野菜大鍋菜裡，也常常可以看到辣椒嫩葉，這對視力不好的老年人或胃寒者食用最適宜。

朝天椒洗淨、晾乾後，加鹽及米酒醃漬，一星期後就能食用。

紅糯米屬香米系列，是「陸稻」種，可長於旱地、坡地等天然條件較差的環境；但經世世代代改良，如今已成為「水稻種」。除了具有一般糯米的特性之外，色澤深紅艷麗，富含維他命A及鐵質。

阿美族語：vangsisay a panay / sikumesay a panay

學名：*Dryza sativa*

生長環境：台灣東部低海拔山野坡地及花蓮光復地區

收成時間：有兩種型態，一年兩熟型在6月及11月收成；一年一熟型在8、9月收成

食用方式：陸稻碾成紅糯米，可煮食或釀酒

果類野菜

紅糯米

　　近年原住民文化受到重視後，阿美族的主食之一──「紅糯米」也隨之鹹魚翻身！紅糯米營養價值很高，所含的維生素A、E、鐵質及蛋白質均高於一般白米，除可做各種點心類食品外，亦是虛弱療養者或產後極佳的滋補食品。

　　紅糯米是花蓮縣光復鄉的特產之一，是阿美族人在婚、喪、喜、慶時的珍貴食物，也是禮儀上應有的必備品，紅糯米、米酒、檳榔亦列為祭祀祖先的三大供品。

　　傳說阿美族先民移居到台灣時，臨別之際，面對風強浪高充滿未知的去向，不由得百感交集，依依難捨。為繫親情，族人隨船裝載紅糯米穀一袋，以利先民到達新生地時可繁

殖食用，結果移居花蓮時所帶來的紅糯米乃栽培至今。直到今天，族人每每遇到婚喪喜慶及重大祭典時，都要蒸食紅糯米，以示不忘本。

紅糯米的種植方式雖然與一般水稻種植一樣，但仍有不少原住民採用傳統的陸稻種植方式。至今紅糯米仍然保留原始的特性，稻葉顏色較深，植株較高，抗病蟲害強。但由於它的每顆殼粒都有長長的穎刺，脫殼和採收均不利於機器作業，而容易倒伏的植株也難用機器採收，再加上紅糯米的耕作因其生理的感光性影響，多為一期作，故產量不豐，也難推廣。

阿美族人對紅糯米傳統的食用法有兩種：一為以蒸斗洗淨後，將浸泡一夜的紅糯米放進蒸斗蒸至熟，即成香Q可口的紅糯米飯，叫「Hak Hak」。另外一種為將蒸熟的紅糯米倒入洗淨的臼，然後再以抹上一點油的杵慢慢將Hak Hak搗成糕，阿美族語稱「Durun」（都倫），就是糯米糕。

特別要提醒，煮紅糯米飯時一定要先浸泡，並將比例1:3的紅白糯米混合使用，因為紅糯米太乾而沒什麼黏性，若處理不當，煮出來的糯米飯會讓人吞不下去，而且得趁熱吃，才能品嚐到獨特的香味。紅糯米外表自有一份耀眼如珊瑚的色澤，紅糯米飯有淡淡清香和越嚼越Q的口感，無論製成年糕、紅龜粿、湯圓、八寶飯、竹筒飯或八寶粥，都能表現出特殊的光鮮與艷麗色彩。

無患子科，番龍眼屬。常綠喬木，樹皮薄，常作片狀剝落。葉為偶數羽狀複葉。圓錐花序頂生，花軸及梗被銹褐色短毛，花絲細長，花藥紅色至暗紫色，花瓣淡黃白色，花期在4～6月間。果實球形或短橢圓形，成熟時呈黃綠色。

阿美族語：kwawi nu Pangcah	
學名：*Pometia pinnata*	
別稱：番仔龍眼、台東龍眼	
生長環境：台灣東、南部低海拔至中海拔山地及蘭嶼地區	
採集季節：7～9月	
食用方式：成熟的果實可生食	

果類野菜

番龍眼

　　番龍眼是典型的熱帶樹木，台灣大概只在東部及紅頭嶼上才容易看到，尤其是在原住民的部落裡。原住民雖然將它當成水果吃，但也並沒有因而大量栽植，相信大多數人都沒有吃過的經驗。

　　番龍眼的果實在七至九月間成熟，看起來較一般龍眼稍大，但成熟後的果皮仍為綠色。它的果穗較密集，果實大部分集中在果軸基部。剝開果皮，會發現果皮、果肉都十分肥厚，果肉的甜度頗高，有濃濃蜜蜜的獨特風味。依據資料，番龍眼有隔年才結果的習性，一般種植後四至五年就開始結果。

　　這些充滿野味的果實，也許不如我們一般所吃的水果那般精緻，但是其中所富含的各種維生素及養分，可絲毫不遜色。另一方面，這些不因人類需求而存在的各式野果，也

番龍眼的果肉厚而多汁。

滿足了人類品嚐大自然野宴的樂趣。在夏季的郊外、山區，仍有不少野果，如番龍眼、構樹、刺莓……等，喜歡品嚐野味的人，別忘了在享受過後，也替它們播種繁殖哦！

另外，想順便一提的是，在許多水果當中，最常看到香蕉長出雙胞胎果實，可是從我的觀察和與族人的談話中，發現番龍眼也有不少這種現象。每當看到番龍眼的雙胞胎果實，小朋友都不太敢吃，因為大人們說吃了將來會生出雙胞胎，以當時的觀念來看，那是不吉祥的。

東部的夏天多颱風，對我們那個年代的小朋友來說，那是值得期盼的，因為屆時又可以到野外或是種有番龍眼鄰居的園裡，撿拾掉下來的果實，那種感覺又刺激又好玩！這些童年記憶永遠讓人懷念。

果類野菜

羅氏鹽膚木

漆樹科，漆樹屬。落葉性小喬木，全株被有褐色絨毛，具有紅色的皮孔。葉互生，一回奇數羽狀複葉。夏至秋季開花，排列成複雜的圓錐花序，花為黃白色。米粒大的核果呈扁球形，熟時橙紅色，外表有毛。

阿美族語：verus

學名：*Rhus semialata*

別稱：鹽埔、山鹽青、山埔鹽

生長環境：全島海拔2000公尺以下的山野

採集季節：10～12月

食用方式：嫩葉洗淨後可煮食或炒食；果實可直接生食

　秋冬更迭之際百花失色，而此時山野中盛開的羅氏鹽膚木，就顯得特別耀眼。

　羅氏鹽膚木的嫩葉及果實都可食用。嫩葉常呈淡紅紫色，洗淨後以沸水燙熟，再撈起來加調味料，也可以炒蛋或肉絲。果實內含有鹹味的物質，可作為鹽的代用品，早期原住民及喜好登山、野營活動者，若攜帶的鹽不夠，大都懂得利用它。由於羅氏鹽膚木的小花密生，當花期盛開時，花粉產量相當豐富，是很好的蜜源植物，因此養蜂人會在花期最盛時放養蜜蜂，採集花粉。

　記得孩童時期，每每於花期盛開時，一群放牛的小朋友就躲在樹底下，等著爭看白頭翁、烏頭翁、麻雀等鳥類來啄食，接下來的動作就是拿彈弓來瞄準，好玩又刺激！

成熟的果實外表有一層灰白色膜，有鹹味，可當鹽的替代品。

每回看到山鹽青，心中便湧起一番浪漫甜美。

山野地區常可看到羅氏鹽膚木，據族人說，它是山區造林的優良樹種，有保持水土的作用，尤其在路旁及斜坡的空曠地更是適合栽種。這種植物四季呈現不同風貌，新葉帶點紅褐色彩，相當好看。森林火災或墾殖破壞後的山坡地，首先出現的樹種之一就有羅氏鹽膚木，因此，如果該地區出現羅氏鹽膚木佔優勢的情況，這就表示生育地仍在恢復當中，並未達到穩定的狀態。

阿美族人除了將羅氏鹽膚木作為食物，據說從前族人也將它作為染料植物。泰雅族則將它製成傳統木琴，它的材質輕，用它製作的木琴敲起來清脆悅耳，過去不少泰雅族的男男女女是靠它傳情的。因此，

葫蘆科，苦瓜屬。一年生蔓性草本植物，分枝繁茂，有攀緣能力，全株具有特異的臭味，比一般苦瓜矮小，蔓有卷鬚和毛茸。春至夏季開白色花，花冠鮮黃色。果實長卵形，未成熟果皮為濃綠色，成熟果皮為黃或紅色，果皮有疣狀突起和柔軟的尖刺，果體只有一般苦瓜10至15分之一。成熟時果皮轉為橙色，並作不規則三裂，裂片向外翻卷，露出具有紅色假果皮的種子。

阿美族語：	kakurut
學名：	*Momordica charantia*
別稱：	假苦瓜、小苦瓜、短果苦瓜
生長環境：	台灣東部低海拔山坡草地間
採集季節：	全年皆可，4～10月較佳
食用方式：	果實及嫩葉可煮食或蒸食

果類野菜

野苦瓜

　　野苦瓜與苦瓜是孿生兄弟，也是瓜類家族成員。台灣的野生種苦瓜已有百年歷史，但近年來已被大量人工栽植，為鄉野小餐館新興的菜餚之一。在花蓮，野苦瓜也蔚為鄉土菜餚，雖然為了合乎現代人的口味，不少人研發出各色各樣的吃法，但其調理仍以最原味的方式來得吸引人！

　　記得小時候常跟家人上山砍木材，野外的午餐常是最豐富的野菜大餐，鍋子裡有苦瓜、苦瓜葉、山萵苣、地瓜葉、龍葵、咸豐草、山蘇花……等等。撈起小苦瓜沾點鹽巴，吃起來另有一種甘甜的香。當然，狼吞虎嚥的吃法是不易發

成熟開裂的野苦瓜不能吃，但它的紅色種子可取下直接播種。

野苦瓜葉是阿美族的大鍋菜中經常加的一味「苦菜」。

覺的，這得慢慢咀嚼才能體驗它特殊的風味。

　　苦瓜含苦瓜素，故帶有苦味，煮後轉為苦甘味，有促進食慾、解渴、清涼、解毒、禦寒效用。除了食用其嫩果外，在阿美族的社會裡亦食用它的嫩莖和葉片，真可說是「苦上加苦」。野苦瓜之體型大致可分為大、中、小三種，小型的有如橄欖，中型的也有點像雞蛋，大型的長度甚至像小黃瓜。野苦瓜亦有人稱之為山苦瓜，顏色翠綠可愛，非常漂亮，但比一般苦瓜還苦，雖然如此，由於生性強健少病蟲害，還是頗受眾人喜愛，每年四月至十月是產期。近年來在花蓮已有農地零星栽培這種野生苦瓜，但最大規模也不過兩公頃。

　　野苦瓜的食用烹調不同於一般的苦瓜，調理野苦瓜若要減低苦味，得先切段下鍋汆燙，再行炒食。也可生切薄片置冰箱冷凍室，

食前取出來沾醬油或沙拉醬佐飯，很夠勁。或可切片下鍋炒肉絲、豆豉、蒜瓣或小辣椒，大火猛炒，吃起來苦中有甘味；另外，亦可煮魚丸、排骨湯。如果家裡小朋友不喜歡吃苦味，不妨以排骨熬完整的果體，其甘甜味一定可以讓小孩接受。事實上，這些煮法都是現代人的吃法，煮湯、炒小魚乾、涼拌都好吃，目前出現在花蓮各大飯店的菜單已有沙拉山苦瓜、五味山苦瓜、山苦瓜排骨湯等。涼拌野苦瓜宜盛暑啖食，最能吃出它的原味。除了用於調理成菜餚，在盛產期間亦可切片經高溫烘焙，製成可供沖泡的苦瓜茶，這也是花蓮的特產之一。

野生種苦瓜的果實含「苦瓜鹼」成分很高，有促進食慾、解渴、清涼、解毒、消腫、袪寒的功效。雖然它是苦瓜的近親，但成熟變紅後的果肉和種子都有毒，如果拿它做成生菜沙拉食用，可能會引起嘔吐、腹瀉等症狀，因此，請注意一定要取食青綠的果體，不要「以身試熟瓜」。

野苦瓜苦中帶甘的滋味，與一般苦瓜相差無幾，但是野地裡自生自長的果實似乎也就增添了一份不羈的豪氣。

野菜市場可買到去籽、處理好的野苦瓜。

禾本科，粟屬。又稱「粟」，有大粟、小粟之分，大粟稱為「粱」，小粟稱為「粟」。一年生草本植物：莖直立，圓筒形，中空有節。總狀花序著生在莖的先端，由許多小穗群組成。其穀粒是禾穀類中最小的；種子並具有休眠性，若要播種，最好使用儲藏3至6個月後的種子。

阿美族語：havay	
學名：*Setaria italica*	
別稱：粟、黍仔、黃粟	
生長環境：全島2000公尺以下的山地	
採集季節：8～9月	
食用方式：果實去殼後呈淡黃色，可煮食或蒸食	

果類野菜

小米

一般人常以為「小米」只是小鳥和鴿子的飼料，其實小米向來就是中國人的五穀之一，根據文獻記載，紀元前二千年前中國神農時代就有以小米為祭品的記載。

小米也就是粟，是早期台灣原住民的主食，它對原住民的重要性可從各族群的祭典中看出，在阿美族的「豐年祭」、布農族的「打耳祭」、賽夏族的「矮靈祭」裡，都會出現紮成束的小米，甚至做成鄉土食品的小米酒、小米糕等。

小米適合種植於氣候溫暖乾燥、雨量適當的地方。耐旱且對土壤的適應性很廣，但仍以土質鬆軟且富含有機質或腐植質含量高的土壤最佳，本島海拔1000公尺以下的山地均適合栽種。記得有一次上山，看到一棵棵的小米末端都用肥料

袋包起來，起初感到好奇，後來才意會到是為了防止小鳥的啄食。麻雀偷食常讓農民無法收成，再加上經濟價值不高，目前種植小米的情景已不多見了！

小米通常在農曆正月月圓時開始播種，生長期為六個月，七、八月收割後一束一束地捆綁起來，因此，每逢採收期就可以看到一穗穗紮捆的小米，曝曬於路旁或屋前屋後的空地。

由於小米比水稻耐旱，在許多沒有辦法用人工溝渠灌溉的山坡地和旱地，它就好像「大地之母」一樣地供給人們溫飽，而且又耐儲存，所以也有人稱它為備荒的糧食。生長在台灣的人大都沒看過小米的植株，它的種籽實在很小，每穗數百粒；在小米田中，接近成

熟的金黃粟穗，彎腰低頭，隨風搖曳，看起來比稻穗還漂亮呢！

小米的功用幾乎等同於稻米，可炊飯、煮粥、釀酒……等，它的黏性較強，柔軟富有彈性，也可製成糕餅點心，風味獨具，「粟餅」在花蓮已經是著名的土產之一。目前吃「小米」的人越來越多，因為它的營養價值高，更重要的是它的纖維素亦高，可以做成各種不同口味的食品。此外，如果你對花藝有興趣，其淺褐色和成串的造型，更是花藝設

小米的果穗分枝多且長。

計者的好材料，有機會不妨試試。

小米——植物中最敏感的精靈

◇◇◇◇◇◇◇◇◇◇◇◇◇◇◇◇◇◇◇◇◇◇◇◇◇◇◇◇◇◇◇◇◇◇

依現年七十歲以上的原住民長者看來，小米可算是所有植物中最敏感的一種精靈，也是最麻煩的農作物。它好像具有靈性一樣，有靈耳、靈眼、靈覺；相對地，禁忌也特別多，稍不留心就隨時會招來禍患災難。尤其是在田裡收割小米，那是最辛苦的，不但講話要小心，動作也不得粗暴，否則會招來禍患。即使像「休息」、「完畢」、「回家」等言詞以及放屁、打人等動作，都是小米精靈不喜歡的。因此，族人在栽種小米的過程中一向恭恭敬敬，從整地到收割入倉，每個階段都有慎重的儀式，包括播種前的狩獵祭、播種祭、除草祭、驅蟲祭、乞晴祭、收割祭、始割祭、入倉祭等。

薔薇科，火刺木屬。常綠灌木或小喬木，幼嫩部分被有褐色短毛，小枝末端常延伸成刺狀。葉三至五枚叢聚互生，倒卵狀長橢圓形，形狀則因品種之不同而有些差異。五至六月是火刺木的開花期，白色的小花聚成纖形花序，花瓣五片，先端微凹，白色。梨果球形，成熟時橙紅色。

阿美族語：alemet
學名：*Pyracantha crenatoserrata*
別稱：狀元紅、火把果
生長環境：常見於台灣東部低海拔山野、溪谷或海濱
採集季節：11～2月
食用方式：成熟果實可生食

果類野菜

火刺木

　　火刺木是台灣的特產，主要分佈在台東及花蓮狹長的平地上，尤其以花東縱谷附近的樹林及荒廢地為多。殷紅的小梨果是台灣野生觀果植物中相當具代表性的一種，果實雖小，數量卻多，一棵老樹往往可以結實千粒、萬粒以上，纍纍的果實殷紅耀眼，美麗無比。尤其當秋季滿樹紅果的時候，村裡四十歲以上的人，對它總多多少少油然生起緬懷歲月的情感。

　　夏季，火刺木就會如期地在枝椏間冒出白色的小花，它的樣子看起來有點像縮小的梅花，小白花開放的時間很長，之後才結出綠色的果實，但此時依然難以引人注目。然而，到了秋天，滿樹鮮明亮麗的色彩加上成簇成團的數量，才開始慢慢吸引人多瞧它幾眼。果期持續相當久，小鳥此時也

紛紛前來啄食，白頭翁尤其勤快。每當冬季，孩子們總在山野、河床、平原間，採食紅透的果實，那味道甜中帶點澀，有點像熟透的蘋果味。

在筆者兒時的放牛時代，火刺木也是小朋友們爭相取食的野果。讓我印象最深刻的是，到壽豐鄉溪口村參加豐年祭時，一定會路過兩邊長滿火刺木的路程。如今因大量土地被開墾，野生火刺木已經不容易見到。倒是許多地方都有普遍性的栽培，成了園藝上重要的觀果植物。

近幾年來，一些原本條件不錯的野草野花，在人們盡心盡力的育種與照顧下，已漸漸成為道地的觀賞植物，就拿火刺

木來說，它那成熟的紅果本來就有幾分姿色，經過一段時日的照顧之後，老幹斑駁，枝葉成層平展，春季可賞花，秋冬可賞果，其剔透玲瓏的美妙與嬌柔，更加令人嘆為觀止。

火刺木的果實不僅可釀酒，還可磨成粉代替米糧，也算是救荒糧食。到野外踏青時，看見它別忘了嚐嚐這有如小蘋果的野味。

果類野菜

黃秋葵

錦葵科，秋葵屬。一年或多年生草本植物。葉掌狀，互生，具長柄，花冠黃而心部紅色，單生於葉腋。蒴果5～10角形，長而先端尖，未木質化前柔嫩、可食，肉黏質。植株葉片生長達7～9片時開始開花，花謝後4～6天當嫩莢長約10公分時應及時採收。秋葵的果實外觀有如超小號有菱有角的澎湖絲瓜，乍看又有點像綠色的小辣椒向上簇立，相當可愛。每年三至五月均能播種，生性強健。植株生長老化後，若能施行強剪保溫，可越冬。

阿美族語：singangayay a cupel

學名：*Hibiscus esculentus*

別稱：毛茄、羊角豆、黃蜀葵

生長環境：排水良好之肥沃砂質壤土，大部份為栽培作物

採集季節：4～9月為盛產期

食用方式：果實可煮食或炒食

葉片比手掌大的「秋葵」，只怕冬季寒害，其餘的季節都是生長期，會不斷開出小黃花，年間可以持續收成果實。果實雖然能吃，卻由於黏稠且帶有一股青草的腥味，在不曉得如何烹調料理的情況下，起先不太受人喜愛。但近年來流行素食及日本料理，秋葵的料理開始受到市場的歡迎，目前有不少地方都可以見到農友的栽培，只要稍具規模的市場也都可以買到。

採摘期應密切留意果實的發育情形，否則幾天不注意果實很可能就變硬，很難炒熟煮爛，風味就大打折扣了。因此，在選購黃秋葵時可不要貪大，寧可專挑小的，因為越小

者通常越幼嫩，料理起來自然也較方便。

黃秋葵的嫩莢肉質柔軟有黏質，可用以炒食、煮食、生炸及醃漬等。最簡單的吃法是以沸水汆燙後，涼拌蒜頭、醬油及少量的醋，即成為一道相當可口的涼菜。如果整支沾麵泥油炸，也是一道可口的小菜，麵泥可加蛋及調味料攪拌成泥。

吃過黃秋葵的人都知道，它那長相有如美人纖纖手指的蒴果，煮熟後入口有滑溜之感。它含有豐富的維他命A和B，日本人視為強壯菜餚，一般日本料理喜歡將它與質感相似的「過貓」蕨類一起上菜，上澆

涼拌黃秋葵是盛暑爽口的菜。

柴魚花和醬油膏，不知你是否嚐過這道鄉土菜。

黃秋葵的花型碩大、花色鮮黃、花姿嬌美，其亭亭玉立的植株，實不亞於一般的觀賞花卉，也是很不錯的插花材料。近年來插花界流行將蔬菜水果配在花叢裡，黃秋葵因有優美修長的蒴果，因此也受到花藝設計者的青睞，尤其是配有果實和花朵的整個植株，讓許多住在城市的孩子在賞花時，也能見到這種不常見的作物。

黃秋葵的種子萌芽力很強，種子數也不少，每年只要留幾條蒴果不採，讓它成熟變色，再採收其種子，甚至讓它自然掉落，翌年又能重新繁殖。它對土壤的適應性廣，真是不錯的庭園植物。據說黃秋葵具有藥效，而這也是受市場歡迎的原因之一，秋葵的根有清熱、解毒、排膿、通血脈的功效；其未成熟的果實可治喉痛、咳嗽、尿道疾患等；它的花用麻油浸泡後也能治燙傷；成熟的種子也可榨食。

桑科，構樹屬。落葉性中喬木，小枝及葉柄密生短毛，葉片呈卵形或呈心狀，粗鋸齒緣，常作三至五深裂，葉表粗糙。春季花開，雌雄異株，雄花序荑萌狀，呈圓柱形，每串花穗都好像毛毛蟲一般，是由眾多的雄蕊組合而成；雌花序圓頭狀。聚合果球形，成熟時各小果裂開，呈橙紅色，有如帶毛的小球。夏季成熟，紅橙、多汁且香甜。

阿美族語：rurang

學名：*Broussonetia papyrifera*

別稱：鹿仔樹、乃樹、楮樹

生長環境：全島中低海拔的山野、村落甚至大都會都有分佈

採集季節：初春時可採嫩葉和雄花穗，6～8月則採熟果

食用方式：雄花穗可煮食；成熟果實直接生食

果類野菜

構樹

　　構樹的聚合果很奇特，成熟了便迸裂出一條條閃著光澤的橘紅色小果。然後一個個球狀果實，就像個紅彩球般耀眼地掛在枝條上，其鮮嫩多汁的模樣，引人垂涎。

　　它的花期在三至四月間，熟果期在六至七月，想吃它的小紅果，一放暑假就得留意了！它的成熟果實同時也會吸引許多昆蟲、白頭翁、綠繡眼、白環鸚嘴鵯等前來覓食，並順便幫它散播種子。

　　構樹喜愛長在接近平地的山邊，特別是村落附近，才容易遇見它的族群，彷彿是要提醒

人們別忘了它的存在。此外構樹樹皮富含纖維可供造紙（宣紙或者是鈔票用紙），因此構樹又俗稱「紙木」或「楮樹」。

構樹的嫩枝葉是梅花鹿和水鹿的上等飼料，也可供人食用。但嫩葉多少還是有點粗糙感，最好先用沸水汆燙，再撈起來料理，或炒或煮。在這裡

雄花穗採下後可以直接煮清湯。

特別要提的是，像毛毛蟲似的雄花穗，可以說是原住民的最愛，直接水煮即能吃到它的原味。雄花穗以沸水汆燙後，將水瀝乾或擠乾，可製成餅，也可以油炸或鹽漬成小菜，滋味不凡。成熟的果實可直接生食或打成果汁食用，但在採集時，應先看清楚是否乾淨，因為有不少昆蟲如金龜子、蒼蠅等，也視之為山珍哩！

聽老一輩的人說，它的藥用效果更是好。種子能壯筋骨、明目健胃；葉能治風濕及疝氣等；根為傷科藥及利尿劑。不過，不管如何，最吸引我的還是它那如太陽般耀眼的聚合果呢！

萊豆

每年十一月至次年三月，萊豆就開始盛產了，加一些排骨煮湯，非常可口，常是農曆過年吃年夜飯不可少的一道菜。

萊豆俗名「皇帝豆」，是所有豆子中顆粒最大的，就好比是豆類中的皇帝，它的每個豆莢都在十公分以上，裏面含著三顆左右的種子，有半個十元硬幣那麼大。萊豆喜歡高溫和多溼，需要排水良好的土壤。每年七、八月開始播種，採取移植的方式較多。事實上，早年在原住民社區，家家戶戶幾乎都會在庭院搭起棚架，又是翼豆，又是鵲豆，又是萊豆及土種的菜豆和紅菜豆，一年四季似乎都有吃不完的豆。

豆科，萊豆屬。一年生蔓性或矮性草本，全株有短柔毛。葉互生，三出複葉。花著生葉腋，總狀花序，花徑2公分左右。萊豆是少數不吃其豆莢的豆類蔬菜，冬或春季為盛產期，品種依莢型分大莢種及小莢種，依豆皮分花仁種及白仁種。行種子繁殖。一般都採用棚架栽培，藤蔓生長空間廣闊，豆莢可以垂直發育，形狀正直寬厚，豆粒肥滿，質地細嫩，口感鬆而味香。種子呈腎臟形或較肥厚之卵圓形，顏色有白色、紅色斑紋或黑色斑紋。

阿美族語：dayud

學名：_Phaseolus limensis_

別稱：皇帝豆、觀音豆、白扁豆

生長環境：台灣中南部、花蓮平地及低海拔之山野，大部份為栽培作物

採集季節：11月至翌年5月，1～3月為盛產期

食用方式：剝開豆莢取豆仁，直接煮食

雖然每種豆都有它的學名,但阿美族往往把它的名稱歸類成一種,因為這些「豆子」吃起來味道都差不多!

萊豆的營養豐富,產量多,產期長,且農藥不易進入豆粒中,所以普遍受歡迎。它的藤蔓四處爬,總是長成一大片。由於通風能促進開花、結果,故必須搭架子讓它隨意伸展。種植在田裡的時候,得把土壤堆成一行行高起的壟,然後把豆子或豆苗種在壟上。人愛吃豆子,蟲子更愛吃,因此必須積極防蟲。豆苗種下去以後,需要除草、除蟲,才能順利成長,約九十天開花,四個月後就有美味可口的豆子吃了。萊豆如果發育良好,可以結實纍纍,雖然畏懼低溫,寒冬卻依然開花。當萊豆種粒飽滿,莢殼變得薄軟,尚未開始變黃時即為採收適期。一般而言,蔓性萊豆從播種到開始採收約三個多月。

萊豆的壽命相當長,從初冬結豆子到次年春天,休息了一陣子又會第二波開花結果,一

直到夏天。不過這時候的豆子味道已大不如前，而且人們已經吃膩了，農人在炎熱的天氣中也不大願意採摘身價低貶的豆子，只好把它腰斬，讓土壤休息一段時間。萊豆可以包粽子、煮豆飯、包春捲，新鮮的吃不完，還可以曬乾留到明年再吃，不過味道已非新鮮時所能相比。

萊豆的蛋白質及脂肪是豆類之冠，常吃能供給大量熱量，尤其是身體瘦弱者的最佳食物。小時候常常與家人上山砍木材，中午的野餐大鍋菜裡總

少不了萊豆，不過老人家會提醒小孩別吃過量，因為萊豆吃多了容易脹氣放屁，下山時就得走在最後一個……，這樣的生活經驗，回想起來真是難以忘記呢！

有些人可能會因為難接受萊豆厚厚的表皮就不喜歡食用，事實上這是可以克服的，建議你不妨先把豆粒用滾水燙一下，再以冷水沖冷後，脫去豆皮只剩豆仁，然後加一些自己喜歡的配料，如胡蘿蔔、洋菇，再加佐料滷熱，其味道之香甜鬆Q，保證讓你多吃幾碗飯。當然，料理的方法很多，炒食、煮湯的味道也甚佳。由於蛋白質含量高，適量常食能生肌造肉、身體結實，可增進小孩成長。

此外，在食療上萊豆能除濕、消水腫、調整胃腸消化。甚至據族人說有腳氣、水腫現象的，也可以煮萊豆來輔助治療。

豆科，扁豆屬。蔓性多年生纏繞性藤本植物，莖常呈淡紫色或淡綠色，莖蔓可達8公尺左右。花梗長60公分，花序穗狀，每穗可開20朵以上的花，每花穗可結果6～16枚。有白鵲豆（開白色花）、紅花黑仁鵲豆及四季紅鵲豆（開紫色花）等品種。早期在原住民部落到處都可見到美麗的蝶形花。現在已大量栽培，尤其以嘉南地區最多，全年均可播種育苗。

阿美族語：tevi'	
學名：*Dalichos lablab*	
別稱：肉豆、峨眉豆、延籬豆	
生長環境：全島海拔1500公尺以下之山野，部份為栽培作物	
採集季節：11月至翌年2月	
食用方式：白鵲豆取豆仁，紅鵲豆之豆莢或豆仁皆可煮食或炒食、蒸食	

果類野菜

鵲豆

　　鵲豆對很多人來說並不陌生，在鄉下通常都在屋前院後搭個小棚架，任其蔓延。鵲豆的果莢外表粗粗的、樣子扁扁的，再加上味道吃起來卡卡黏黏的，有些人並不喜歡，但對原住民來說，它常是大鍋菜裡的配角。

　　紅花鵲豆的花梗細長，花瓣紫中帶紅，盛開時一片嫣紅的景象，風一吹來，就像千萬隻蝴蝶在綠葉叢中展翅飛舞一樣。它的生長力極強，濃密枝葉佈滿棚架，又可當遮陰植物，家裡四周若有兩坪大小的空地就可栽培。

　鵲豆趁幼嫩時採收可是滿不錯的蔬菜，因為此時纖維細，豆莢帶著甜味。更值得讚美的是它的抗病蟲害強，根本不需要施農藥，可說是道道地地的健康蔬菜，對於害怕時下蔬菜有農藥殘毒者，鵲豆可以是你最佳的選擇！種一棵鵲豆，可觀賞、納涼、吃豆，真是一舉數得。

　事實上，鵲豆在全台各地農家圍籬、排水溝圳旁或郊區坡地都有少量繁殖，這些多半是種來自家食用的。如果想要大量供應銷售，應在有機質肥沃的菜田好好栽培管理，讓植

株多吸收肥料，豆莢也就能肥大細嫩好吃。但一般農家很少下功夫栽植，總是任其成長，導致豆莢質地欠佳，因此，食用者並不多，銷售價格當然不理想。一般傳統市場很少供應鵲豆，確實不易買到，菜販聽了，可能還不知道是什麼呢？建議你有機會不妨到原住民社區附近的傳統市場找找。

在烹調上有食用柔軟嫩莢及鮮豆仁兩種。也就是在豆莢未充分長大，纖維未老化之前採收，用手撕去莢兩端及腹背之筋絲，燴煮豬肉、雞肉或芋頭等，此料理相當美味可口。或者等到豆莢軟縮，種子充分肥大飽滿時採收鮮仁，用來炒肉丁、蝦仁、香菇、豆腐乾等，風味絕佳；素食者也可下鍋清炒。事實上，這些烹調方式較合乎現代人的口味，但對原住民來說，吃傳統的野菜大鍋菜還是最能享受它的原味。

鵲豆含豐富的維他命A、B、C及鈣和磷。其中白鵲豆還可當藥用，具有理胃腸、止瀉痢作

白花種鵲豆

用。而凡是濕熱引起的腹瀉、糞便稀薄，也可用鵲豆仁煮粥或煮芋頭，加點糖成甜食，當休閒食品食用。除上述食療外，常吃鵲豆也可以健脾開胃，對於體能熱量之補給也很有助益。老年人胃力較薄弱，可用白鵲豆與麥片同煮，平常當點心吃可以調理消化。

葫蘆科，梨瓜屬。一年生或多年生蔓性草本植物。根塊狀，捲鬚粗壯，單葉互生，其葉片膜質，近方形，葉3裂，裂片為三角形，葉面粗糙。花雌雄同株異花。果淡綠色，倒卵形略扁，有5條縱溝。

阿美族語：	puki
學名：	*Sechium edule*
別稱：	佛手瓜、萬年瓜、隼人瓜
生長環境：	中南部、東部平地及低海拔山野，現已大量栽培
採集季節：	一年四季皆可，5～9月為盛產期
食用方式：	新芽及成熟果實可煮食或炒食

果類野菜

梨瓜

梨瓜據說是在日據時代自日本引進種植，夏季為盛產期。通常每兩年就要更新再種一次。種植時一般利用果實，它在冬天開花結果，春天果實成熟，此時適宜採下果實栽植。大約定植一個半月以後，就可開始摘取莖蔓食用。其莖蔓生產期以四至十一月為主，盛產期則在五至七月。此時正值颱風季節，而梨瓜莖葉由於不怕風雨危害，難怪農業界皆認為它是優良的夏季蔬菜。

梨瓜以採摘嫩莖蔓為主，果實為輔。其果實可煮、炒或鹽醃、醬漬外，嫩梢亦可炒食，即一般人所稱的「龍鬚菜」。龍鬚菜由於生長快速、耐活，幾乎全年都有生產，因此龍鬚菜一年四季都可以採收，選購時以全株嫩脆、鮮綠、葉片完整無腐傷，帶有二、三節葉片

之莖蔓為上選。其莖葉富含維生素A、B及鐵質，有清熱消腫之效。

近年來「龍鬚菜」已經變成餐館的名菜，炒時鮮嫩可口，它含有豐富的維生素A、C及磷、鈣，是美容養顏的最佳食物，也具有涼血、防止高血壓之功效。在烹調時可以大火快炒牛肉、羊肉或素炒大蒜，也可加草菇、木耳、香菇等蕈類，但烹調時間不宜過久，油量需多一些，起鍋前再調味，如此才能保持鮮綠翠嫩的口感。若加些培根、肉絲、薑絲同炒，風味也不錯。這些料理法都合乎現代人口味，甚至一些日本料理店也做出龍鬚菜手捲或芝麻龍鬚菜來做為招牌菜呢！

以前的人對梨瓜很熟悉，現代人卻少能見到它。梨瓜的分蘗能力強，分枝又多，越是摘它，越能收穫！在原住民的社會，居家周圍到處叮看到它，是不可或缺的一道菜。果實的顏色有綠色種及白色種。因有股香味，又被稱為香瓜仔、

梨瓜的嫩芽就是好吃的龍鬚菜。

一個梨瓜有一個種子，直接將梨瓜末端朝上埋進土中三分之二就能繁殖。

香櫞瓜；又因它的形狀長得像梨，才有梨瓜之美稱；而其果實有四至五條縱溝在末端會合，很像手指先端各自湊在一起所形成的模樣，另有佛手瓜的雅號。

梨瓜不需要冷藏，長期存放在室內也不易腐爛，所以也有人稱之為萬年瓜。它雖然屬於瓜，但內部構造與其他瓜類大不相同，通常一個梨瓜裡頭只有一顆種子，種子很大，但種

皮柔弱，所以當落果的外皮和果肉相繼腐敗之後，新苗便從落果上直接長出來了。一顆果實只能長一株幼苗，長成的植株卻有許多年的壽命，年年結果，年年繁衍新株。

梨瓜之所以便宜，主要是因為耕作的方式很粗放，家裡若有庭院，先把瓜棚搭好，再將已催芽的種果約三分之二埋入地下，即完成播種工作，真可說是名副其實的「種瓜得瓜」！由於瓜藤具攀延性，沒多久就會瓜實累累，不需要噴農藥，梨瓜就長得好好的。

目前已經有不少地區栽培梨瓜，植株生育旺盛，其品種以無刺綠色種較多。它含有不少成分的鉀、鈣、磷，對於發育

煮熟的梨瓜肉質飽滿，很好入口。

中的小孩子有不錯的效果，孩提時期也常常在無炊具的情狀下生食。梨瓜可煮食或炒食、鹽醃、醬漬，其烹調方式隨個人喜好。由於苦澀味及黏稠等特性，因此必須經過適當的烹調並趁熱食之，才能品嚐出梨瓜的特殊風味。如果想換換口味，也可將梨瓜製作成「梨瓜蜜奶」，就是將梨瓜去皮去子，洗淨，切小塊，然後將它放入果汁機，加鮮奶及冷開水打成果汁，最後將梨瓜果汁過濾，加蜂蜜拌勻，夏季更可放些冰塊增加風味，真是不錯的低熱量餐點，據說有健脾消食，行氣止痛之療效呢！

小時候常會聽到在廚房內作菜的媽媽喊著：趕快去摘梨瓜，準備下鍋，卻很少聽到要採「龍鬚菜」的指令。然而，這些年來卻只聽到「龍鬚菜」的吃法，似乎已慢慢淡忘還有梨瓜的存在呢！不過在野外工作的族人，午餐的主角仍然會是大鍋菜，那裡頭龍鬚菜、梨瓜都是常見的。

豆科。為多年生蔓性藤本，但多半以一年生方式栽培。有塊根，複葉由三片垂直互生的小葉所構成。花呈紫色或藍白色，莢有四翼，故稱為翼豆，其實翼豆是直接從英文winged bean（有翅膀的豆子）直譯而來，是很貼切的，另別稱為四角豆，反而有點誤導。原為栽培作物，現已野生馴化。

果類野菜

翼豆

阿美族語：vadas	
學名：*Psophocarpus tetragonolobus*	
別稱：四角豆、翅豆	
生長環境：全島低海拔山野、荒地，常見於東、南部	
採集季節：10～12月	
食用方式：果實洗淨後可炒食或煮食，亦可汆燙涼拌	

在野菜市場裡，每到十月份就可以看到綠色、紫色的「小楊桃」，它不能生吃，因為外型雖像是拉長了的小號楊桃，其實是有人稱它為楊桃豆的翼豆。

翼豆為爬藤植物，是營養價值頗高的蔬菜，其中鈣質含量比黃豆還高。植株上的莖、葉、花、種子、豆莢等都有價值，稱它是「植株上的超級市場」一點也不過份。翼豆的嫩葉吃起來口感像菠菜，清炒花蕾時味道像香菇，幼嫩的豆莢嚼起來像綠色的菜豆，幼嫩的種子像豌豆，塊莖比馬鈴薯和樹薯含有更高的蛋白質。當然，烹調的方式很多，可以炒肉絲，也可以煮排骨湯，看您

3／阿美族野菜圖像／果類野菜

想吃什麼樣的口味呢！早期原住民的吃法是直接煮湯，無需任何佐料，既簡單又方便。

在原住民社會，每年的十月就可以吃到具有多用途的翼豆，據說目前已有70多個國家在栽培研究它，但大多數的人對翼豆還是陌生，最主要是它的產量不多，只有識貨的人才會買來吃！翼豆吃起來口感清脆，的確很可口，但第一次要下決心買這樣的蔬菜回家，還真需要點勇氣。主要是翼豆不禁碰撞風吹，豆莢四邊的翼容易折損，折損後即變色，而每個豆莢大小又不一，看起來有點凌亂，又不知該如何烹調，所以，會買的大概就是吃過或想要嘗鮮的人了。

蔬菜中除了豆類，蛋白質含量都不高，而豆類中又以翼豆的蛋白質特別高，且比一般豆

翼豆另有紫色果莢的品種，清炒也十分可口。

翼豆沙拉

類的蛋白質品質更好，它沒什麼特別的怪味，也沒有黏答答的口感，吃過翼豆的人對它的評價都不錯，下回若在傳統市場看見了，有機會不妨買回家試試看，包你吃了還想再吃！

為了吃出原味，也讓你對翼豆有信心，在此大略介紹簡單的料理方式：可將翼豆去筋絲再折斷，洗淨後只用一點點油、鹽、水下鍋炒，炒好稍微悶一下下，入味即可起鍋，其味道比荷蘭豆脆，而且更鮮綠可口。若喜歡吃得豐富些，也可以加些花枝、蝦仁等等一起炒。

另一種作法是用熱水汆燙，將汆燙熟的翼豆撈起，放入冷開水中，然後再撈起放入盤中，上面淋上五味或沙拉，這又是一道可口的涼拌料理（翼豆冷盤）。第三種作法是將翼豆折斷洗淨後，沾點麵糊油炸，其味道更是油潤好吃。

葫蘆科，苦瓜屬。多年生大型草質藤本，具有膨大的塊狀根，莖有縱稜，藉捲鬚攀緣它物，卷鬚不分叉。葉互生，輪廓呈廣卵狀心形。花朵碩大，單生葉腋，呈黃綠色，花心紫黑色，雌雄異株，花梗長5～15公分，頂端又有大型苞片，長10～20公分左右。瓠果橢圓形，成熟後呈紅色，肉質，外被軟質突刺。花期6～8月，果期9～11月。

阿美族語：sukuy
學名：*Momordica cochinchinensis*
別稱：木別子、臭屎瓜、天草
生長環境：台灣平野及低海拔山區疏林或灌木叢中
採集季節：5～11月
食用方式：果實、嫩葉皆可煮食或炒食

果類野菜

木虌子

　　木虌子因為種子扁圓如鱉甲而得名，它的種子表面粗糙有網紋，有一種特別的味道，但經處理過的幼嫩苗葉及未成熟的果實，卻是可口的菜餚，既可蒸、炒，也可以煮食，但到目前仍然沒有農民刻意栽培它！

　　我從小就常吃木虌子的嫩葉，一般在阿美族的社區住屋附近常可看到它，它的根具塊狀，植株在冬天枯乾後，來年仍會發芽。族人特別喜好將它的嫩葉與蝸牛一起煮食，味道鮮美，味苦微甘。據族人說，木虌子的根葉加少許鹽搗爛外敷患處，可消炎止痛、消腫解毒，治毒蛇咬傷及淋巴結炎的功用。產量多時，不妨將其根

葉曬乾備用。

　有人稱它的果實為雲南白果，可以炒食、涼拌，口感像胡瓜，有特殊的香甜味。將未成熟的果實削去青皮剝開後，其果肉白中帶黃，再去掉像果醬的種子後，利用小魚乾、蒜頭、辣椒，可切片煮食、可炒、可涼拌，味道鮮美。據說療效與麵包果一樣，可清熱、降火氣。成熟的果實呈紅色，有些人拿來泡酒，有些人將它曬乾備用，種子則不宜食用。

　早年族人使用木虌子最特殊的方法是將它的塊根拔起，拿來當肥皂使用，也能達到清潔的效果。族人善於利用自然資源，環保觀念也是在族人生活智慧的傳遞過程中不斷地延續，採集野菜時，總是會考慮到植物的生存繁衍，有時多採集些，也會分送給鄰居分享。

菝葜科，菝葜屬。多年生蔓性灌木，台灣共有二十種左右。其蔓莖可伸長數公尺，莖粗而硬，常作藤曲狀，具有鉤刺，以利自衛和攀附。葉互生，葉柄有兩條托葉變形而成的卷鬚。卷鬚初呈橙黃色，是最佳食機，待轉呈綠色則纖維較粗。初夏開黃綠色花，雌雄異株，開於葉腋處，花序繖形。漿果球形，未成熟前為綠色，外表被有白粉，成熟後轉紅或褐色。

阿美族語：vadal

學名：*Smilax china*

別稱：山歸來、金剛藤、土茯苓

生長環境：自生於全島平野

採集季節：一年四季皆可，以初夏最佳

食用方式：成熟之果實及嫩心、葉、新芽，可煮食亦可生食

果類野菜

菝葜

綠色的花是不常見的，如果想從野生植物中找到綠色的花朵，除了到陰濕地去搜尋蕁麻科植物外，大概只有菝葜是最容易看到的了。不過蕁麻科植物的花都很小，不太容易用肉眼觀察；菝葜花雖然也不算大，但肉眼還可以看清楚。

菝葜從平地到高山都很容易見到，當它葉綠茂盛時並不出眾，但一到了秋冬時期，果實繼而轉為橙紅，熟透之後再變為黑褐色，卻別具特色。它的盛果期恰巧是農曆春節，也常被染上金銀漆來增添喜慶氣氛。那鮮紅欲滴的果實，即使作為乾燥材料，也不會改變它的色澤。綠白的未熟果及橙紅

的熟果子皆具觀賞價值，選為花材，兩個階段都值得選用。

筆者孩提時代吃的野果有菝葜、羅氏鹽膚木、野草莓、野番茄……等，每每放牛時，就到郊外找這些東西吃，尤其在花東鐵路未拓寬時，沿線兩旁常會找到菝葜的植株。不過，採集時得特別小心，最好戴上手套，否則莖上的鉤刺會讓你整隻手傷痕累累呢！

六十年代的小孩，生活雖然過得清苦，但天真快樂的童年生活是現在孩子所沒有的。每到白甘蔗收成時，一群放牛的小孩就選定時間等待載運甘蔗的火車經過，你拉一條、我拉一把的大家比賽，然後把拉下

的甘蔗藏在菝葜植株裏，回家時再帶回去吃！

菝葜的新芽、嫩葉及成熟果實都可以吃。嫩葉裹麵糊油炸成甜不辣或炒食、煮湯均可；若先以沸水汆燙，再放入冷水中浸泡後煮食，較不會有酸苦味。老一點的葉片可以曬乾後泡茶飲用。成熟後的果實既可以生吃，也可以醃漬。

果類野菜

茄苳

大戟科，重陽木屬。低海拔極為常見的半落葉性大喬木，老幹茶褐色。三出複葉，小葉卵形或卵狀長橢圓形，總柄很長。春季開花之前大量落葉，新葉長出後同時開花，花單性，雌雄異株，花朵甚小，無花瓣，圓錐花序腋生或側生不分裂。漿果球形或略扁，不開裂；成熟後呈土褐色。

阿美族語：katang / sakur

學名：Bischofia javanica

別稱：重陽木、赤木、秋楓

生長環境：全島海拔1500公尺以下之山野、海邊，常被植為行道樹

採集季節：嫩葉在冬春之交採集；果實在秋冬之際成熟

食用方式：嫩葉炒食或煮食；成熟果實洗淨後，以鹽醃漬可生食

茄苳是雌雄異株的植物，但除非在開花期或結果期，一般人無法辨別雌雄。茄苳的雌花屬於子房下位花，所以早在開花時期，花朵下方就已經有小果實存在，相當可愛，也頗有助於雌雄株的辨別呢！雖然開花後便迅速結果，但果熟極慢，一直要等到冬季才漸趨成熟。果實自孕育以迄於成熟，乃至成熟後掉落或乾癟，期間超過三季以上，所以要指認雌茄苳樹，一年裡的大半時間都不成問題。

茄苳雖然是半落葉性的植物，但落葉期十分短暫且不明顯，因此一般人多半視之為常綠樹。它落葉之後，不久又萌

發薪芽，新芽透明嫩綠，十分嬌柔。一旦伸展開來，花芽便接著形成了。

每年的十月以後，茄苳的果實就會相繼成熟，果皮由褐綠色轉成茶褐色，同時果汁增加，澀味降低，也就是採食的時候了。孩提時期，每當茄苳果熟，我們常躲在樹底下，看著一大群的白頭翁、綠繡眼在樹上大快朵頤。

生吃茄苳的成熟果實，其澀味也許你仍會受不了，不過，如果將成串成熟的果實先用水洗淨後瀝乾，再加鹽或糖醃兩、三天，保證澀味盡除，滋味鮮美無比。說也奇怪，原先堅硬的果實居然都變成鬆軟的佳釀，不但果肉入口即化，而且澀味盡失，可口極了！

記得小時候，也常將茄苳的嫩芽當野菜吃。事實上，它的功用還真不少呢！現在偶爾也可以聽到沿街叫賣的吆喝聲：「來喔！好吃的茄苳雞、土窯雞、蒜頭雞……」，原來它是常用的民間藥膳，茄苳葉燉雞可以暖胃腸、益筋骨，幫助兒童發育。茄苳的根是補血、養血的良藥，早年一般較貧困的人就用它來替代人蔘，滋補效果也不差呢！另外，生鮮葉片搗爛後可以敷治無名腫毒，茄苳葉片曬乾可代茶葉泡茶飲

果實醃漬半天口感最好，放置太久就鬆軟不好吃了。

用，果實則為幼兒的滋養藥及強壯劑……，如此看來，茄苳全身上下幾乎都是食療濟世的寶物，不妨多加利用。

茄苳樹的木材紋理細密呈紅色，十分堅硬，可以代替紫檀木製作貴重木器家具；濃蔭蔽日的樹冠特性又適合大量栽種為行道樹、庭園樹或用材樹。如果你曾走過台東卑南的茄苳綠色隧道，不妨徐徐開車，細細品嘗置身於芳香自然中的情境！

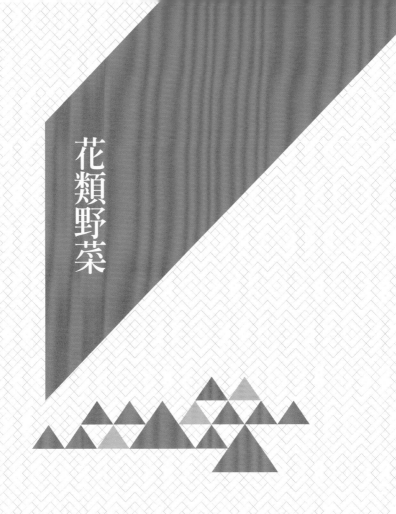

花類野菜

成片盛開的酢醬草、野薑花、朱槿和油菜花，

是春夏秋冬少不了的顏色，

在晴朗的天氣裡，置身郊野賞花，

而那花蕊的清香與色澤，也想仔細嚐一嚐。

十字花科，蕓苔屬。一年生草本綠肥及油料作物。莖直立，高約一公尺。單葉互生，葉片橢圓狀披針形，葉緣有深裂缺刻。花黃色，頂生或腋生，總狀花序，花期約十一月到翌年三月。花色有兩種，黃色是榨油用品種，白色多作綠肥用。種子黑色。

阿美族語：varu nu kulang
學名：*Brassica campestris*
別稱：菜子、油菜子、蕓苔
生長環境：低海拔之山野、田邊及路旁等，喜歡溫暖濕潤的氣候及土質疏鬆而肥沃的土壤
採集季節：2～3月
食用方式：花與嫩葉皆可煮食或炒食。

花類野菜

油菜花

　　隆冬之際，第一期的稻作早已收割冬藏。原本綠油油的田野風光進入冬季後，呈現不同的景觀，一畦畦的田地如今已是休耕狀態，然而為了來年稻作的滋潤，許多農民會在田間栽植各種綠肥作物，包括油菜花、紫雲英、蘿蔔等，而油菜花原本是蔬菜及榨油作物，目前已成為稻田裡最好的有機綠肥，農人們於晚稻秋收後開始播種，來年春耕時，一叢叢油菜花隨著犁田翻耕拌入農田泥土中，供作水稻的有機肥料，藉以增強農田地力，促進水稻生長。

　　油菜花在播種後約兩個月便開始長出黃色小花，時間正好在元旦過後直到寒假期間，這個時候繽紛的黃花如織錦般綻開，形成一大片一大片的花海，使得原本蕭瑟的寒冬田

園一下子變得欣欣向榮，遼闊的田野間盡是隨風搖曳的小黃花，把大地渲染成一片金黃。

白蘿蔔花和黃色的油菜花讓田園充滿芬芳與活力，不禁讓人覺得台灣的寒冬田園並不沉寂，花雖沒有春花璀璨，但卻有著另一番沉潛之美，是許多人獵取鏡頭的最佳背景。走近油菜花田觀賞時，一隻一隻紋白蝶群起飛舞其間，可說是一年中最早的賞蝶盛會。十字花科的油菜花正是紋白蝶一生的舞台！每年的此時記得要到郊外踏青，來一段「油菜花之旅」，欣賞別緻的農村冬季風光，想必會讓您覺得心曠神怡，留下美好的印象。

油菜花除了可作為農夫稻作的有機綠肥外，也提供了蝴蝶和蜜蜂豐富的花粉和花蜜。

對原住民來說，花兒和嫩葉又是餐桌上的可口佳餚，油菜嫩葉炒煮方法與小白菜類似，口味也差不多。也有人將花朵洗淨晾乾，然後沾麵粉或蛋汁，油炸成花的甜不辣，味道亦相當可口！向來油菜最大的用途是將油菜子製成食用油、香油、肥皂原料、人造橡皮原料等，而且在醫療上還可防止高血壓、清血液、強健視力、利尿等。有這些健康隱憂的人不妨將油菜製成果汁，經常飲用。方法很簡單：準備油菜一兩、蘋果一個、檸檬半個，將油菜和蘋果切碎，放入果汁機攪拌成汁，再加檸檬汁即可，據說可防止高血壓、貧血和傷風。

薑科，蝴蝶薑屬。多年生草本，地下莖塊狀，有芳香，高約1～1.5公尺。葉互生，具長葉鞘，葉身長橢圓形，葉面光滑，葉背具有短毛。花序頂生，密穗狀，有大型的苞片保護；花純白色，有濃烈芳香。果實橘紅色，成熟後三瓣裂，種子棕紅色。

阿美族語：lalengac	
學名：*Hedychium coronarium*	
別稱：蝴蝶薑、穗花山奈、白蝴蝶花	
生長環境：台灣低海拔山區林蔭下、溪流邊	
採集季節：5～11月採其花朵；全年可採其根莖	
食用方式：花瓣可煮食或炒食；根莖洗淨切片醃漬	

花類野菜

野薑花

初夏到晚秋是野薑花盛開的季節，常在清澈的水流陪伴下，讓人見了它就忘了暑意。野薑花的地下莖呈塊狀，肥厚而多汁，似薑且具有芳香，記得小時候，家裡的薑用完了就會取野薑花的地下莖來充當。

野薑花每年五至十一月開花，花期很長，白色的花朵與綠色的長條形葉片，在山區或田間相當顯眼。它的香氣濃烈撲鼻，盛開時每一朵都像是一隻白蝴蝶似的，無數花朵密集簇生，相當壯觀，往往令人想摘回家瓶插欣賞。

筆者孩童時期經常游泳的溪畔，兩旁長滿了一望無際的野薑花，口渴時即吸取花苞內的天然水，格外清涼甘甜。隨著工商業發達，土地過度開發利

用和田間圳渠用水泥整治後，叢叢白色蝴蝶飛舞般的野薑花群落遂逐漸減少。然而只要談起清香素雅、質樸動人的野薑花，仍舊能讓人打破生疏的藩籬，引起共鳴的話題。

野薑花雖然花開得多，卻不善結果。若能夠在一整排群落

中找到一兩顆長成的果實，就算很不容易的了。它的果實成熟後會三瓣裂開，露出深紅色的種子，可用來播種育苗。

除了花型素雅，香氣襲人之外，野薑花也是可口的「零嘴」及「健康食品」，它的朵朵白花不僅好看，也好吃。盛開的野薑花可加肉絲炒或煮蛋花湯，也可以在煮飯時丟幾瓣在電鍋裡，保證煮出來的飯又香又Q，讓人齒頰留香。另外，裹麵粉油炸也是香酥可口。

如果將花曬乾後沖泡開水飲用，又別有一番滋味。外婆告訴我，喝野薑花茶有治療失眠的效果！其根莖洗淨切片醃漬，除了清脆爽口，也可供藥用，可去除頭痛、解汗、驅寒，也可以解因風濕造成的筋骨疼痛。

野薑花為陽光植物，非常喜愛潮濕又有日照的環境，台灣各地的溪流邊和田野隙地最為常見。它的好處實在很多，如果家中有足夠的空間或庭院，何妨栽種幾株呢？

朱槿

　　豔光照人，其葉如桑的朱槿，原本是野生的植物，目前已成為鄉村或城市常見的庭園花木，既可盆栽欣賞，又是很好的綠籬植物，同時也是大家熟知的童玩材料。但有誰知道它也是可食的野花、野菜呢！

　　朱槿又有人稱之為扶桑。有人把重瓣的稱為朱槿，單瓣的叫做扶桑。朱槿的生命力旺盛，扦插即可成活，難怪廣受歡迎。它的株形雖然不高，分枝卻很多，大紅花朵是受到注目的焦點，長長的花絲筒伸出花外，末端有很多雄蕊及五叉狀的柱頭，是錦葵科植物的重要特徵。

　　六十年代的鄉間，常會看到一群小孩蹲在路旁或曬穀場玩家家酒，隨手可得的朱槿花理所當然地成了孩童的天然玩

　　錦葵科，木槿屬。常綠性灌木，高1～4公尺，莖直立，嫩枝綠色而光滑，老枝粗糙。葉片互生，寬卵形或狹卵形，兩面均禿淨光滑，具有頗長的葉柄。花單生開於葉腋，花梗長，有單瓣及重瓣品種，花色除了常見的深紅色之外，還有粉紅、黃、白、橙等顏色。蒴果卵形，但很少結果。

阿美族語：	lunaa
學名：	*Hibiscus rosa-sinensis*
別稱：	扶桑、大紅花、桑槿
生長環境：	低海拔之平地、山野
採集季節：	一年四季皆可
食用方式：	嫩葉及花可炒、煮、炸食

具。用手撕開花瓣會有黏稠的透明汁液滲出，頑皮的孩子用來貼得滿臉滿身，然後剝開花蕊取下子房再往鼻上一貼，那是一個小小的橢圓球形，頂端伸出一截短短的絲狀物，於是活生生的小丑就出現了！小女孩們也會將朱槿的花葉剝碎，學起媽媽的樣子，小鍋小鏟地炒起菜來。

朱槿花汆燙後加冰水、糖製成冰品或果凍，好看又清涼。

事實上，朱槿花的確可以吃。將花瓣洗淨，沾點麵糊入油鍋一炸，就是一道香香脆脆的花卉小點心；除了花之外，其嫩葉芽亦可以炒食或煮湯。原住民通常用來煮湯，現代人的口味更多，如涼拌作成沙拉、冰品等，兼有美化「菜色」的效果。

朱槿生長強健，耐乾又耐濕，也很少蟲害，全年皆可採收朱槿的根、莖、葉、花朵，尤其夏秋兩季開花最盛，產量不虞匱乏，朱槿的樸實與華麗可說恰到好處，栽培、管理也很容易，是很值得提倡的觀賞花木。據說它更有吸塵及消音的效果，對於都市的環境應該有所幫助。

做為備受喜愛的鄉土植物，朱槿還真是用處多多，記得小時候，外祖母用朱槿葉或花治好了我頭上的疔庖腫癤，方法是將葉、花適量搗爛外敷於患處。美麗的朱槿花既可觀賞，又是解毒、利尿、消炎、消腫的良藥，千萬別因為它的身世不夠顯赫就小看它了！

另外，族人有時在黃麻嬰莖皮纖維使用不足時，也會利用朱槿的莖皮纖維製作成繩索或麻袋呢！

酢醬草科，酢醬草屬。多年生匍匐性草本，無明顯的地上莖，主莖粗大，上端長有多數小鱗莖。葉由根際叢生，具長柄，小葉三片成倒心形。花粉紅或紫紅色，花莖柔軟多汁，冬春季為盛花期。幾乎不見其結實。

阿美族語：	cileminay
學名：	*Oxalis corymbosa*
別稱：	鹽酸草、酸味草、三葉草
生長環境：	全島低海拔山野、路邊及荒廢地
採集季節：	初冬至初夏間
食用方式：	將鱗莖、嫩葉及花洗淨後生食或煮食，或加鹽醃漬

花類野菜

紫花酢醬草

　　紫花酢醬草是許多人童年回憶中的重要角色，在植物童玩中，它可以算是既廉價又高尚的材料，只要將它連葉帶柄摘下，剝去莖的外皮，再將兩片葉片勾在一起用力互拉，看誰先將對方葉子扯掉誰就是贏家。也可以拿它來做「毽子」，將一叢剝了葉柄外皮的葉子，從基部兩公分處綁在一起，就可以如同雞毛毽子一般拿來踢，這種自然的童玩，不知現在的小朋友們是否也玩過？採集時，偶爾會出現突變的四枚小葉組成的個體，少女時期，它是同學們爭相找尋的「幸運草」。

　　記得唸小學時，常利用中午時間到附近田野採集酢醬草，洗乾淨後加上一點鹽巴，就往嘴裏送，吃起來鹹鹹酸酸的，很過癮，所以酢醬草又稱

為「鹽酸仔草」或「三角鹽酸」。原住民最簡單的吃法就是這樣沾點鹽巴即可入口，在野外工作時，中午或許就這麼一道菜呢，既方便又簡單。酢醬草的鱗莖、葉、花都可食用。挖取鱗莖，洗淨後生食或煮食皆可；它的花亦可炒食或油炸，滋味都不錯。

中醫對酢醬草的療病使用並不多，但醫書上則提到不少功效。中醫稱酢醬草性味酸寒，可以解毒消腫、清熱通便。據現代藥理研究，酢醬草含多量的草酸鹽、酒石酸及檸檬酸，對金黃色葡萄球菌有抗菌作用。酢醬草還有一很好的功效，到野外郊遊時，如遭蚊蟲咬而皮膚紅癢，不妨在周遭找尋有否酢醬草，若有發現，揉幾株新鮮酢醬草塗敷癢處，會有很好的止癢消腫效果。酢醬草具酸味、多汁，爬山口渴時也可摘幾片乾淨的莖葉咀嚼，有止渴提神的好處。

記得小時候，有一次筆者嘴角發炎，外婆就將新鮮的酢醬草洗淨，加食鹽少許，一同搗碎，然後外敷擦在發炎的地方，第二天就好了。

紫花酢醬草，一般都是沾鹽巴吃，生吃即可。

美人蕉

曇華科（美人蕉科），美人蕉屬。多年生宿根性草本植物，地下有發達的塊莖。莖叢生，綠色或帶褐色，常被蠟質白粉，株高可達170公分，常成叢生長。葉互生，橢圓形或卵狀長橢圓形，長約30～60公分，兩面光滑，質地柔軟。夏至秋季開花，總狀花序頂生，花為紅色，單生或成對。現已有栽培種，花色有粉紅、黃色、橙色等。但野生的美人蕉則為紅色且花瓣較瘦小，花朵上具蠟質。蒴果外密生短小的軟刺，熟時呈褐色，種子為圓形黑色。

阿美族語：savahvah

學名：*Canna indica*

別稱：曇華、蓮蕉花、鳳尾花

生長環境：低海拔平野及荒地間

採集季節：3～10月

食用方式：花筒基部有甜味，可直接吸食或將花朵炒、炸；根莖可煮食或曬乾後製成澱粉

炎熱的夏天裡，開得如同火焰般的美人蕉，正是東方人熟悉的熱帶花卉之一。它的花色強烈，正紅如榴，有超現實之感。

很多人都認識美人蕉，小花種美人蕉在低海拔曠野及海濱到處都可見到，也有人工栽培的，大花種美人蕉就常見於庭園。而白花美人蕉傳說可治癌而被廣為栽培。這些種類儘管花色不同，四季皆可採集。

美人蕉莖葉繁茂，不怕豪雨和烈日，終年都顯得茁壯，能在土壤中橫走蔓生，所以它的分蘗能力特

美人蕉的花色以紅、黃兩色最常見。

美人蕉中有一特殊的種，稱之為「食用美人蕉」，也有人稱藕薯或藕仔薯，其莖葉寬大茂密，栽培時間可分為春、秋兩季，秋季大約在八月種植，春季則以二、三月為佳，因為這個時候多雨水，種植後能快速萌芽生長並加速分球，一年左右，地下塊莖已相當肥大，當莖葉枯萎就可以採收。

塊莖割收後可以烹煮食用，或切成碎片做飼料，澱粉工廠也用它來提煉澱粉，作為藕粉、高級餅乾以及太白粉的原料，它的澱粉品質比樹薯和馬鈴薯要更好。

美人蕉花筒的基部有甜味可直接吸食，是孩提時期常吃的。它的花瓣亦是可炒食或油炸的野菜，它的葉子在鄉下可吃「香」得很，每逢過節、喜慶做糕粿時，都以它做枕墊，如月桃葉一樣，既芳香又方便，乾淨且實惠。

美人蕉的種子還可供兒童玩耍，把種子擺在竹管或原子筆桿上，垂直銜在口中往上吹

強，只要種下一、二個芽體，不久便能繁殖成叢。由於生長快速，鬚根發育良好，有利於水土保持，所以也適合在山坡地種植。

氣，就可以把種子高高吹起在半空中飛騰；像這樣的玩具，在早年可說是挺有趣的童玩。

在民間，相傳美人蕉有「連理永生」的音意，可為新人討個吉祥。據說它在中藥上也具

有藥效，美人蕉性涼，味淡甘，能夠清熱、利尿。白花種美人蕉的新鮮地下莖，燉煮兩個小時，喝其湯汁，據說可治肝硬化。它的花具有止血功能，也能治療出血的外傷，早年醫藥不發達時，老祖母常用這種方法來治療。其根能治急性黃疸，具有清熱利濕、收斂補腎的作用。跌打損傷時可將美人蕉的新鮮根莖和花葉一起搗爛，外敷患處，比ok絆還有效呢！

根類野菜

豐富的澱粉質，多來自植物的地下塊根，

葛鬱金、樹薯、蕗蕎……

一棵植物，蘊藏著意想不到的多量塊根與營養，

在缺乏米糧的年代，它們是讓農人安心的地下糧食。

蔥科。多年生宿根性草本植物，也可作為二年生栽培作物。鬚根，鱗莖長卵形，分裂很快，頂端稍尖，外表顏色灰白或紫色。植株叢生狀，葉片束生，長20～30公分，線形，葉色鮮綠，細而中空。夏季休眠時葉枯死，新葉由老葉的葉腋側芽生出，側芽數目很多，在冬天和春天繼續長出頂端葉片，老鱗莖則由許多新莖所取代。秋季開花，紫色，繖形花序非常漂亮。

阿美族語： lukyu
學名： *Allium bakeri*
別稱： 蕎頭、薤、火蔥
生長環境： 800～1200公尺之山地，雲林縣古坑鄉栽培面積最大，目前大部分為栽培作物
採集季節： 3～5月
食用方式： 鱗莖可炒食、醋漬、鹽醃或生食

根類野菜

蕗蕎

從文獻記載得知，台灣的蕗蕎是原住民族移民時由南洋傳來的：與老族人的訪談中也得知，他們從小就吃，到野外工作時，甚至是隨地就拔起來食用的，這顯示蕗蕎在台灣栽培的歷史相當久遠，只是栽培面積不大，往往在原住民部落及社區附近才可看到。

很多人初見到蕗蕎，會將它誤認為是大蒜或是韭菜，其實仔細分辨它的色澤與性狀，便會發現兩者之間截然不同。甚至有人亦將小洋蔥當作是蕗蕎，那就更離譜，從形狀上就有很大的差異，它又辛又辣，

可以說是阿美族人鍾愛的開胃菜。

蕗蕎是一種極好的植物，鱗莖可生食、炒食、鹽漬、醋漬，用途相當廣，葉也可以食用，從一些藥草書及文獻上也發現它有許多療效，如治夜

汗、氣喘等。在野外工作時，萬一被毒蟲螫傷了，搗爛蕗蕎葉敷上去，腫毒也會很快消褪。它的營養價值極高，但因其特殊的辛味，一般人不大能接受生食而多半選購罐頭加工品。事實上，將它拍碎，和蛋煎成蕗蕎蛋，或是跟魚乾一起煮湯，滋味鮮美得很！但注重原味品嚐的阿美族人，則喜歡直接生食。

另外，花蓮縣壽豐鄉月眉村特產的「小洋蔥」（阿美族語 kenaw），風味也別具一格。這

種小洋蔥目前在植物圖鑑上幾乎遍尋不著，究竟當時是從國外引進，或是其他相近植物雜交後的品種，仍不得而知。但無論如何它也是蔥蒜類的辛辣味球莖植物，其模樣酷似渾圓的洋蔥，每一棵球莖的直徑頂多1.5公分，而且只有在月眉山面對花東縱谷的一面才生長得特別好；種在別處的就無法長得好，甚至只長葉子而無法結球。

記得小時候，每到二期稻作插秧時，因當時都以換工的方式互相幫忙，晚餐餐桌上必少不了小洋蔥、樹豆及糯米飯。因此，小洋蔥沾著醬油或鹽水吃，在南勢阿美的飲食生活上是永不缺席的。想要品嚐這種小洋蔥只能在吉安鄉阿美族野菜的黃昏市場、仁里市場才買得到，或直接到月眉村產地。

也有人稱小洋蔥為「山蒜」，近十年來，年輕的一代將小洋蔥搭配烤香腸，不但香腸不會油膩，連原本又辣又衝的小洋蔥也變得齒頰留香。但我們族人還是覺得它搭配醃豬肉（臘撈）吃是最合味口的。小洋蔥的產期在一、二月，有機會來花蓮時，別忘了路過月眉，你將會吃了還想再吃這種辛、辣、衝再加上一些芥末味的小洋蔥！

天南星科，芋屬。多年生宿根性塊莖植物。市面上最常看到的有檳榔心芋及麵芋兩種，葉片寬大，卵狀廣橢圓心形，葉面具防水性，葉柄肥厚且柄粗長，基部成鞘狀。花莖一至四枝，自葉鞘基部抽出，肉穗花房長橢圓形，花期為二至四月。地下莖肥大呈圓形或橢圓形，外皮褐黃色密生輪環，上覆暗色薄膜，肉有白、黃或帶紫色斑點，富黏質。

阿美族語：tali（芋頭）；vahok（芋頭葉梗）

學名：_Colocasia esculenta_

別稱：芋仔、芋芀、土芝

生長環境：台灣中、低海拔山地、旱田

採集季節：8～10月

食用方式：球莖可煮食；葉梗（芋橫）可煮或炒食

根類野菜

芋頭

人類在尚未種稻以前，也許是以芋頭、豆類等雜糧為主食。原住民祖先乃以山田燒墾的方式，利用樹木的灰燼作肥料來種植這些作物。芋頭是一種栽培歷史悠久的作物，它具耐熱、耐瘠濕、耐旱和耐肥等特性。台灣的芋頭種植是早年原住民自東南亞引入，在土壤的適應性上，無論是一般耕地、水田、旱田、山地均可種植而且病蟲害又少，可說是水陸兩棲植物。

其地下莖為食用部位，主莖稱母芋，可生出小莖多粒，稱為子芋，子芋可食用或繁殖。

雖然從小吃芋頭，但當時並不知有所謂的檳榔心芋、麴芋、紅芋、黃心芋等。

芋的葉梗稱芋柄或芋橫，可用以清炒或煮食，甚至用紅燒的方式來烹調味道更芳香。原本是基於丟了可惜才與芋頭一起煮來當菜吃，卻沒想到有意料之外的美味，現在這種吃法也有不少漢人跟進。舊品種的葉柄雖然因含草酸鈣結晶，吃起來令人嘴麻，然而儘管如此，早年仍是原住民極為重要

的蔬菜。光復後，因品種改良的關係，大家食用的機會越來越多，尤其是在颱風季蔬菜短缺的時候。

芋頭富含大量的澱粉、醣類、蛋白質，礦物質和維生素含量也不少，尤其是膳食纖維更為豐富，是促進消化的保健食物。在追求自然、健康、營養的今天，它真的是良好的健康食品。葉柄亦含有多量的鈣、磷、鐵、維生素A及C，可供作蔬菜之用，亦可加上鹽醃

漬後食用，風味頗佳。

芋頭的料理方法很多，全憑個人喜好，可以做湯，也可以煮甜點，蒸、煮、烤、炸樣樣皆可，事實上，在野外直接燒烤的味道是最原始、最特殊的風味。芋頭最奇特的一點是：涼了後香味就會變淡，建議各位：不論你是如何烹調，都要趁熱吃喔！

早年也有不少人用芋頭來食療，如淋巴腺有結核菌寄生時，以芋頭煮粥或煮糖水做為點心食用，頗具療效。芋頭皮內層因含有草酸鹼黏液，當你削皮作菜時，皮膚很容易產生劇癢的現象，此時只要用熱水沖洗或靠近爐火旁取暖即可消除或減緩。

芋頭是早期原住民自東南亞引進，也一直是原住民的重要蔬菜。

芋頭連葉梗一同煮食，也有特別的美味。

竹芋科，葛鬱金屬。葛鬱金雖然是屬
於竹芋科植物，但它的葉片與薑科
植物很相似。葉片有葉鞘，葉排成兩
排，葉脈把葉身分成不均勻的兩個部
分，一邊較大，另一邊較小。它的花
白色，常常躲藏在葉腋間，一不注意
就察覺不到。

阿美族語	katakuli / sacicaen
學名	*Maranta arundinaceae*
別稱	粉薯、竹芋、金筍
生長環境	台灣低海拔山區的斜坡地，部分為栽培作物
採集季節	11～2月
食用方式	取地下塊莖，可以煮食、生食、烤食或蒸食

根類野菜

葛鬱金

　　早年缺米糧時，原住民常常
將葛鬱金與地瓜、芋頭一起水
煮，甚至到野地工作時，拔起
來就地烤食。

　　葛鬱金的地下塊根長紡錘
形，白色有光澤，並有一環一
環的紋路，乍看起來有點像蟲
蛹，它含有很高的澱粉，不管
是生吃、烤食或蒸煮，味道都
是甜美可口。

　　大部分的現代人似乎已經

不認識葛鬱金，四十歲以上的
人或許還能憶及過去它對我們
生活有多重要。據一個八十幾
歲的族人說，小時候他們就常
吃，是否為台灣本土植物也不
清楚，只是居家四周常常可以
看到它。目前在台灣的山野地
也有不少野生的葛鬱金，多半
在低海拔山區的斜坡地及原住
民社區的田園裡，甚至就種在
田埂上用來與鄰田做區隔。

先用剪鋏剪去地上的莖葉，然後再用大鏟子或鋤頭慢慢挖掘地下塊根。由於地下塊根很脆弱，若不特別小心很容易折斷。根據我的經驗，只要循著它長的方向耐心挖掘，依然會得到完整的塊根。而且常常有越挖越多的感覺，令人不禁訝異當初種下的只是一個塊根，為什麼繁殖得那麼快？除非將整個田地翻挖，否則來年它又會在某處繼續繁殖！

要採收葛鬱金不太容易，首先要先找到它生長的地方（因為成熟時葉片會慢慢枯萎），

葛鬱金的地下塊根含有高量的澱粉，纖維質亦高，除可作為食物，也有人拿它來作為

減肥食品；它同時也是清涼的滋養劑。原住民則當它是很重要的副食品，早年嬰孩沒有奶粉喝或產婦奶水不足時，就用木杵將葛鬱金磨成粉或切片煮爛，再處理成稠泥狀來餵食嬰孩。記得一次黃昏市場與族人訪談時，勾起了一位老祖母的記憶，她說：「生了七個女兒，都是葛鬱金幫了我的忙，否則，沒有任何東西可以補充嬰孩的奶水。」雖然只是簡短的幾句話，卻從她的表情感受到她對葛鬱金的感念。如今她用一分的山坡地種葛鬱金，每當收成，就到黃昏市場便宜地半賣半送，高興的時候，還會講過去的故事，讓客人不得不買她的葛鬱金……。

葛鬱金可煮成粉薯甜湯，味道很特殊。作法就是將葛鬱金洗淨，放鍋水中，用大火煮到沸騰，然後再轉小火，慢慢熬煮到熟透，最後再放入適量的砂糖。其實，最原始、最簡單的方式就是白煮粉薯或蒸食，滋味各不相同。

大戟科，木薯屬。一年生或多年生塊根植物，原產於南美洲之巴西，為熱帶及亞熱帶地區主要澱粉作物之一。直立性灌木，高約一至三公尺，塊根圓柱狀，肉質佳，莖木質，有乳汁。葉柄長，葉互生，掌狀，三至七深裂或全裂。總狀花序，花大型，雌雄同株異花。蒴果橢圓形或球形，有六條縱稜。

阿美族語：apaw	
學名：*Manihot esculenta*	
別稱：木薯、樹番薯、葛薯	
生長環境：台灣中南部及東部的低海拔山坡地、丘陵地，部分為栽培作物	
採集季節：12～2月	
食用方式：取塊莖煮食	

根類野菜

樹薯

　　在原住民的社會裡，樹薯是主要糧食之一，從小就常將它與地瓜、玉米、芋頭一起煮食，全然不知原來它具有相當強烈的毒性。事實上，只要經過處理及充分煮熟後，對人體有害的毒性也就消失了。據說日據時代因糧食缺乏，曾擴大栽植面積，光復後又因養豬事業及製造味精，繼續推廣種植，如今在低海拔山坡地和丘陵地還看得到它在野地馴化的蹤影。

　　樹薯的品種依氰酸的含量可分為甜味種和苦味種。甜味種氰酸含量較低，塊莖表皮呈淡青色，毒性較小，除製澱粉或作飼料外，塊根也可直接供食用；苦味種氰酸含量高，表皮呈褐色，毒性大，主要是製澱粉及製成飼料。樹薯的利用價值相當高，但早期曾有全家食

3 / 阿美族野菜圖像 / 根類野菜

用而中毒致死的例證，因此不可不慎。到野外求生時，務必要牢記其顏色和特性。

樹薯可用扦插法繁殖，春、秋兩季為扦插適期，種植時不要因為想多採收而太密集，株距宜約二尺。樹薯屬性耐旱、耐瘠及耐酸，生性強建，因此對土壤的選擇不嚴，只要排水良好之疏鬆土質均能成長。從插植到收穫約需一年以上。記得念小學的日子，每到假日放牛時間，成群的伙伴偶爾會跑到樹薯叢裡挖其塊根，作為大伙兒的午餐。

事實上，樹薯的用途極為廣泛，塊根含澱粉約20%～40%，但乾燥後可達80%，可說是農作物之冠，肉質的塊根可作蔬菜，磨碎即成木薯澱粉，經發酵可製作酒精。不過主要用途還是製取澱粉，供製味精、葡萄糖、糕餅、麵包、冰淇淋、紡織用漿糊、釀造酒精等，製籤後也是家畜的上等飼料。它的塊根具有清熱、解毒、殺蟲之效。

如果想直接食用，最好的方法就是先製籤曬乾，或切片、泡水、煮熟。因根含有氫氰酸，必須浸泡、壓榨或燒煮去毒。有些鄉下地方還經常食用樹薯粉做的「木薯粉蒸包」，這是先將甘薯削皮切塊煮熟爛趁熱攪成泥狀，冷卻後加入樹薯粉充分搓揉混合，充當包子皮，然後自己依喜好包各種口味的餡。一個一個包裹妥當，放入蒸籠蒸熟。

樹薯另有一變異種稱為「斑葉木薯」，地下部一樣能生長塊根，它的葉有美麗的斑紋，冬季會落葉，其他三季葉色高雅，是庭園優美的觀賞植物。

薑科，薑屬。多年生宿根性單子葉植物，原產於亞洲，自古以來均作藥用或蔬菜。莖直立，高約60～100公分，葉互生，長披針形，有平行脈，全緣。有筒狀花穗，花不整齊，花冠黃綠色，根莖肥厚，肉質，橫走，多分枝，具有芳香及辛辣味。嫩莖乳白色；老莖皮黃褐色，纖維粗化，辣味最強。老薑主要具有驅寒健胃、發汗、解寒等功能；嫩薑由於薑辣素含量較低，除了供煮食調味外，更可供生食。

阿美族語：daydam / tayu

學名：*Zingiber officinale*

別稱：小指薑、幼鱗

生長環境：台灣中南部及東部低海拔山野

採集季節：12～3月

食用方式：根莖可生食、炒食，或作為爆香調味用

根類野菜

薑

早期原住民家家戶戶都會在家園周圍種些薑，當它是家常菜，有多餘的才會拿到市場去賣。薑是阿美族人喜歡吃的食物，在祭典儀式裡也從不缺席。他們常把薑切成片，放在檳榔中一起嚼，有時用鹽醃來吃。

台灣種薑的地區，大都在山區，只要日光充足、土壤肥沃，就適合生薑的種植。種植時先用一塊老薑種在挖好的小

嫩薑

醃漬後的嫩薑香脆生津。

洞裡，將土蓋好後任其生長，不久之後想吃就可隨時挖取。族人認為，如果選在農曆每月初十至二十之間或月圓時種植，生薑會長得又多又肥！

從論語「鄉黨篇」可以找到食薑的哲學；而曠世奇才蘇東坡更是善用薑的料理高手！在日本、印度、東南亞及歐洲，也都把薑拿來入菜、入藥或作為飲料。台灣栽植薑已有相當長久的歷史，根據史書的記載，打從原住民遷入台灣時即有種值，是台灣古老作物之一。後來漢人又從大陸引進不少品種，如竹薑、南洋薑、黃薑等，各有其優缺點。

一般種薑期大都在農曆冬至後開始，翌年六、七月就可採收，此時採收的生薑叫做「嫩薑」，外表薄、淡白色、質地脆、少纖維，一般都用來生食或加工製成醬薑、糖薑。而老薑纖維多、辣味強、耐儲藏，多用來煮麻油雞、魚類或海鮮，可調味、去腥、增進食慾；老熟薑母更是燉煮薑母鴨

老薑

的最好搭擋。總之，生薑能去
腥，所以魚、肉類炒煮時加入
生薑，吃起來甜美無腥味，一
些蔬菜加少許生薑片炒食，也
更加好吃夠勁！

　或許有人會問，什麼叫「薑
母」？顧名思義它就是薑的母
親。種薑時以薑之老塊莖植入
土中，塊莖上有五、六節，節
上有薄薄的鱗片狀葉，不久種
薑便會長出新的塊莖，緊接著
會長出第二、三塊新塊莖來，
這些新塊莖萌芽後鑽出地面
發育成莖葉；而種薑在萌芽

生出新的塊莖後即不再長大，
僅附著於新的塊莖，當新塊莖
成熟採收時，農人就會把原來
的種薑塊莖摘下，這就是「薑
母」。

　一般都知道薑有預防感冒
的妙用，它能促進唾液分泌、
增進食慾、健胃及發汗，有袪
寒提神的效果。薑含薑辣素，
用途廣泛，百吃不膩，雖然在
很多調理的場合上它都不是主
角，但它永遠是最佳、最需要
的配角！

旋花科，甘薯屬。蔓性塊根，多年生草質匍匐性藤本植物。由於不結種子，以塊根取苗或將莖蔓的一節插枝來繁殖。根部富藏澱粉，塊根紡綞形，有白色、紅色或黃色各品種。莖粗壯，伏地而生出不定根。葉互生，寬卵形至心狀卵形；葉柄有毛，與葉片近等長。花似牽牛花，紅紫色或白色，腋生，聚繖花序，有時單生，總花梗長，花期在十一月。

阿美族語：	vunga（地瓜）；kawpil（地瓜葉）
學名：	*Ipomoea batatas*
別稱：	甜薯、甘藷、番薯
生長環境：	全島低海拔平野
採集季節：	一年四季皆可，秋季較佳
食用方式：	塊根可煮食或蒸食；嫩葉可炒食或煮湯

根類野菜

地瓜

地瓜曾經是台灣三大重要作物之一，也是窮人家餐桌上的主食及養豬的主要飼料。不過，今天甘藷稀飯反而成為年輕人心目中的佳餚；加工品中的花蓮藷、甘藷餅更成了鄉土名產。

小時候，很多人都有挖地瓜的經驗，不論是在自己家的田或是同學家，甚至到河床地偷挖，管它是「台農五十七號」還是「台農六十六號」，烤地瓜及吃地瓜葉都叫人興致勃勃。

地瓜屬於澱粉質根莖類，它所含的營養成分以澱粉為主，其次為蛋白質、維生素，而脂肪及礦物質含量較少，其中更含有這些年來備受重視的膳食

纖維，不僅對人體健康之功能有很大的幫助，亦可預防文明病。它的熱量較米、麵食為低，也不易使人肥胖。

至於地瓜之頂芽及嫩葉則是很好的綠色蔬菜，含有多量的乳白色汁液及葉綠素，常吃還可促進血液循環，對於乳婦能增加泌乳量。至於老硬的地瓜葉及莖蔓，以生食或煮食供作豬隻飼料，對豬的生長也有不錯的效果。

甘藷性喜高溫，栽培容易，適應性強，安定性高，四季都可以栽培。地瓜葉更是四季都可吃得到，它抗病蟲害強，不必噴農藥，營養成分又不亞於一般蔬菜。同時它的價格也十分低廉，在颱風季節及缺乏蔬菜的時期，不妨多吃以替代其他昂貴的青菜。

以前地瓜葉都是當飼料餵豬、餵雞鴨，因此，甘藷葉被

紅色地瓜葉含鐵質高，是補血蔬菜。

俗稱為「豬菜」；「吃甘藷」很自然就變成「貧窮」的象徵。不過現代人倒是喜歡拿它當家常菜，滾水中加一點油、鹽，汆燙後拌沙拉油、醬油、蒜泥便十分可口。另外，清炒地瓜葉、地瓜味噌湯，也都是美味的鄉土佳餚。它們含有豐富的纖維質，而且質地細又不傷腸胃，不愛吃青菜的小孩和老人，不妨多吃地瓜葉，它可說是老少咸宜的健康食物呢！

地瓜的品種相當多，也各具特色，紅色葉補血，黃綠色葉清肝，彩色葉的大概吃了心情會好吧！雖然什麼地瓜葉都能吃，但還是有葉用的專門品種，吃起來特別柔嫩也少有草腥味。有機會不妨利用陽台種地瓜，將地瓜發芽的一端朝上，用培養土壓實種好後澆水（可用大一點的花盆），並擺放在光線最充足的地方任其攀爬，不僅採摘容易還可觀賞，這種感覺絕對比買來的地瓜葉還有趣！

早年的原住民社會地瓜是主要的糧食之一，它不僅僅作為救荒食物，在日常生活中更是不可或缺。印象中，它常與芋頭一起煮食，直到稻米引進台灣之後，才有機會吃到地瓜飯。近年來，台灣稻米也生產過剩，地瓜已經無法發揮救荒的作用，甚至養豬飼料也多被進口的玉米所替代，所幸，地瓜在失去傳統利用價值之前，早就朝營養、休閒甚至健康食品的方向發展了！

莖類野菜

阿美族人最擅長取食野菜的嫩莖心，
他們深知撐開植物體的纖維，原來可以如此細緻入口。
採集莖類野菜最需功夫與技巧，
若再搭配野外炊煮，滋味倍增。

棕櫚科，黃藤屬。木質藤本植物，莖長達三十公尺以上，粗約3公分，有刺。羽狀複葉，長一到二公尺，小葉線形或披針形，長30～50公分，葉緣生小刺，在葉鞘及總葉柄上有極銳利的刺以便勾纏攀附其他植物。花雌雄異株，小花黃綠色，有特殊異味。果實橢圓形，外被黃色鱗片。

阿美族語：uway

學名：*Daemonorops margaritae*

別稱：省藤、赤藤、紅藤

生長環境：低海拔至海拔2000公尺的闊葉林內

食用方式：取未纖維化的嫩莖，可煮食、炒食或烤食

莖類野菜

黃藤

在我的印象中，每到豐年祭、過新年這種重要節日，父親出門三、四天後回來，都會帶著許多平時難得一見的藤心。黃藤生長在山中，平常很難得有機會吃到它，但曾幾何時黃藤已成為族人種植的鄉野特產。種植的黃藤，並不是取它纖維化的藤條來編製傢俱、蓆舖或手工藝品，而是取它的藤心烹煮食用。現在，黃藤的種植地區越來越廣，面積越來越增加，早期若種植黃藤，鄉公所還有補助經費呢！這種往日是阿美族的傳統食物，現在也慢慢為漢人所接受了。

藤心吃起來雖苦，但對身體有益。十多年來，經過族人的育苗、移植、栽種，逐漸成為光復鄉的特產之一。藤苗的銷售地已不侷限於光復鄉，如花蓮的玉里、豐濱、壽豐，甚至台東的卑南、台北的三芝、台南等地亦陸續分批購進大量藤

苗，由點至線地推廣食用藤心，或許不出幾年即可全國風行了。

食用藤心的人越來越多，價格也就一路攀昇，或許是由於它可以降血壓、降火氣，甚至能通腸減肥，因而有人說：「若藤心切段，不加任何佐料，文火燜煮後，把苦中帶甘的藤心湯放入冰箱當作開水飲用，血壓下降是看得見的」。一般最普遍的料理方式是藤心

等到烹調時才削開褐色的皮，直到露出白色的嫩心，如此能保持嫩心的新鮮度。

排骨湯，也有藤心沙拉的作法，而最具有原始野味的方式則是在野外燒烤藤心，只需沾點鹽巴便可食用。

黃藤除根部以外，全株是刺，像隻發怒的刺蝟，生手採收時，如果少了全副武裝穿上長統鞋、皮手套、厚長褲、長袖衣、硬帽，必定會血跡滿藤園。通常當藤長至六至七尺，亦即藤莖長有五個葉鞘時即可採收，留約一尺半尚未纖維化的嫩心，即是可食用的部分。

黃藤野賤粗放、管理容易、少蟲害並且富含纖維質，一般來說，種植三年後就能收成。其性清淡，是真正清潔的健康蔬菜。早期要吃到藤心必須到山裡才能採到，如今已在花蓮的各大小餐廳佔有一席之地，成為觀光客爭相品嚐的花蓮名菜。由於藤心供不應求，植物專家已在平地試種黃藤成功，今後，藤心不再只是森林的產物，也可說是不錯的經濟作物了。

莖類野菜

包籜箭竹

箭竹屬中的包籜箭竹種是台灣特有種箭竹。多年生竹類，地下莖匍匐，桿高約3公尺。籜甚長，外表粗糙，具刺毛，不易脫落，上端節上著生細枝。葉披針形，革質，平行脈，葉背帶粉白，密生短剛毛，尤以葉緣較多。

阿美族語：adeci

學名：*Pseudosasa usawai*

別稱：矢竹仔、箭竹仔

生長環境：全島山地至高山皆有分佈，多見群生或廣生大群落

採集季節：3～5月

食用方式：幼筍可直接煮或炒食

箭竹類的植物在台灣有包籜箭竹和玉山箭竹等。這些野生的箭竹有發達的地下莖利於族群的繁衍，除非過度濫採，應不致於危及生存，目前還算普遍可見。在早期農村社會中，除了嫩筍供食用外，成熟的箭竹還是茸屋的主要建材，不過這種竹屋冬冷夏涼，還要小心火燭呢！早期部份農家也以箭竹搭建雞鴨舍、圍籬，或編製竹簍、簑筐、小孩的玩具，用途甚廣。但隨著經濟發達，箭竹作為茸屋材料或日常用品的功能幾乎已逐漸式微，目前只採折其嫩筍食用。

箭筍味甘脆嫩，清淡樸實，煮湯、炒肉絲或燒烤皆宜，而且富含纖維，能夠消腸整胃、除油脂、去穢物脹氣。早年箭竹大都在低海拔闊葉林中散生，相當粗放，而今花蓮縣光豐農會已有計畫地栽培管理近一百公頃箭竹林，價格與檳榔不相上下，屬高經濟作物，對當

地的居民來說，增加了不少收入。

採筍雖然辛苦，但感覺相當不錯。不過，進入箭竹林還是得全副武裝，因為箭竹密集矮生，筍粗僅如拇指，採集時必須蹲坐，又要背提袋。另外，也絕對不可戴斗笠，否則在繁密的竹林中來回穿梭不易。不過一想到箭竹筍鮮美的滋味，再辛苦也是值得的啦！

筍帶回去之後，剝殼去籜是門大學問。姆指般大小的箭竹筍相當纖細，如果不得要領而一葉一葉剝開，尾端最可口的嫩心可能就沒了。因此，必須從尾端折下，以較粗的箭竹筍頭當捲軸，把殼籜整個捲下，剩下的筍肉就是我們常看到的箭筍。

箭竹筍在一般餐廳的煮法大都是快火炒肉絲加辣椒，吃起來有股加工味，少了原本的鮮美。事實上，最令人口齒留香回味無窮的吃法，應該是新鮮箭筍去籜，不切斷而把整支筍與排骨共煮或清煮湯。更原始、富有野趣的是在竹林中燒了竹稈起個火，把不剝殼的整支箭竹筍放入火堆，燒烤幾分鐘後再取出，剝去焦黑的殼籜，沾點鹽水趁熱送入口中，那甜美的野味有如享受人間罕有的幸福。

3 ／阿美族野菜圖像／莖類野菜

露兜樹科，露兜樹屬。常綠性灌木或小喬木，高二至四公尺，樹幹具環狀葉痕，上部多枝，下部多氣生根，氣生根到達地面後就變成支柱根，固持樹幹。葉叢生枝端，葉緣及葉背中肋均具有銳刺。花雌雄異株，雄花淡黃白色；雌花綠色，密生成頭狀。多花聚合果由多數核果組成，單一，懸垂，球形或橢圓形，外型似鳳梨，成熟時呈紅色。

阿美族語：paringad nu Pangcah	
學名：*Pandanus odoratissimus*	
別稱：露兜樹、野菠蘿	
生長環境：全島及各離島沿海地帶或低海拔地區的溪邊	
採集季節：夏季	
食用方式：成熟果實可以直接生食，嫩莖心可炒或煮食	

莖類野菜

林投

　　台灣民間有林投姐的傳說，林投的名稱據說是為了紀念林投姐。台灣以外的中國地區，林投稱華露兜，是極普遍的海岸植物，生長在海岸林的最前端，常成叢聚生或與草海桐、黃槿等混生構成海岸灌叢，有時也生長在沙灘上，它耐濕耐鹽，也能耐風沙，是防風定沙的優良植物。

　　看過林投樹的人都知道它是海邊及溪邊常見的植物，不過因為它長滿了刺，未必令人有好感。然而林投一直是老一輩人口中難忘的童玩之一，「林投葉蚱蜢」、「林投風車」、「林投草帽」、「林投背包」、「林投花籃」、「林投笛子」等等，這些用林投葉編出的童玩都曾是當年小朋友的最愛。

　　阿美族人擅長以林投葉編做阿美粽，是很特別的傳統美食，族人稱為「阿里鳳鳳」（Alivongvong），單從

外表看來，簡直就是編織的藝術品。它的作法是用林投葉編織成小籃子似的外殼，然後將加點紅豆的糯米原料從邊緣的兩個小洞慢慢塞進去，再置入鍋裡蒸煮，煮出來的阿里鳳鳳有股林投葉的清香，真是一道人間美味。

阿里鳳鳳是阿美族傳統的便當，可說最為環保，它是昔日阿美族婦女必修的技藝，據說在阿美族的傳統社會中，丈夫要外出耕種打獵時，妻子就將採好的林投葉編織好並塞入米糧蒸熟，讓丈夫一早拎著出門工作，其愛心全包藏在裡面。

鄉間小孩常喜歡採林投果來當野果，稍帶甜味，很多人認為林投可食的部份是整個成熟的果實，其實能吃的部位只有

核果基部的肉質部，雖然不像鳳梨一樣能讓人大快朵頤，也不失為野外求生的好食物。而最讓族人喜好的是林投的嫩心（嫩莖），也有人稱它為「林投筍」、「林投心」。採林投心是在林投莖幹末端約十公分處砍下，然後將葉子末梢也砍下；採擷回來的嫩莖，還要一片一片地剝下葉子，花的工夫可多得很，怪不得市場上價格高居不下。林投心可蒸食、煮食，亦可炒食，林投心炒肉絲、林投排骨湯等，都是味道鮮美的菜餚，會讓你想一再品嚐。

林投葉的邊緣長滿利刺，採擷十分不易，除了要全副武裝，還要提防海防隊阿兵哥的巡邏，真的是得來不易。由於喜歡阿里鳳鳳的人越來越多，目前已有人栽種林投以備不時之需。據老人家說，林投的根用水煮食服用，可治腎水腫和肝炎；用林投心煮食服用，可治高血壓且有清熱、涼血、解毒的功能；而果實可治乾熱虛火及中暑等，並有降血糖的功效。

米飯以四片葉子編織做成的愛心便當，稱為「阿里鳳鳳」。

禾本科，芒屬。多年生草本植物，古稱為荻，具有極強的生命力。高可達3公尺，地下莖非常發達，稈節處有粉狀物。葉互生，披針狀線形，葉緣有矽質，容易割傷皮膚。莖頂抽出圓錐狀大花穗，雌雄同株，花初期為淡黃色，成熟時花穗呈黃褐色，且小穗成對，基部有成束的紫紅色毛。穎果長橢圓形。

阿美族語： hinapeluh

學名： *Miscanthus floridulus*

別稱： 菅蓁、菅芒、菅芒花

生長環境： 全島中低海拔的山野、澤洲、河床礫灘等較為貧瘠的地方

採集季節： 10月至翌年2月

食用方式： 莖部嫩心可煮食、炒食亦可生食

莖類野菜

五節芒

五節芒是台灣最常見、也是分布最廣的的草本植物，常成群生長，農田、山腰、森林邊緣、向陽荒廢地等，各地均可見大片純五節芒的群落。原住民稱之為蘆葦（南勢阿美把甜根子草、五節芒、蘆筍視為同類，皆稱蘆葦，與學術上的分類不同）。

五節芒和人類的關係非常密切，莖葉可以葺屋，莖桿可以築籬笆、做蔭棚，初萌發的芽可以吃，乃至於餐廳也供應了鮮美可口的芒筍。在東部地區不易見到大片的芒草原，但仍可在居家周遭的河床或農路小徑上找到芒草的群落。忙裡偷閒時靜坐在日落黃昏的河堤，

遠視芒花如海隨風起伏，似乎可以找到一個屬於自己的安靜角落……。

很多人將甜根子草誤以為是芒草或是蘆葦，其實只要仔細觀察，會發現它們的開花時間不一樣。甜根子草的花是雪白色，花期從七月到十一月下旬；而一般人稱的芒草，花穗是灰褐色，花期為十月到隔年二月；蘆葦則是在冬天開花，花色也是灰褐色。一般我們常看到的芒草，都是長在較乾燥的向陽面或是乾旱地；甜根子草通常長在靠水的地方，尤其是溪洲、河床礫灘等土地較為貧瘠之處；而蘆葦只長在沼澤地或較溼潤、背陽或出海口營養豐富的泥灘。

記得念小學時，常利用假日到山上砍芒草來餵牛，放牛的小孩子還會把甜根子花穗拔下來搔弄玩伴，或多採幾束花穗放在花瓶裡，甚至放在曬穀場或做成枕頭，而梗子就做成掃把。

接近五節芒時要特別小心，因為它的葉緣帶有矽質，而且有微細的鋸齒構造，很容易割傷皮膚，因此，走進芒草叢一定要全副武裝，否則一定會掛彩。割芒草也要有技巧，不是每根芒草都有嫩心，而如何取出嫩心，這又是靠經驗累積成的大學問，初採摘者不妨多留意嘗試。而嫩心取出後還需用

族人們一同去採芒草心，一同野餐。

經過汆燙處理的芒草心，在野菜市場上羅列堆疊著。

山芋葉包好，否則容易氧化變黑。

原味的芒心除了提供組織纖維、耐咀嚼外，並無特殊風味，不像藤心的甘苦，不似箭筍的鮮美，也沒有甘蔗筍的甘甜，但是水煮芒心沾鹽水，對飲食簡單的族人而言，仍是一道山珍海味。當然，還有一種較現代的吃法，就是加上美乃滋以增其味，這就任你選擇了。事實上，原住民尤其是阿美族在很早以前就懂得將牧草砍下後，特別取出頂端嫩莖部分來食用。

其實菅芒除了象徵強盛的生命力，稍有機會就滿山遍野開花迎風搖曳，增添景色外，據中醫藥專家說，菅草也可作為藥草植物，莖有利尿、解熱、解毒、治尿道炎之效，而且根還可用來治咳嗽、小便不暢及高血壓。

此外，「牧草汁」這個名字很多人可能初次聽到，那是用芒草之葉片榨成汁，是最好的生機飲料，效果不亞於小麥草汁。

莖類野菜

檳榔

棕櫚科，檳榔屬。多年生常綠高大喬木。莖圓柱形直立，基部略膨大，葉柄脫落後有明顯的環紋。羽狀複葉，葉可達2公尺長，小葉狹長披針形，長30～60公分，兩面均光滑無毛；總葉柄截面呈三角形，具長葉鞘。花單性，排列成肉穗花序，生於葉鞘下，整個花序長二、三十公分，花序上部生雄花，下部生雌花。堅果橢圓型，外果皮薄，中果皮富有纖維質。

阿美族語：icep（檳榔）；teroc no icep（檳榔的嫩莖）

學名：*Areca catechul*

別稱：果實又稱青仔；嫩莖又稱半天筍、檳榔心

生長環境：全島2000公尺以下之山野

採集季節：全年開花結果，但以春夏間最盛，冬季稀少

食用方式：取嫩莖心料理，煮食、炒食皆可；果實可生食

根據記載，荷蘭人於十七世紀將檳榔引進台灣，翻開台灣蕃族圖譜第一卷，也可以看到在部落裡高高聳立的檳榔樹。在狩獵、採集仍很興盛的當時，刻意大量栽植同種植物應該有非凡的意義。現在的族人以農耕為主，除了配合政府稻田轉作種了一些雜糧之外，也不忘傳統的檳榔樹，家家戶戶屋前屋後仍有搖曳的檳榔樹影。如今檳榔花盛開時所散發出的濃郁香氣，尤其增添了不少夜晚的「氣勢」。

3 / 阿美族野菜圖像／莖類野菜

檳榔最佳的栽植期約在農曆八月到次年一月，此時雨量較豐沛。檳榔種子事先植在院中，或在家屋附近，每隔二十公分距離下一種子，每次下種約五十餘棵到一百棵，約兩年就長成小樹，高達七十公分至一公尺，到了冬天才開始移種。檳榔樹種下以後，約隔三個豐年祭，即第四年就可結果，有些生長緩慢的檳榔需經過五、六年才結果。檳榔樹幹上每年固定會加長三節，所以當一棵樹長到十二節時就會開始結果。

族人食用檳榔的習慣是在每天早上外出工作前採集，隨身帶著，通常由女婿採收後，分給嗜食檳榔的家人。大人常叫小孩子幫他們爬到樹上採檳榔果，後來由漢人處學會用長竹竿一端綁刀割取，如果實在太高，就只能等它成熟後自行掉落。

在阿美族的社會裡，檳榔是生活禮儀、祭祀的重要物品，在婚禮中也扮演著重要的角色，它象徵結緣及祝福多子多孫之意。除此，檳榔亦常為親友間餽贈互表善意之禮品。

嚼食檳榔時需與石灰及荖藤或荖葉、荖花同嚼；不喜歡石灰者可不加石灰，但不加石灰會澀嘴，加太多則口腔易燒破，但荖葉或藤則必定不缺

花苞藏在葉裡，落葉後即露出嫩花苞，裡頭的花穗是檳榔好吃的部位。

席，荖葉多時味辣，藤加多則嚼之不呈紅色。小孩子吃檳鄉通常都不加配料，直接咀嚼。在檳榔果產量不足或該季沒生產的時候，主要乃吃曬過的檳榔乾。

檳榔除果實可嚼食外，還有半天筍與檳榔花苞可被利用為料理食物。半天筍不是一般的蔬菜，指的是檳榔的嫩心，由於它長於半空中，且嫩白如竹筍而得名。但由於一株檳榔樹只有一個嫩莖，砍下來食用實在很可惜，早年要吃到檳榔心，只有寄望那些在颱風天被吹倒的檳榔樹。今由於大量栽種檳榔，農民會將一些產期緩慢、年老或道路拓寬時砍除的檳榔植株，自樹頂端心

傳統阿美族對檳榔的忌諱

1. 檳榔第一次結生的果實不可以當種子用，也不准年輕人吃，只有生過三個兒女以上的人才可食用。
2. 不是自己家的檳榔不准採，甚至落在地上的也不可撿食，否則會受樹祟。
3. 不得向新喪偶三月之內的寡婦或鰥夫要檳榔，否則自己也會被傳染而喪夫或喪妻，也不准接受他（她）所送的檳榔。

葉往下算五十公分處砍斷，切掉心葉，用利刀切除綠色的外莖片，然後保留最內層乳白色如竹筍外觀的三片嫩莖，即為半天筍。目前半天筍的來源很多，甚至在台北果菜市場都買得到。一般送到菜市場的檳榔心，都是在賣時才剝，味道非常甜美。

早年只有原住民懂得吃半天筍，現在許多餐廳都可點到這

道風味特別的上菜。半天筍是取其內部較嫩的部分,吃法就像竹筍、茭白筍那樣,可以燉排骨、炒肉片、煮肉絲湯,也可以汆燙後再沾沙拉,風味絕佳,吃起來頗為爽口,一般餐廳供應的有半天筍湯、半天筍冷盤、炒半天筍……。據常食半天筍的老饕說:半天筍有清涼退火之功效,但體質較寒的人,多吃可能會腹瀉。不過,若改變其料理的方式,例如紅燒,體質較寒的人也有機會享用。

烹煮半天筍時,必須先經過脫澀處理,否則吃幾口後,舌頭就會產生被石灰刮到的生澀感。脫澀的方法是把半天筍洗淨切片,把半天筍倒入鍋中加冷水,用文火燒煮至水滾後約

早期部落使用的湯碗和匙。

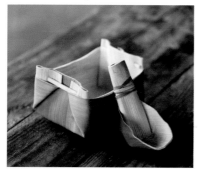

石頭火鍋

3至4分鐘熄火,再用篩子把半天筍片撈起來晾乾。再次提醒你,脫澀時一定要用冷水,若用熱開水或水開時才放入半天筍,就無法達到脫澀的效果!

近來,有些餐廳甚至連新長出的檳榔花苞也常與檳榔心一起上桌。當你走到花蓮縣吉安鄉的黃昏市場時,可能會看到有著白色花穗的檳榔花苞;檳榔花苞未開前幼嫩的花芽可作成美味的沙拉,處理方式非常簡單,先將檳榔花洗淨汆燙,可涼拌亦可炒肉絲,煮成湯也是可口鮮美,味道絕不輸給檳榔心!

半天筍屬於高纖維質蔬菜,

也是族人的最愛，煮起來比竹筍細嫩且易熟爛，中醫界認為半天筍含多量纖維，常吃能減肥通便，提神清火，如因火氣大引起齒痛、嘴破，將半天筍煮來吃，馬上可見療效！另外，檳榔果有驅蟲、禦寒、健胃、利尿及消除水腫等藥效。經常咀嚼檳榔，能促進消化，消除口臭，還可以提神。只是若加了其他配料情況就不一樣。

檳榔除可供嚼食、膳食外，檳榔樹的其他部位也常作為阿美族日常生活用品。剛掉落仍帶有水分的柔軟葉鞘，可捲成一綑保存起來，外出工作時就可用它來包飯。另一種葉鞘較硬的，只要將兩邊折起再用竹籤固定或用藤皮綁起來，就可盛裝湯汁液體，甚至於當裝飾品使用。

檳榔葉柄盤子的製作方式

①取好大小距離，兩端折疊。

②兩端再向內折。

③穿兩個洞。

④將竹片或藤片兩端削尖，穿入兩個洞口，固定盤子的高度。

⑤剪齊兩邊的高度即完成。

3 / 阿美族野菜圖像 / 莖類野菜

馬鞭草科，紫珠屬。杜虹是常綠性灌木或小喬木，枝葉及花序均密生黃色星狀毛茸，葉對生，呈卵狀圓形或橢圓形。春至夏季開花，聚繖花序腋出，花萼四淺裂，花冠管狀，粉紅或淡紫色，雄蕊四枚，伸出花外；果實球形，成熟時紫色，光滑。

阿美族語：cihak	
學名：*Callicarpa formosana*	
別稱：紫珠草、燈黃、台灣紫珠	
生長環境：低海拔的山坡灌木叢中	
採集季節：全年皆可，春、夏、秋尤佳	
食用方式：採嫩莖及樹皮，可生食亦可煮食	

莖類野菜

杜虹

　　當春風拂過，杜虹的葉腋就會抽出花蕾，花蕾也長在對生的花軸上。花蕾很小但數量很多，先呈淡綠色，後轉成粉白，綻放之後又轉成紫紅或粉紅，最奇特的是杜虹花的雄蕊長長伸出花外，為花朵的三倍長。再搭配上末端的鮮黃色花藥，真是美不勝收！

　　杜虹的小果也會由綠變紫，密密麻麻的果團是另一種動人的美。紫色的果團是夏末至初冬野外最醒目的景致之一。果團的壽命較花團長，是上等的花材，在各地花材店可常看到它，它可以維持三十天左右，如果將果枝放在通風處讓它自然乾燥，也可成為漂亮的乾燥花。杜虹的果實是許多鳥類的重要食物來源，當你剪枝時，別忘了為小鳥留些裹腹的食糧。

　　花蓮縣壽豐鄉的「志學村」，

原住民稱為cihak（杜虹），這又是一個以植物命名的村莊。據老族人說，早期的志學村到處長滿了白色、紫色的杜虹花，早期族人都將杜虹的樹皮當荖葉用，是吃檳榔不能缺少的配角。現在的志學村杜虹花已不多見，或許我們可期待東華大學在其校園四周多種些杜虹，好與當地名稱相呼應呢！

杜虹的野生植株遍佈台灣平野，山麓至低海拔山區灌叢中或樹林內處處可見。由於杜虹的根對風濕、白帶有保健作用，因此，也有農民開始試種培植。杜虹的根、莖、葉及花都可以當藥材，據說它的根具有補腎滋水、清血、去瘀的效用，又可治療老人手腳疲軟無力，更可以醫治風溼、神經痛、喉嚨痛及眼病等，其莖葉有止血、散瘀、消炎、解毒的功效，甚至也可以當百草茶喝，記得早年祖母除了將樹皮削來配檳榔吃，剩下的嫩葉就是用白水煮湯來喝。春、夏、秋採集葉及嫩莖，鮮用、曬乾或研末使用皆可；根全年都可採，切片曬乾後使用。據說一般白花種才有保健功效，在未開花時，當你要採摘杜虹，不妨先折下　小段莖，如果看到莖心是青色的便是白花種，紅色的便是紅花種。

紫花種杜虹

白花種杜虹

莖類野菜

山棕

棕櫚科，山棕屬。常綠灌木或小喬木，株矮小而莖粗壯。葉大形，奇數羽狀複葉，互生，長可達三公尺，葉背面灰白色，葉柄上有稜角，葉鞘呈黑色，含有豐富的纖維質。雌雄異株，肉穗花序分枝甚多，花具有濃烈的芳香味，花瓣三片，雄蕊多數，初夏開花。果實呈球形，成熟時由黃轉紅。

阿美族語：validas

學名：*Arenga engleri*

別稱：棕節、虎尾棕

生長環境：台灣低海拔山麓及蘭嶼

採集季節：一年四季皆可

食用方式：嫩心芽可煮食或炒食；果實可生食

山棕耐陰性強，種在庭院裡必會讓你的家有不同於一般的特殊風味，結果期還會吸引各種鳥兒前來啄食。台灣各地野生山棕相當常見，長在海拔三百公尺以下的山區或山壁間的陰暗處。小時候跟著家人到山上砍木材，常聞到路旁山棕花濃烈的芳香。

每年山棕開花時節，整個山區就會飄著花香味，小朋友們

常取它那殼斗狀的雄花在課桌上玩跳棋或官兵捉強盜。山棕的果實呈綠色，成熟時由黃色轉成紅色，一長串一長串的，吃起來有點澀又有點甘甜味，是小朋友的最愛，或許是因為從小看大人吃檳榔，也想像個小大人似地吃起山棕果吧！

莖與葉柄間的嫩心是食用部位。

山棕莖的嫩芽心是一種可口的野菜，有點甜味，滋味鮮美介於藤心和檳榔心之間。它的葉軸分割成細條後可以製造繩索，在阿美族的習俗中，小米收成時一定用山棕葉來綁成束。另外，山棕纖維還可以用來做掃帚、刷子或簑衣，這些東西其實都是早年的日常用品。早年老人家也會採其嫩葉作為宿血、破瘀血、止血的藥。據說種子也可以清血，果皮亦為滋養強壯劑。

莧科，刺莧屬。一年生草本植物，高可達一公尺左右，莖有稜，常呈紫紅色而有光澤。葉互生，全緣，在葉柄基部有一對尖刺。花穗很長，成為緊密的團塊狀，小花灰綠或綠白色，苞片卵形，具有芒刺，夏至秋季開花。刺莧一株可產很多的種子，目前還沒有人工種植。有白刺莧與紅刺莧兩種。

阿美族語：cihing
學名：*Amaranthus spinosus*
別稱：刺蒐、假莧菜
生長環境：低海拔之山野、旱田、荒地、路邊
採集季節：春至秋季，初夏時節尤佳
食用方式：嫩心、嫩葉可煮食或煮湯、汆燙涼拌

莖類野菜

刺莧

白刺莧因為有療效作用，較受一般人重視。聽說白刺莧的成熟根部與瘦豬肉或排骨一起燉湯，可以保護肝臟，也有清涼之效。原住民早年的野菜吃法就是簡單的煮食，後來因為現代人對健康天然的菜越來越有興趣，才會發展出各種不同的料理，甚至發展出家常藥膳、養生食補，如人蔘雞、狗尾酒雞、當歸鴨等皆是。

刺莧兩兩成對的小尖刺，看起來頗有幾分自衛的本領，因此想採它的嫩葉及嫩花穗當野菜可不能像採野莧一樣，採摘時要特別小心，因其刺與肉色相同，一旦刺到手指是很不容易取出的！

紅、白刺莧的嫩莖葉都可吃，表皮剝除之後看起來都一

樣。採嫩莖葉要在花蕾還沒長出之前，從地表割下植株，將葉子與刺削掉後就如同蘆筍一般；剩下的植株基部一般就讓它繼續長，之後可再從開出的分枝摘取嫩葉。煮之前把表皮用手剝掉，便成一條小菜心，可用沸水氽燙後再與蒜苗清炒，或與肉片一起炒或炒蛋，即為一道佳餚。

刺莧的產地與野莧菜一樣，就在荒地及路旁，終年都可以看到它長而下垂的花序。莧菜類是最不受蟲害的一種蔬菜，含有豐富的維生素A，也有清血作用，野生的刺莧其效力可能更超過人工培育的莧菜。

刺莧可算是多種子的雜草，只要摘取下來，輕輕一敲，種子就會落滿地，如能取其種子

整地播種，一定能長得好。刺莧是繁殖力很強的野菜，並不需要特別去栽種。一般採摘野生的刺莧最好採密集生長、直立而不分枝者；如果採摘單株獨立生長者，因分枝多反而不好去皮。到郊外踏青，只要稍加注意，隨時都可遇到刺莧，採上十株左右即可炒上一大盤天然的野味。

刺莧的烹調法有很多種，也可以從嫩梢頂端沿著莖梗，將突起小刺剝除，洗淨備用；再準備素肉條、魩仔魚、薑絲、蔥花，起油鍋爆薑絲，入素肉炒熟；最後於鍋中盛水兩杯煮滾後，加入前已炒熟之素肉絲及刺莧煮熟，以太白粉勾芡後放入魩仔魚，最後調味、撒上蔥花即可，這就是一道美味的刺莧魩仔魚。另外，它還可以與雞肉或排骨用文火慢燉，是風味獨特的佳餚。

刺莧的根是一種利尿劑，葉也能治溼疹，全草能外敷並治跌打損傷，更是很好的解毒藥（治毒蛇咬傷等），這些都是從老人家生活經驗中分享而來的。

腎蕨

蓧蕨科，腎蕨屬。多年生草本蕨類植物，根莖短，從根狀莖四面長出匍匐莖，匍匐莖的短枝上又長出黃色圓形塊莖。其根莖具有兩型，一為長橫走型，位於根莖的頂端，有匍匐蔓延的走莖，擔任擴充族群的任務，且可分化多數的不定芽，快速地佔據生育地；另一種為直立型，就從橫走根莖上長出，而腎蕨的葉片就長在這些直立型根莖上。圓球狀的塊莖則是長在長橫型的走莖上。

阿美族語：vutul nu edu

學名：*Nephrolepis auriculata*

別稱：球蕨、鳳凰蛋

生長環境：中低海拔陰涼之林叢、路邊斜坡、溝渠邊

採集時間：全年皆可

食用方式：採地下飽滿之球莖，先將鱗片搓除、洗淨，可直接生食，亦可煮食

腎蕨的長橫型走莖上，常常會長出一種圓球狀的球莖，如龍眼般大小，球莖表皮呈褐色、有絨毛，其中含有水分和澱粉，是野外求生的明星植物。在台灣所有蕨類植物中，也只有腎蕨有此種特殊貯藏莖的構造。

在適宜的生存環境下，腎蕨常可以成為大型群落，是蕨類家族中從外型上最易辨認的，顧名思義，它的葉片形狀就像人的腎臟一般，在野外到處可發現它的蹤影。雖然大量被採集，然其族群數量十分龐大，仍無匱乏之虞。

腎蕨的球莖呈蔓性或長匍匐狀，葉片基部有關節，所以

腎蕨的地下球莖能生津止渴。

老葉掉落後，會留下一小段「葉足」。說起腎蕨，許多人將腎蕨的葉片當插花及捧花花籃的素材，如果將它栽植於盆中，是非常好的室內綠化植物，只是你從未想過腎蕨也可以入菜吧！

腎蕨可食用的地下球莖汁多且甘甜，阿美族人稱之為「老鼠的蛋」（Votol no edo）。使用時只需揉除外表褐色的絨毛，就可作為取水植物直接生食，並能生津止渴，雖有少許的澀味，卻是登山客找不到水源時的最佳解渴替代品。挖取腎蕨的地下球莖時，別忘了要將植株再種回去，讓它可以繼續生長。

味美的腎蕨球莖若用來煮雞湯也別有一番風味，煮湯前先將絨毛洗淨，煮過的球莖吃起來清脆可口，口感與荸薺很接近。這樣的吃法可算是現代

採回來的球莖洗淨後，準備煮湯。

人口味的料理，而對原住民來說，這種吃法太奢侈且已失去了原味。

腎蕨可供食用的部位除嫩葉（可直接炒食或加調味料食用）及球莖的貯水器外，全草都有清熱、消腫、解毒的藥效，這都是傳承自族人的生活智慧，甚至老祖母常會將其嫩葉搗敷外用，可治刀傷、消除腫痛。

薑科，月桃屬。多年生草本植物，高1～3公尺。葉寬而長，廣披針形，葉鞘甚長，葉緣有細毛。圓錐花序整串下垂，呈穗狀開展，花冠漏斗形，花萼成管狀，唇瓣特大，黃色中帶有紅點及條斑。果實球形，外表有許多縱棱，未成熟時為綠色，成熟時紅色，慢慢裂開後露出淡藍灰的種子，具有芳香味。是土生土長的鄉土植物。

阿美族語：lalengac

學名：*Alpinia speciosa*

別稱：玉桃、虎子花、良姜

生長環境：全島低海拔山野

採集季節：春至秋季

食用方式：嫩莖可煮食、蒸食或生食，花可煮食或油炸食用

莖類野菜

月桃

　　假如要我說出野外的哪一種花最美，我會毫不考慮地說是「月桃花」，因為它的數量、它的姿容，給人的印象太深刻。每年夏季一株株的月桃開始在莖頂抽出串串的花苞，一面延伸一面下垂，奇異的花蕊很是吸引人。

　　秋天的月桃花是以紅艷動人的果實點綴在山野，初結成的果實青綠色，不太引人注意，隨著季節的變化，果實漸大而色澤加深，大氣轉涼後，成串的月桃果變成令人眼睛一亮的紅色，紅色中又分別有幾種不同的層次。紅果子由秋天一直持續到冬天，

此時的果實由紅轉黑，最後蒴果裂開，種子散落。

　　月桃葉有薑的香氣，實際上它與薑是親戚。「薑科」是一個旺盛的家族，溪邊也常見開白色花的野薑。很多人都說月桃很像野薑花，不過仔細想想，野薑花的葉片較直立，不像月桃霸道地橫披在路旁；月桃的株型、葉片都較大，葉尖雖也是尖的，但質感較粗硬，顏色較深綠。另外最明顯的特徵就是開花時的野薑花序像火把，而月桃花序像一串葡萄。

　　晚冬月桃新芽漸出，春天採花，深秋採果，無時不令人賞心悅目。月桃的熟果可做為乾燥花材，採下風乾後，趁新鮮時噴上髮膠處理，將可永久保存其亮麗的紅色。

　　月桃於春季可採嫩莖煮食或蒸食；月桃的葉鞘很長，韌性頗佳，用月桃葉包的粽子會有不同於竹葉粽的特異香氣。而葉鞘及葉子用來綑綁包包，很具環保概念。記得小時候常可見賣豆腐及魚肉的攤販，利用

月桃莖曬乾後可用來編籃、編蓆，做成各種生活器具。

打扁、曬乾的月桃葉鞘當繩子綁魚肉，或是摘取它那又寬又厚的葉子包豆腐。另外，漢人用月桃葉墊底做的粿，既不沾手還會留下一股特殊芳香。月桃花去掉花萼，清理乾淨後，沾麵粉、蛋汁炸成月桃花糕或做成甜不辣，也是可口的點心。

月桃的身材修長，通常在2公尺左右，它也是插花的好材料，花穗尚未完全長出時，連帶一部份的葉片剪下，即可插在水盆中。早年族人更利用月桃葉編織手工藝品，先採取新鮮的月桃葉鞘，用小刀削除易

於腐爛的部分，然後放在陽光下曬乾，用來編織或編成月桃草蓆。讓我印象最深刻的是，在早年醫藥未發達，醫療設備也缺乏的狀況下，月桃心是媽媽或外祖母最常給我們吃的，因為它的功用有如驅蛔蟲藥。你想像不到吧！

聽老一輩的人說，果實內的月桃子曬乾後可做中藥，原來月桃的種子就是作為仁丹之類藥品的原料，可以生津止渴、提神醒腦，也是醫治跌打損傷及足部麻痺、腎虛腰痛的藥材。

葉類野菜

早春，豐滿的水氣柔軟了草木的嫩芽葉，

山徑、鄉間、菜園邊，到處長著新綠的辛香野菜，

鵝兒腸、龍葵、昭和草……

輕輕採摘，簡單料理，便成佳餚。

鐵角蕨科，鐵角蕨屬。多年生草本，大型地生性或著生性蕨類植物，根狀莖短而直立，有暗棕色或黑色的鱗片保護，氣生根非常發達。葉輻射狀叢生於莖頂，狀如鳥巢。葉片大而光滑，闊披針形，革質，老株葉長達1.5公尺以上，寬10至15公分。性喜陰濕，生長在叢林潮濕的樹幹、石頭上或腐植土堆積的地面。

阿美族語：lukut	
學名：*Asplenium nidus*	
別稱：雀巢羊齒、鳥巢蕨、歪頭菜	
生長環境：全島海拔2500公尺以下之山區	
採集季節：一年四季皆可	
食用方式：捲曲的新葉可煮食或炒食，也可氽燙涼拌	

葉類野菜

台灣山蘇花

　　野外活動中山蘇是令人垂涎的野菜，只要在濕潤的林間，很容易便能發現它高踞樹枝。山蘇生長在中低海拔山區，喜歡登山的朋友們一定見過它。它有發達的氣生根，可以攀附於岩壁縫中或樹幹上，性喜陰涼潮濕，因此也非常適合室內栽培。其叢生的葉外型像鳥巢的窩，所以又名「鳥巢蕨」或「雀巢羊齒」。

　　早期原住民視它為野菜經常採食，由於吃起來脆嫩可口，一般都以煮食為主，甚至與蝸牛一起煮湯，其味道大概也只能用「美」來形容！如今連平地人也喜歡，真

可說是健康蔬菜。

　　由於知道享用山蘇的人越來越多，需求量也跟著增加，因此花蓮已有不少人工栽培的山蘇園，在原住民社區裡常可在住家四周見到它的蹤影。野生的山蘇很難採，因而市面上售價很高，但近來人工繁殖的數量很多，已成為平地常見的植物。此外，由於葉片富有光澤，能經久不凋，所以也常被用來當花材。山蘇對環境並不苛求，要在家中栽培山蘇相當容易，蛇木柱、素燒瓦盆，甚至庭院樹幹上都是理想的栽植場所，利用之多與廣，可稱得上是台灣蕨類植物之冠呢！

　　山蘇的烹調方式很多樣，沙拉山蘇、山蘇牛肉沙茶、香魚山蘇……都是口味絕佳的菜餚。野生山蘇的口感更是令人難忘，在餐廳炒一小盤山蘇，大約一百五十元，所以一般人平時都捨不得吃，只有在貴賓來時，才特地上山採擷或到市場採購。

　　根據老一輩族人的說法，山蘇是一種能利尿、預防高血壓糖尿病的良好食物，從營養的觀點來看，它具有豐富的維它命A、鈣、鐵質和膳食纖維，是適合現代人的健康飲食。

鱗毛蕨科，雙蓋蕨屬。多年生草本，高約60公分，有時也會達一公尺以上。根莖粗大，稍木化質而硬，斜臥簇生，被有褐色鱗片。葉柄粗大而叢生，葉片隨著成熟度而有很大的差異，幼小時為一回羽狀複葉，羽片寬大；長大後變成二回、三回羽狀複葉。

阿美族語：pahku

學名：*Diplaziun esculentum*

別稱：過貓、蕨貓、過溝菜

生長環境：全島低海拔山野、田邊濕地或溪流兩旁，常出現大群落

採集季節：全年皆可

食用方式：捲曲之芽可炒食或汆燙涼拌

葉類野菜

過溝菜蕨

　　大多數居住在山地的孩童都知道「過貓菜」，原來「蕨」字閩南語叫「過」，過貓就是蕨貓吧！可以吃的部位是過溝菜蕨的嫩葉和捲曲的新芽。

　　從「過溝菜蕨」這個名稱上來看，可以知道它一定是長在水溝邊的野菜，它總成群地長在田間及溪邊附近，或見於潮溼的山邊開闊地、溪谷山澗潮濕地。它生性強健，只要通風良好、保水力強的肥沃土壤即能生育旺盛，不僅是少數可以食用的蕨類植物之一，甚且是其中的佼佼者，喜歡它的人都視為「山珍野味」，零污染又嫩滑。

　　過溝菜蕨利用人工栽培大概已經有三十餘年，不僅一般人喜愛，日本人也很喜愛這類山

菜，因此，在日本料理店它還是熱門的招牌菜，甚至於號稱「健康品」，市場及餐館裏也經常可以買到。

採集它的幼芽及嫩葉時，只要用手指輕輕一折，就可以帶回去。蕨菜的食用法很多，採新鮮的蕨類清洗乾淨備用，汆燙後加上沙拉醬或清炒、炒薑絲、豆豉，或起油鍋入蒜末爆香，下蕨菜和調味料炒幾下，起鍋前拌入碎花生、魚乾，滋味香脆爽口，非常下飯。還有一種特殊的煮法是將它與梅乾菜炒食，或和味噌、麻油拌食，甚至以沙拉、柴魚等材料涼拌素菜並用紫菜包捲起來吃，其味極美，可稱之為山珍之一呢！然而不懂訣竅的人炒出來的過溝菜蕨會黏黏的，吃在嘴裏恐怕有些人會不適應。

目前台灣食用的過溝菜蕨為鱗毛蕨科雙蓋蕨屬，有別於曾報導過的內含致癌物質屬於碗蕨科的「山過貓」。過溝菜蕨被老祖宗視為滋補的健康菜，具有清熱解毒、利尿的功用，族人說：它對婦人產後食用也有助益。在野外萬一不慎受傷或遇到突發事件，若懂得利用身邊植物求生，不僅可以保持體力，更可以延長生命以等待救援。過溝菜蕨便是很容易採到又能治病的蕨類之一。

杪欏科，筆筒樹屬。多年生木本羊齒植物，是本島最大型的樹蕨類常綠植物，莖直立單一，莖幹粗15至20公分，株高常達八公尺以上，下半部密被氣根狀黑褐色維管束群。葉大型，叢生莖幹頂端，三回羽狀複葉，長一公尺半至二公尺；嫩芽蜷曲，密被黃褐色鱗毛。葉脫落後會留下明顯的葉痕。

阿美族語：vukaw	
學名：*Sphaeropteris lepifera*	
別稱：蛇木、杪欏	
生長環境：台灣全島海拔2000公尺以下之地區	
採集季節：一年四季皆可	
食用方式：嫩芽、嫩莖髓可炒食或煮食	

葉類野菜

筆筒樹

　　筆筒樹即所謂的「蛇木」，它的樹幹基部長滿黑褐色的氣生根，常被拿來製成蛇木板、或花盆等。也可以直接用來栽培蘭花或山蘇花等其他附生植物。它的莖幹頗為耐久，早期的原住民社會常以它做為樑柱蓋工寮或香菇寮，有時甚至可以用上二、三十年。

　　在一般的印象中，蕨類植物都很矮小；筆筒樹屬於樹蕨，外型在蕨類家族中算是巨大的，它與台灣杪欏的分別在於葉子脫落時會在樹幹上留下明顯的葉痕，外觀看起來像是蛇的斑點。另外為人熟悉的特徵是它的「氣生根」把莖幹包得緊緊的，而且年年長出新的一

早年它也是用來搭工寮最好的材料。

層，然後將老的一層包在裡面，使莖幹越來越堅固筆挺。

野外有些枯死或倒下的筆筒樹，也可以鋸下一段帶有美麗葉痕的樹幹，除去中間的物質乾燥後，即可製作成精美的筆筒，如此的巧思運用更能符合它的名字呢！

蕨類植物種類繁多，卻都有共同的特徵，它們不開花、不結果，沒有種子而以孢子來繁殖。孢子囊長在葉片背面，不同種的蕨類，孢子囊的長法都不盡相同！另外一個特殊點是蕨類葉子的新芽呈捲曲狀，隨著成長才慢慢向外伸展。

筆筒樹的可食部位就是捲曲的嫩葉芽及幹頂附近的嫩髓。嫩芽生有很多絨毛，接觸皮膚會發癢，須以水搓洗充分去除後再削去外皮洗淨，切片炒食或切塊燉肉，味道都不錯。摘取一枝新葉芽並不會影響蛇木的生長；但若砍取幹頂的嫩莖它便無法生存，因此，要吃到嫩莖

髓通常得等候被颱風吹倒的植株。嫩髓的吃法有如山藥，也可磨碎後調理，它有些許生腥臭味，需與醋、海苔或生薑等香料拌食；在野外如果無法起火，生吃也可以，只是它帶有黏液，對一般人來說恐怕難以下嚥！

筆筒樹常成群繁衍，景觀獨特而秀麗，全年都有嫩芽冒出，四季皆可採集烹調。除了觀賞、食用外，筆筒樹也可入藥。筆筒樹的樹幹末梢切片曬乾，可用作清血、活血、散瘀藥；幼芽搗爛也可外敷癰疽等。嫩心的部分具有清熱、止咳、止血、止腫及促進血液循環的功能，有機會一定要好好利用它！

茄科，茄屬；一至二年生草本，葉互生，卵形或廣卵形。花四季開放，花序繖狀，花冠白色，花藥黃色。漿果球形，成熟後紫黑色，有光澤，採食時稍不小心弄破漿果，還會沾上一手的紫黑色澤。

阿美族語：tatukem	
學名：*Solanum nigrum*	
別稱：烏子仔菜、黑子菜、烏甜仔菜	
生長環境：台灣全島2500公尺以下至平地、原野	
採集季節：四季皆可，以春、夏季尤佳	
食用方式：嫩莖、葉及果實可煮食或炒食；成熟之果實可直接生食	

葉類野菜

龍葵

如果長在肥沃的地方，龍葵植株高可達一公尺，若生長在未耕之地則發育不良。但其生命力仍然特別強，無論在豔陽照射的空地或是樹蔭下，都能生長。熟透了的果實黑得發亮，因此才被叫做「黑子菜」。

龍葵煮後略具苦味，據說有退肝火的功效，是頗受喜愛的野菜。它的果實也是早年窮困的鄉下孩子最普遍的水果之一；雖然果實頗為甘甜解渴，但不要食用過量，因為吃太多恐怕會引起瀉肚子或喉嚨不適等症狀，而且要挑選紫黑色的果實，未成熟的果實千萬不要隨便吃，以免中毒。

早年台灣遭受空襲時，家家戶戶缺糧缺蔬菜，三餐不但

要省著吃，還要四處去搜尋野菜，龍葵也是當時主要的搜尋對象。摘過的龍葵不久又會長

龍葵湯清涼又能解酒。

出嫩莖葉，真是救荒佳餚。近些年來，則因民間相信其根莖具有治療癌症的功效，又再度受到各界的矚目。

　採龍葵以廢耕地、老菜園、旱作種植或播種後的地方為宜。台灣全島都有龍葵的蹤跡，隨時都可採其嫩莖或幼苗，初夏更是莖肥葉嫩的時候！只是近來因農地大量使用除草劑，田間的數量大減，只有在荒蕪的野地才四處可見；

因此，採集時要特別注意避開農田，以免採到受污染的龍葵。

龍葵的料理方式通常是將嫩莖葉洗淨後汆燙，取出後再以蒜頭、薑及醬油為佐料沾著吃，或者以嫩葉加上小魚乾及鹽作成菜湯，也可以加肉絲一起炒或煮蛋花湯，甚至有人用來煮稀飯，別有一番風味。在原住民社會裡，將龍葵煮成清湯還是不錯的解酒飲料呢！

龍葵全草皆可入藥，其莖葉具有解熱、利尿、解毒之功效，但要適量，過量會有嘔吐、拉肚子、喉嚨不適等症狀。新鮮莖葉搗爛，可外敷癰腫及跌打損傷等。全草之萃取物對動物有抗癌作用，對動物的過敏性、燒傷性和組織胺性休克也具有保護作用。

最近幾年，國人提倡食用無農藥的有機蔬菜，龍葵因野性十足，很少有病蟲害纏身，已有不少人大量栽植，在完全不使用農藥的情況下照樣翠綠豐收，真是皆大歡喜。

關於龍葵的阿美族諺語

南勢阿美族在播種前一天晚上，為祈求豐收，在半夜凌晨之時，長者便穿戴整齊，煮美味的龍葵湯來祭神明，稱為「Mi a cas」。由此也衍生了一些常用的諺語，例如：若有夫妻半夜吵架，就說他們在Mi a cas，有反諷、責備的意思。「Cacay sa a mi a cas」則暗喻自私、只願獨享的行為。

菊科，剪刀股屬。多年生草本植物。全株具有白色乳汁，莖多分枝成叢生狀。葉互生，根生葉發達，莖生葉較小，均為披針形。春夏開花，頭狀花黃色，全部由舌狀花所構成，所有頭狀花排列成疏繖房狀圓錐花序。瘦果具有長嘴，冠毛白色。

阿美族語	samau'
學名	*Ixeris chinensis*
別稱	兔仔菜、小金英、鵝仔菜
生長環境	全省中、低海拔之平地、山地、旱田、原野、荒廢地間
採集季節	全年皆可
食用方式	採幼苗或嫩莖葉，可煮食或炒食

葉類野菜

兔兒菜

　　孩提時代，兔兒菜常是我與外祖母及媽媽野外尋找的對象。不僅是採集來飼養鵝群，更是日常不可缺少的野菜。

　　雖然兔兒菜個頭矮小，且極易被蔓生的雜草叢掩覆，但是生性強健的它，只要陽光充足的庭園、路邊、菜圃都可見到它的蹤跡，而且還成群成片呢！

　　野外採摘時必須注意是否有農藥污染，特別是在蔬菜生長期尤其需要注意。噴過殺草劑的地方，附近雜草的葉片會呈現一片枯黃或枯萎，只要稍加注意便可以看出來。

　　稱它為「兔兒菜」的人說它是兔子的最佳飼料；叫它「鵝仔菜」的人將鵝仔菜切細了和在飼料中，餵養大白鵝。兔兒菜的整個外觀，看起來也有點像是養鵝的萵苣菜。它的頭狀花幾乎於整個白天開放，是最

容易採集到的野菜，未開花前的根生葉和開花前的嫩葉，都可以炒食或是煮食，唯一的缺點就是苦味太重。然而對於吃慣野菜的原住民，尤其是阿美族就顯得微不足道了！若先用開水汆燙過再加以料理，或將花兒洗淨晾乾加蛋汁油炸，也另有風味！甚至也有人嘗試用它煮蛋花湯，或者將它與其他青草加在一起煮成清涼退火的青草茶，其味確實有夠苦，但都是既健身又營養的吃法。通常在市街上賣的苦茶都各有不同的配方，但都很苦，兔兒菜是苦味的主要原因。

兔兒菜是很好的藥材，老祖母要孫兒們多吃，莖葉煎服可治皮膚病，也是解熱、消炎、鎮痛及治消化不良的好藥。甚至對於跌打損傷也有效果。而現代人把它當作健康飲料用，也就是等花謝後稍變黑褐時採擷，除去枯爛的葉片洗淨、曬乾儲存，並放置在通風乾燥處以防發霉，一般曬一兩天即可完全乾燥。煮的方法是將乾草以約兩百克，水約2～3升的比例，用文火煮一至兩小時，並放些紅糖，可以退火且較可口，在炎熱的夏天可以當飲料喝。

假如把它的種子播撒在小花盆裡，那麼你將能欣賞到它那婀娜多姿的小黃花！如果你也喜歡壓花的創作藝術，兔兒菜是很好的素材。通常壓花的花材都很昂貴，不妨以野地裡的小花小草來代替，不僅讓你方便取得多樣化的材料，而且經濟實惠。

山萵苣

菊科，山萵苣屬。一年或二年生草本，植株高60～200公分，莖中空、光滑、直立，全株含有豐沛的白色乳汁。葉形多變，長橢圓形或披針形，根生葉較莖生葉大，葉背灰白色；幼株簇生葉深鋸齒狀，成株的莖生葉呈長披針形。夏季開花，頭狀花序淡黃色或稍帶紫色。瘦果扁平，有白色冠毛。

阿美族語：sama'

學名：*Lactuca indica*

別稱：鵝仔草、馬尾絲、山鵝菜

生長環境：平地及低海拔山區的向陽荒廢地、路旁、斜坡及耕地附近，常成叢生長

採集季節：一年四季皆可，春至夏季採食較適宜

食用方式：幼苗及嫩莖葉可煮食或燙食

孩提時期常趕著鵝、鴨到田邊吃山萵苣，我們也跟著採摘些回家煮食。山萵苣既然也屬於萵苣屬，是萵苣的同胞弟兄，那麼它應該也能吃吧？是的，它同樣是一種可食的植物，只是野地自生的終究難免帶點苦味，但加點調味料處理後，一樣可以端上桌。直接炒食苦味較重，最好能用沸水汆燙一下，撈起來後再煮或炒。對於不怕苦味者，加點干貝或蝦米等直接炒食風味更佳。

吃膩了栽培蔬果的現代人，有不少已能接受野菜的甘苦味，有人甚至研發出採集後除去泥土雜質，並

曬乾、陰乾備用，視需要可酒炒、酒蒸、蜜炙後食用。但對原住民來說，只知新鮮食用，並以最簡單的煮食料理，而通常是與其他野菜一起煮。

早春至夏季是採集山萵苣最好的時機，其他月份雖然也採得到，但品質可能差一點。山萵苣的可食部位是幼苗及嫩莖葉。莖葉帶有苦味，傳統阿美族的吃法是煮湯，根據筆者的經驗，直接炒肉絲或煮小魚乾湯，皆爽口。

經過馴化改良的萵苣品種仍帶有苦味，但目前食用的萵苣也有不苦的品種，稱之為「甜萵苣」。比較起來，山萵苣的苦味就不同凡響，由其俗名即可想像。在調理山萵苣時，掀鍋蓋的次數越多它就越苦，少掀鍋蓋是處理苦味野菜的竅門，當然還要你能接受它的苦澀味道。

筆者小時候常到野外採集這種野菜煮湯，可以清涼退火又強肝，並不覺得苦。它也可當藥用，據說有消腫、解熱之效。如果不吃菜只喝湯，其功效如百草茶一樣有保健的效果，甚至還可煮來當開水喝，全家大小皆可飲用，完全沒有副作用，大可放心。當然，這種飲用法就不一定要採嫩葉。

落葵科，落葵屬，多年生纏繞性肉質草本植物，全株光滑無毛，生長迅速。莖葉綠中帶有紫紅色，葉全緣，互生，寬卵形至近圓形，葉尖呈急尖，葉基近心形。花期以春天為盛，花腋生，穗狀花序，小花無梗而密生，花被粉紅色。漿果成熟時為紫黑色，多汁易於染色。

阿美族語：likulun
學名：*Basella alba*
別稱：燕脂菜、皇宮菜、天葵
生長環境：全島平野、荒地和庭園及村落旁
採集季節：一年四季皆可
食用方式：嫩莖葉可煮食或炒食

葉類野菜

落葵

落葵是一種綠色肉質狀藤本植物，常見於野外、路旁、荒地和庭園裡，也有人說它是最適合栽植在籬笆邊的植物。它的葉子有點像川七，一般菜市場及餐廳多以「皇宮菜」稱之，炒食時有黏滑感。據說它的原名是「蔣葵」，因傳寫錯誤而變成「落葵」，為野生馴化的多年生草本植物。因果實呈紫紅色，是古代胭脂的原料，故又稱「胭脂菜」。

落葵在食用上多以葉片為主。調理的方法簡單，採葉洗淨後用大蒜爆炒，也可以炒肉絲或煮蛋花湯，如一般蔬菜煮、炒、涼拌皆可，它那特別的黏滑感作成湯或與味噌煮食也頗受好評。由於它沒有一般野菜的苦味或澀味，吃起來滑溜，倒是很可口的野生植物；不過，因為它帶有黏性和一種特異的怪味，有些人不

太能夠接受，或許將它沾上麵糊炸成天婦羅會是不錯的吃法。

落葵在野地展現的綠，帶著清新的朝氣，其成熟果實的汁液可作為食品的著色劑。孩提時期，常用落葵成熟的果實當童玩，將衣服及褲子染上顏色，因為天然

的色彩不容易洗淨，回家後總是會被媽媽責備。

落葵的嫩莖葉含豐富的維生素A、B、C及礦物質，是一種營養植物，藥理上可促進腸蠕動及改善便秘，並有消腫及輕微的降血作用，也是用途甚廣的一種藥草。小時候常看到祖母將其搗爛外敷腫毒、癰疔、無名腫毒等。

落葵生性強健，很少有病蟲害，也是免用農藥的有機蔬菜，相當受歡迎！鮮品全年皆可採用，尤其落葵葉子長得肥厚，越摘越發，摘掉一個芽心，它會再長出二、三個芽心，多摘對它一點都沒有影響。

田麻科，黃麻屬。一年生草本高莖植物，直立性，分枝少，葉片互生，近披針形，有鋸齒狀缺刻，托葉絲狀。六月開花，花序腋出，花冠小，黃色，雄蕊多數。蒴果球形，外有縱稜與突起，成熟時裂為五瓣。莖皮有黃青色、青綠色或褐色。為早期特用纖維作物。

阿美族語：muwa	
學名：*corchorus capsularis*	
別稱：麻仔嬰、麻团、葉黃麻	
生長環境：中部及東部中低海拔山野，大部分為栽培作物	
採集季節：6～9月	
食用方式：嫩葉用以煮食	

葉類野菜

黃麻嬰

黃麻嬰是大麻的幼嫩苗木，成熟的大麻剝下莖部的皮，經過處理之後可以織布、製繩、製袋。早期原住民也是以它作為織布的原料，莖稈可作為瓶蓋、玩具；因此，常會讓它長得很高，再從莖基部截斷，然後將莖皮搓揉編織，是拴住牛鼻最主要的繩子。

「麻嬰湯」有一種特殊的清甜甘澀味，早期只有原住民食用，現在已變成大眾喜愛的消暑菜餚，並且已有種子繁殖、栽培。通常每年的6～9月，在鄉下傳統市場可以買到幼嫩的「黃麻嬰」，因此，看到黃麻嬰就知道夏天來了。

族人對黃麻嬰的吃法則是不加任何佐料直接煮湯。黃麻嬰的葉子摸起來粗粗硬硬的，纖維質含量高，因此，做菜時除了先將葉片洗淨，還得將葉

脈的葉筋撕掉，然後再用手輕輕搓揉，使它流出葉汁之後再下鍋煮湯。其搓揉的理由是讓

葉片有軟化的作用，且葉的汁液會完全滲透出來，使烹調後的湯汁滑膩可口，並有一番特殊清甜甘澀味。這種烹調方式是原住民最傳統且最富原味的吃法。此外，黃麻嬰與空心菜一起煮，風味可說是絕配；現在也有人加馬鈴薯、胡蘿蔔、魚丸去煮湯；或者沾麵粉糊油炸，又另有一番風味呢！

　　但煮黃麻嬰麻煩又耗時，要挑莖去梗，又要搓揉去苦汁，嫌麻煩的現代人還真懶得自己煮呢！因此通常吃到的可能是已經過精緻處理的麻薏羹，翠綠的羹湯裡摻著切丁的黃色蕃薯，灰白的吻仔魚，配起來真好看，苦中帶甘的滋味也挺不錯的。

　　早年要在傳統市場看到黃麻嬰還相當容易，因為它就在田間、路旁，到處都是，成熟時會在莖上長滿果子，就算我們不刻意去種它，其種子來年也會自然發芽。

有人覺得它有點苦又黏，搭配南瓜熬煮也是另一種風味。

馬齒莧科，馬齒莧屬。一年生匍匐性草本植物，莖肉質，帶點紫紅色。葉互生或對生，肉質，形似瓜子。花朵頂生，清晨至中午開放。蒴果圓錐形，蓋裂，種子多數。依其外觀形狀與花的色澤，可分為黃花馬齒莧與白花馬齒莧。

葉類野菜

◆

馬齒莧

阿美族語：kuliya'	
學名：*Portulaca oleracea*	
別稱：豬母乳、豬母草、寶釧菜	
生長環境：台灣全島平地、海濱、溪邊及路旁	
採集季節：全年，春季尤佳	
食用方式：採嫩莖葉煮食或炒食	

　　生長在鄉間的人都知道有一種叫做「豬母乳」的植物，其莖葉肥厚，豬仔嗜食，據說母豬吃了之後，泌乳量因而大增，所以為它取名「豬母乳」。其實它也是一種可口的野菜。

　　黃花馬齒莧的莖、葉均為朱紅色且可食，但煮或炒後略酸，口感不佳，一般只當作豬的飼料，未被

清炒馬齒莧，滑嫩入口。

人們接受。它的繁殖力很強，台灣全島平地及海濱皆有其蹤影，田園、路旁、荒地及耕地附近極為常見。如果田園內有數株不拔除，很快便會長滿全園，是屬於非常耐旱的植物。它一年四季都生長良好，尤其在春季更是多，因生長與適應力太強，成為田間主要的雜草，即使拔除後曝曬好幾天，遇到下雨尚可復活。

　　白花馬齒莧為白莖、白葉、

白花，食味佳，口感良好。炒煮時先放數片蒜頭，炒後就不會有草腥味，據說它有降尿酸與治療糖尿病的功效，所以鄉下農家菜園中總喜歡種幾叢，以便經常採食。

白花馬齒莧生長勢較弱，不易採到野生植株，偶而採到品質也不佳，因此多半以人工栽培的方式取得。它在夏天生長旺盛，種植成活後保持濕潤即可，如果澆水太多，生長茂密通風不良，也很容易腐爛枯萎，成長過程中經常採摘可保持幼嫩。讀者不妨試試用盆栽或是箱式栽培，種植於陽台、屋頂或庭院圍牆上之周圍，一方面綠化環境，又可以當蔬菜用，一舉兩得。

孩童時期外婆經常提醒我們，採摘馬齒莧要在上午，否則到了下午便會有「酸味」。馬齒莧最好的烹飪方法就是以大火快炒，起鍋後趁熱吃。也可以加上肉絲或其它的配料；或者將其莖葉洗淨後，先以沸水汆燙過再撈起入冷水中，

涼後直接炒薑片或蒜瓣，吃起來脆脆的，滋味頗佳，且可以保持其豐富的葉綠素。選購或採集時以莖葉細嫩肥美，花蕾未成形，植株不枯萎或腐傷者佳；如果一次的採集量太多，還可以醃漬或瀝乾貯藏，再慢慢食用。

馬齒莧因含豐富的葉綠素及維生素A、B、C，黃或白花馬齒莧較適合當菜食用，紅花馬齒莧適合當藥用，對人體腸胃消化系統相當有幫助。馬齒莧雖有藥療，但亦有禁忌，便秘、胃寒及孕婦是禁用的。對吃膩大魚大肉的現代人來說，食用簡便的馬齒莧，不僅可助消化，據說也有美容的功效，十分符合健康的新潮流呢！

芸香科，花椒屬。落葉性喬木，全株及幼枝、葉背均具有銳刺，莖密佈短瘤刺。葉片含有豐富芳香油，奇數羽狀複葉，對生，厚紙質，邊緣有鋸齒，葉背呈粉白色。雌雄異株，夏季開黃綠色小花，密生於枝頂。果實似山椒，成熟之後會開裂並露出漆黑色的種子，是烏鴉喜歡的果實，因此，也有人稱之為「烏山椒」。

阿美族語：tana'

學名：*Zanthoxylun ailanthoides*

別稱：刺蔥、烏不踏、越椒、烏山椒

生長環境：海拔1600公尺以下地區普遍分佈，尤以山坡開闊地最為常見

採集季節：一年四季皆可

食用方式：嫩心葉或幼苗可煮食，亦可醃漬食用

葉類野菜

食茱萸

　　原住民煮食野菜簡單又方便，常常是在七、八種野菜的大鍋菜裡再加入食茱萸的嫩芽葉，頗具風味！食茱萸入菜可以有多種吃法，可鹹可甜，任君選擇；其中，又以食茱萸的嫩莖煮綠豆湯味道最特別，食茱萸可以祛風，綠豆可以解毒，這道甜食，又有補充奶水的效用，據說是早期原住民婦女作月子時必食的補品。

　　食茱萸的嫩葉是一道味美可口的山蔬，可用酥炸的方式，也可以切成碎片做涼拌豆腐，或煎蛋、煮湯，吃起來芳香四溢，吃後齒頰留香。嫩芽也常被拿來當做香料以去除腥羶味，是滷牛肉、羊肉或豬肉的最佳配料，香味足可媲美我們料理中常用的八角、茴香。而它的種子有辛辣味，可代替

刺蔥蛋

刺蔥藤心雞湯

胡椒。採集嫩葉及幼芽時，要先輕剝葉片，將葉肉和葉脈撕開，才不致將利刺採下。

生性強韌的食茱萸經常野生於向陽坡或山徑走道旁。從前野生植株數量很多，來源不虞匱乏，取用時到屋後的山坡隨處可採。目前多數地區已遭開發，野生食茱萸棲地銳減，因而已經有人開始在庭院中栽植，也有人試著種植出售。

食茱萸除了好吃，根、莖和果實也都是多用途的中藥材，根、幹切片可以主治跌打損傷、風濕、感冒。果實性火熱，為健胃劑，可以治療便秘、消化不良、中暑等。它的嫩葉還具有殺蟲、止痛、治心腹冷痛之效。它的根在民間用藥中是一味治糖尿病的良方。古諺有云：「昌蒲益聰，茱萸耐老」，民間記錄食茱萸對患有結核病、腫瘤的病患相當有療效。

食茱萸是一種容易讓人留下深刻印象的野味，如同芥末或更甚於芥末，帶著濃濃的刺嗆味，有人一嚐就愛上它，且念念不忘，然而也有人卻是害怕其味道，敬謝不敏。

食茱萸全株都長滿了刺。

昭和草

　　昭和草從頭到腳均可食用，不僅煮起來味道有點像茼蒿，甚至連它的「柔軟性」和「縮水性」也很相近，因此也有人叫它野茼蒿菜或山茼蒿。它的繁殖力及適應力驚人，分佈於海拔二千五百公尺以下的山野、田邊、荒廢地、空曠地乃至於海邊，一年四季都可以採集，又以春、秋兩季的口感最佳。

　　它的名字看起來應和日本有些關聯，聽族裡的前輩說：當年台灣割讓給日本，日本人在發動第二次世界大戰之前便已有周詳的計劃。昭和草是適應環境的高手且繁殖力超強，日本人靈機一動就將它從日本引進台灣，好讓它生長在台灣的每一片

　　菊科，昭和草屬。一年生草本，莖葉立多分枝，莖葉鮮綠柔軟肉質而多汁。全株具有特殊香氣。葉互生，長橢圓形，葉基部呈羽狀深裂，葉緣有不規則鋸齒狀。四季開花，頭狀花呈紅褐色，基部膨大，全由管狀小花所組成。果實具長絨毛，成熟時像個小圓球般，常隨風飄散，繁殖力相當強。

阿美族語：mauway/pahaciway

學名：*Crassocephalum crepidioides*

別稱：神仙草、救荒草、太子草、山茼蒿

生長環境：全島海拔2000公尺以下之山野、田邊及荒廢地

採集季節：全年皆可，冬春季最佳

食用方式：嫩莖葉及幼苗可煮食、炒食或油炸食用

昭和草炒出來的口感是野菜中的極品。

土地上，以便戰時可當做日本軍士官的蔬菜。

昭和草生長迅速，可說生命力強悍，這種小草長得很快，沒多久草莖末端即開出一朵朵小紅花，由於昭和草的莖部實在太細了，小紅花的重量令植株難以承載，所以每朵小花幾乎都呈倒懸狀掛在頂端，看起來有點像浴室中倒懸的蓮蓬頭，真的可愛極了！飽滿熟透的昭和草花會逐漸由紅轉白，最後終於漲破花萼並慢慢形成白絮狀，一旦起風，就隨風四處飛散。

昭和草可說是野菜中的佼佼者，由於莖較粗大，採成株之莖時可以先去皮再炒食、煮食或醃漬成小菜；嫩莖葉或幼苗洗淨，可以清炒或加肉絲，甚至以涼拌的方式調理，風味絕佳，百吃不厭；採下頭狀花蕊，沾上麵糊，用大火快炒或油炸，亦是一道特殊的現代口味野菜；其他還有脆炸神仙菜、神仙菜炒蛋、神仙菜紫菜捲等烹調方式。

根據藥書記載，昭和草整株具有健脾消腫、消熱解毒、行氣利尿之效。專家研究，還有治高血壓、頭痛、便秘等效果；全草搗汁加蜜，內服可以治腹痛。此外，如果在野外遭蟲咬或外皮有擦傷時，不妨直接由附近拔取昭和草，將莖葉搗碎敷於患部，即可發揮治療的功能，效果頗佳。

對人類的味覺來說，蔬菜和野菜最大的不同就是蔬菜經過長期人工育種，莖葉變得柔嫩多汁，此外，一般的蔬菜也顯得較脆弱，只要經過幾次狂風驟雨，或在雨後積水中浸泡，就會因水傷而腐爛。然而昭和草這類野菜卻最喜歡天天下雨，如此它的葉片才能更增鮮嫩。採集昭和草時可從頂端嫩處折斷，而不要整株連根拔起，以維持它在野外的數量。

繖形科，水芹菜屬。多年生草本，全株光滑無毛，葉互生，葉形多變化，二至三回羽狀複葉。花序複繖形，小花白色，花瓣五片，春末開花。果實長橢圓形。外型類似一般的芹菜，味道也相近，高可達一公尺餘。由於水芹菜成群落聚集，只要找到一撮，沿線就必定會有一叢。

阿美族語：i nanumay a luhevaw	
學名：*Oenanthe javanica*	
別稱：水蘄、細本山芹菜、水英	
生長環境：全島海拔2000公尺以下之濕地、水田邊、潮溼林下或溪流河邊等	
採集季節：一年四季皆可，初春至仲夏最佳	
食用方式：嫩莖葉及幼苗可煮食或炒食	

葉類野菜

水芹菜

　　如果你想試試野菜的風味，不妨在出外踏青時，到水田邊或溪畔附近找些細嫩的水芹菜來過過癮！水芹菜顧名思義，通常長於水源豐富的地方，生長中需大量的水分，所以仔細觀察後你會發現，水芹菜的莖是空心的，與同科不同種、嚐來滋味全然不同的山芹菜之實心的綠莖確實有別。水芹菜的

味道好像香菜，宜作配角，適合煮湯，當湯水香氣相互交融時，它很能滿足既愛咀嚼又愛享受嗅覺的人。

　　水芹菜可食的部位是幼苗及嫩莖葉，料理法不論是素炒、炒肉絲或煮湯，味道佳且芳香可口。也有人將嫩莖葉洗淨，並以鹽醃漬成小菜生食，也是美味野菜。不過在料理時請務

必記得，千萬不要將葉片摘除，因為葉片跟嫩莖、葉柄同樣好吃！

每年三至五月是新芽盛發期，此時，如能採摘它的頂芽烹煮是最理想的，因為頂芽最嫩，採摘後還可促進側芽生長，形成更多的頂芽！它的葉形變化多端，有的呈卵形，有的呈線形，這些都是因為生態環境所引起的差異，但味道都一樣鮮美可口。

小時候每每到水溝邊摘取時，就覺得水芹菜是永遠摘不完的野味，我們常以鹽醃漬成泡菜的方法來吃，兒時的放牛同伴們也常沿著溪流河邊採水芹菜，甚至撿拾養鴨人家的鴨蛋來作為伙伴們的午餐。因

此，每當有人問我花蓮有什麼野菜好吃時，我會告訴他這種看起來像芹菜卻比芹菜小得多也嫩得多的「水芹菜」，在早期尚未禁獵期間，也常有機會與山珍一起炒食呢！

水芹菜除了供作食用之外，還能用來治高血壓，另外還有利尿、解熱、利腸、益氣等功效。

蓼科，蓼屬。多年生蔓性草本，高可達一公尺，莖葉無毛，紅色，分枝有稜有溝。葉互生，卵形或長橢圓形，葉面常見斑紋，葉柄兩側有狹翼，托葉鞘膜質。花為白色或粉紅色，圓錐花序，四季開花，生命力強韌。堅果具有三稜，卵球形，成熟時黑色。

阿美族語：kuliya

學名：*Polygomun chinense*

別稱：清飯藤、冷飯藤、烏炭子

生長環境：平地至海拔2500公尺以下之山野、路旁、荒廢地

採集季節：中海拔於春至夏季，低海拔四季皆可採集

食用方式：嫩莖葉、果實可煮食或炒食，熟果也可直接生食

葉類野菜

火炭母草

火炭母草的生命力很強，經常可以在籬笆附近、水溝旁、山路旁發現，往往成群繁生，到處都看得到它。小時候，火炭母草是我們鄉下小朋友的零食，它的果實就是好吃的野果。

不知它是否困擾過你的庭園？是不是曾經想將它剷之而後快？你認為它一文不值嗎？告訴各位，它的嫩葉可是免費的野菜，雖然帶有酸味，只要經過處理後仍然可變成可口的佳餚。它的成熟果實多汁且帶有甜味，可以生吃，小時候我們這群孩子常用它來比賽採果子，採來就裝在竹子節裡，甚至比看看誰吃得多、誰的舌頭

較藍青。在隨處都可採到它的狀況下，不妨嚐嚐這味健康的野菜。

如果你不喜歡酸味，不妨先將它汆燙一下再大火快炒，雖然火炭母草一遇熱顏色即變黃，感覺上並不怎麼美觀，卻仍是一道不錯的野菜。

除此之外，在中藥方面，它的好處也不可以忽視。它的葉片和雞蛋炒食可以止痢與去皮膚風熱。記得小時候長膿包，媽媽常將火炭母草的莖葉搗爛，治療指部腫毒與拔膿；甚至取鮮莖葉水煮，因其湯汁溫和，被用來滴眼睛以利眼睛的消炎及掏取眼中的異物。族人說，青少年成長期間如果發育緩慢，可以多吃火炭母草好快快長大。

小時候沒有東西可吃，常常抓一把就當零嘴，因為它有點酸。

菊科，艾屬。多年生草本植物，莖高約一公尺，地下有根莖，分枝頗多，集中於莖之上部。葉互生，橢圓形，羽狀分裂或具有缺刻，葉柄的基部延伸成翼狀；葉表綠色，葉背密生白毛；其莖、葉均含有濃烈之香氣。秋季開花，頭狀花序淡黃色或淡褐色，在各分枝末端排列成圓錐花序。瘦果長橢圓形或扁平狀，有冠毛。

阿美族語：kalaepa	
學名：*Artemisia princeps*	
別稱：黃蒿、艾蒿、灸草	
生長環境：低海拔山野、路旁或荒廢地間	
採集季節：全年皆可，但以春、夏兩季較佳	
食用方式：嫩莖葉可煮食或炒食	

葉類野菜

艾草

　　艾草的自播性與適應性是相當驚人的，只要是向陽且排水順暢的地方，不管在低海拔的郊野、路邊、溪畔或空曠地，都是它生長的溫床。對原住民來說，它也是上等的野菜，隨時隨地都可取得。

　　早年由於原住民生活條件較差，居住環境自然也受到影響，因此老人家常會把艾草綁起來掛在居家四周，甚至把它的葉片揉碎，讓它散發出特殊的芳香氣味以驅除蒼蠅。還記得族人常會將捕獲的魚或狩獵到的獵物用姑婆芋葉子包起來（姑婆芋的葉子有保鮮作

用），但在用姑婆芋葉子包裹之前，一定先將艾草葉摩擦在魚肉上面，甚至將新鮮的小枝條鋪在上面來驅除蒼蠅。當然，今天的我們可能已經沒有機會再有這樣的生活經驗！

家裡若有院子，不妨在一角

種植艾草，既可綠化，更可隨時採來驅蚊逐蠅，並作各種食用，如偶爾做成艾草煎餅、艾草炒肉絲或艾草煎蛋，或用來點綴冷盤及調味，吃起來十分爽口。

根據藥書記載，艾草是很好的婦女調經藥，對腹痛、止血頗有效力。追求變化的現代人更豐富了艾草的多樣使用：將嫩葉搗碎，與糯米粉團或麵粉團混合揉搓，製成芳香的糕餅食品；甚至將艾葉曬乾來泡茶，或作為針灸及印泥的材料。近幾年還流行於端午節的中午時分以艾草煮水，用其蒸氣沐浴，據說可除百病。艾草的用途，真是多得不勝枚舉！在漢俗中，每到端午節，門上也要插艾草避邪呢！

菊科，鬼針草屬。一年生草本植物，莖方形、直立，分枝多，全株光滑無毛，高可達100公分。葉對生，粗鋸齒緣，葉為羽狀複葉。四季開花，外圍舌狀花為白色，中央為黃色管狀花。瘦果為黑褐色，前端的宿存萼具有倒鉤刺，以附著人畜的方式傳播。

阿美族語：karipudut	
學名：*Bidens pilosa*	
別稱：赤查某、白花婆婆針、鬼針草	
生長環境：海拔2500公尺以下的山區、荒野、路旁、溝邊及村落附近	
採集季節：一年四季皆可	
食用方式：嫩莖葉可炒食或煮湯	

葉類野菜

咸豐草

每到園裡整地，雖是小心翼翼卻依然防不勝防，身上沾的都是咸豐草的果實。隨處可見的咸豐草常以小群落的方式存在，而最近幾年以大花咸豐草最為常見，大花咸豐草與咸豐草的區別，在於舌狀花瓣的大小，但兩者在食用及藥用的特性上幾乎無不同。

咸豐草可食的部位是較嫩的莖葉，洗淨之後便可炒食、煮湯或燙熟後加點調味料；而較老的莖葉亦可燉排骨湯，也可煮開水喝，是夏季清涼茶的絕佳原料，又可熬成湯汁再加點黑糖當茶飲用，能解渴、預防肝炎和中暑。

採集咸豐草並沒有季節的限制，但是以春末至初秋最佳。夏季酷暑時，更可多採集利用。在部落裡，它的食用法就如同龍葵、昭和草、兔兒菜等

一樣，常常是阿美族大鍋菜中七、八樣野菜之一。

記得小時候，大家一起玩追逐戰時，常常採集足夠的鬼針當飛鏢充武器。第一次當發現褲腳、裙襬沾滿了細小黑色的帶逆刺的瘦果時，簡直嚇了我一大跳，還以為是小蟲子爬滿了衣服，用力抖也抖不下來，用手撥也趕不走，真是恐怖！這沾黏在衣服上的鬼針就是咸豐草的瘦果，身子輕巧纖細再加上頭頂兩根長著逆刺的附屬物，自然能強迫中獎，人們等於無意間幫它將種子傳播到遙遠的地方，使它「草丁興旺」。

咸豐草全草可供藥用，其性味苦平、無毒，具有清熱、解毒、利尿、消瘀、消腫等功能，它亦可治流行性感冒、咽喉腫痛等，其鮮葉搗敷可治瘡瘍，有消腫、拔膿生肌等效果，其藥用價值可是不同凡響！

桑科，榕屬。落葉性喬木，每年落葉二至四次，枝幹上有發達的氣生根。落葉之後，立刻又萌發新芽，新芽在開展前，被大型的白色托葉包裹著，嫩葉常帶紅褐色或茶褐色，通常集中在小枝末端，葉柄甚長，葉身長橢圓形。隱花果淡紫紅色具有許多白色的斑點，常簇集在小枝或粗幹上，密密麻麻蔚為奇觀。

阿美族語：vayal	
學名：*Ficus wightiana*	
別稱：鳥屎榕、赤榕、紅肉榕	
生長環境：低海拔山野、市區、郊野甚至大城市裡也十分常見	
採集季節：一年四季皆可	
食用方式：托葉和果實可炒食或生食	

葉類野菜

雀榕

　　在台灣，幾乎找不到第二種植物像雀榕這樣勤於更換葉子的，竟然可以在一年裡落葉2～4次，甚且是統統掉光之後再來個滿樹的新芽新葉，看起來既乾淨又漂亮。雀榕的果子數量更多得驚人，孩童時期，我們常常躲在雀榕樹底下，偷看著成群的白頭翁、綠繡眼、麻雀等鳥類來吃成熟的果實，此時，躲在樹底下的我們早已準備好彈弓，瞄準前來覓食的小鳥……！那種期待與刺激的感覺，是值得回味的童年往事，從這方面來看，鄉下孩子的生活真是豐富！

　　鳥兒吃了雀榕的果子以後就到處拉屎，它的種子就利用這個機會四處發芽。即使拉在牆上或是樹幹上，只要有足夠的

濕度，無需土壤照樣能夠逐年長大，這也是它生命力驚人之處。

雀榕的可食部位是白色的托葉及成熟變軟的隱花果。它

的花期並不固定，一年當中除了最冷的一兩個月外，都可以看到它隱花果滿枝的盛景，所以整年都可能採到其托葉及熟果。托葉可摘取來生食或炒食，那酸酸的甘味，包你吃過還想再嚐；紅熟的隱花果可直接食用，如果嫌苦澀味太重，也可以先用沸水快速汆燙，再用糖或鹽醃漬一、二天，就相當好吃了，而原住民的小孩通常只稍沾點鹽即可入口。

菊科，紫背草屬。一年生直立或近直立草本，枝條柔弱，全株帶粉綠色，但莖葉背光處常帶紫紅色；葉的基部抱莖，羽狀分裂，葉柄有翼。四季開紫紅色花、頭狀花序作繖房狀排列，每一頭狀花序長約1.2公分。花後瘦果成熟，白色冠毛蓬起。

阿美族語：kaduwangay	
學名：*Emilia sonchifolia*	
別稱：葉下紅、一點紅、紅背草	
生長環境：全島平地、海邊及低海拔山野	
採集季節：四季皆可	
食用方式：嫩莖葉可煮食或炒食	

葉類野菜

紫背草

　　紫背草的植株型態因生育地環境的不同而有所變化，不一定每株紫背草的葉背均為紫色，因此「一點紅」的名稱反而更為貼切。

　　菊科植物中有些具有豐富的乳汁，紫背草也是其中之一。只要將莖葉折斷，白色的乳汁便流出，乳汁的味道極苦。原住民對野生的菊科植物都將它歸類為Sama'的一種，其嫩莖葉煮起來苦味帶甘，傳統的吃法並不刻意排除苦味。但若將較嫩的莖葉先以沸水汆燙，撈起來瀝乾再行炒食或煮食，可去除苦味。如不用沸水汆燙除去苦味，也可將嫩莖葉與香料及其他的調味料一起調勻，再加鹽醃漬一段時間後食用。也可以將花蕾或剛開不久的頭狀花房，沾麵粉蛋汁來油炸，味道真的也很不錯。

紫背草最特殊的地方是整個植物體無論鮮用或陰乾，都可解熱消炎、外敷癰疽，且全年均可採集，全草均可入藥。記得小時候，祖母常用它來將葉搗汁並塗抹在患處，第二天便會結痂，是很好的跌打損傷藥，也是族人常用的藥材，同時它也能塗火傷、消腫。

紫背草也是救荒食物之一，還有兔子也特別喜歡吃紫背草的葉子，如果家裡養了兔子，可以用紫背草餵食，牠們似乎一點都不在意它的苦味。

3／阿美族野菜圖像／葉類野菜

葉類野菜

鼠麴草

菊科，鼠麴草屬。一年生草本植物，常以大小不一的聚落存在，採集甚為方便。植株短小，密生白色綿毛呈綠白色，葉片匙形或倒披針形，全緣。二到三月期間開花，頭狀花金黃色，全部由管狀花組成。瘦果長橢圓形，具有黃白色冠毛。

阿美族語： padadiw

學名： *Gnaphalium affine*

別稱： 清明草、鼠耳、無心草

生長環境： 低海拔山區普遍分佈，常出現於庭園、菜園、潮濕鬆軟的耕地及開闊之荒廢地間

採集季節： 四季皆可，但冬春之際最佳

食用方式： 幼苗及嫩莖葉可煮食或涼拌

清明節前後，農田間常會長出俗稱「清明草」的鼠麴草。鼠麴草小巧的身子配上白白柔柔的綿毛，再加上黃色的金冠，整個植株的顏色特別有一種調和柔美的感覺，挺可愛的！採摘鼠麴草最宜在二月到四月間，其他季節雖然也有，但還是在初春較細嫩，想要品嚐的話就要把握這段時機。

孩提時期，每到二期水稻

插秧時，就吃得到鼠麴草做的點心。其實原住民當它是一般的野菜吃，而在漢人社會則將它用來製成粿，即摘下新鮮的鼠麴草，先以清水煮熟再取出清洗、切碎，加些糖水、和上糯米漿，作成香噴噴的鼠麴草粿，這種食品具有特殊的香氣及滋味，吃起來口齒留芳。此外，可將幼苗及嫩莖葉洗淨，先以沸水汆燙，再依自己喜好蘸上多種調味料，也是一道可口美食。

它也是野外求生者很合口味的野菜；如果不馬上食用，可將整棵植株置於陽光下曝曬乾燥，較利於保存。根據中醫藥專家的研究，鼠麴草也是一種中藥材，整株草具有鎮咳、祛痰的功效，並可治氣喘、高血壓、胃潰瘍及支氣管炎等。

葉類野菜

細葉碎米薺

十字花科，碎米薺屬。一年生草本，也是休耕期間農田裡常見的野菜。葉互生，羽狀分裂，頂葉最大。總狀花序腋出或頂生，花白色，花冠十字形，花瓣長度約花萼的兩倍。長角果圓筒形，內有種子十餘粒。

阿美族語：epaw

學名：*Cardamine flexuosa*

別稱：蓽菜、碎米菜、田芥

生長環境：全島低海拔平地至山地

採集季節：12～5月，以2月較佳

食用方式：幼苗及嫩莖葉可炒食或煮湯

從字面上來看，「細葉」當然就是葉子很小的意思，「碎米」也是袖珍玲瓏的同義詞，它的特徵正是「又細又小」。

有許多植物到了冬天就進入休眠，但也有不少偏愛冷涼的夏眠型野菜，興高采烈地在病蟲害較少的寒冬中吐出新芽，細葉碎米薺就是這類的野菜。冬末到春

初，當田園沒有其他農作物的時候，正是這種植物大量生長的季節。在短短幾個月的時間內，便能發芽、成長、開花、結果，是一種快速生長的小野花。每年細葉碎米薺從草地間、牆角邊、水溝旁冒出，往往不是單獨一株，而是三五成群地一起出現，當它長在土地貧瘠的地方，到五、六公分左右就開始抽出花穗，綻放又小又白的花，沒多久就長出一根根細長的「豆豆」。

開花以前是採集時機。對阿美族來說，它就如同漢人吃的香菜（芫荽），在田野工作時，隨地採集除去根部後，洗淨沾點醬油、鹽巴就可以入口了，其味道類似芥菜，微辛，很誘人，非常適合生食！

細葉碎米薺的幼芽及嫩莖葉都可以當野菜，洗淨後素炒或是大火快炒肉絲，美味可口。另外幼芽及嫩莖葉乃至花序的末梢，都可拿來煮蛋花湯、豆腐湯、貢丸湯等；也可以沸水汆燙後加點調味料，直接下飯。

細葉碎米薺全草含有維生素B、C以及脂質，且具有利濕清熱、解毒消炎的功效。

菊科，黃鵪菜屬。一至二年生草本，全株被有軟毛，全株有白色乳汁。莖單一或由基部分生數枝，直立，基部葉叢生，葉片呈倒披針狀橢圓形，花莖只有當預備開花時才會冒出來，花莖上通常只有一至四片小葉子。頭狀花黃色，全為舌狀花所組成。瘦果頂端有白色的冠毛。

阿美族語：sama'	
學名：*Youngia japonica*	
別稱：山菠菜、山崧菜、黃瓜菜	
生長環境：全島低海拔山野、庭園、荒地等	
採集季節：一年四季皆可，夏季最佳	
食用方式：幼芽、嫩莖葉、花可炒食或煮食	

葉類野菜

黃鵪菜

　　黃鵪菜是植物社會中絕對的多數民族，個個族群龐大，它的普及率跟昭和草比起來可是不相上下，能生長在平地的任何一個角落，不論是在院子裡、馬路邊、荒野，甚至連花盆中均可發現它的蹤跡，其普遍性或許可稱得上是菊科植物之冠。

　　很多人經常把黃鵪菜、苦苣菜、兔兒菜三者搞混了。或許因為菊科家族的註冊商標——頭狀花序太過像了吧，但是只要仔細觀察比對，並不難分辨出來。黃鵪菜的頭狀花要比另外兩者小得多；苦苣菜與兔兒菜的頭狀花都在1～2公分以上，通常苦苣菜不僅具有租壯的莖，還有排列緊密的舌狀花；而兔兒菜的莖細小，舌狀花排

列較鬆散。

黃鵪菜的幼芽、嫩莖葉、花
蕾都可以食用。煮前先以熱水
汆燙或浸鹽水去除苦澀，再以魚
乾、肉絲炒食或涼拌，將花兒洗
淨沾麵粉或蛋汁炸成甜不辣也另
有一番風味，也有人將採集的整
棵植株洗淨後曬乾備用。

黃鵪菜常常在院子或花園
中大量滋生，成為難以根除的
野草，這時最好的方法就是
「吃掉它」！它不但是救荒的
野菜，同時也是一種能清熱解
毒、利尿、消腫和止痛的藥

草，別瞧它花兒小，好處可多
得很喔！也可用於治感冒、咽
喉痛、扁桃腺炎等症。

石竹科，繁縷屬。一年生或二年生草本植物，莖基部呈傾臥狀，柔軟多汁。葉片對生，卵形，有柄，全緣或波狀緣。二至五月間開花，花腋生，單立，花瓣、萼瓣各五片，但花瓣先端深裂，乍看好像是十片，花冠白色。蒴果卵圓形，種子小而數量多。

阿美族語：kerat

學名：*Stellaria aquatica*

別稱：雞腸草、牛繁縷、水繁縷

生長環境：全島平野及低海拔山區，常以大群落方式聚生於休耕的農田或菜園間荒地

採集季節：冬季至初夏（12～3月）

食用方式：幼苗及嫩莖葉皆可炒食或煮食，亦可汆燙涼拌

葉類野菜

鵝兒腸

　　鵝兒腸是非常普遍的野生植物，有時候甚至可以看到它們將整片休耕稻田塞得滿滿的，即使比它們小的植物都難以生存。以前的農家常以鵝兒腸來餵食家裡養的鵝，因鵝的食量大，不停地吃又快速地消化，根本來不及餵食，因此就將鵝趕到稻田裡，任憑它們愉快地爭食，小鵝們興高彩烈，小主人當然更樂得輕鬆。

　　鵝兒腸可算是阿美族人最愛的佳餚，春季裡到處有它的蹤跡。在休耕農田中常可看到族裡的婦女結伴採摘，每個人帶一個袋子，忙著在田中拔起一株株的鵝兒腸再用小鐮刀割除較老的莖葉，然後將嫩綠的莖

葉裝入袋中。

　鵝兒腸可食用的部位是幼苗及嫩莖葉，洗淨後可清炒或是加其他佐料齊炒，滋味極佳，也可以先用開水燙熟，再加調味料，是相當下飯的一道菜。

　二月間是鵝兒腸長得最茂盛的時候，幼苗及嫩莖葉到處都是；原住民最原始簡單的吃法就是煮湯，怎麼煮都好吃，甚至加些龍葵、昭和草等混合煮，是健康菜的極品。據族人說，鵝兒腸全株可作為藥用，它可當利尿及催乳劑，也可治眼疾及腫毒等，好處真不少呢！

鵝兒腸不是餵鵝的，是我們可以吃的野菜。

花蓮市民農園實務記

一月初，一個晴朗的中午，路過花蓮市市民農園，看到一塊塊標示著種植者的名牌，園子裡呈現的都是各種不同的蔬菜，我突然間覺得「耕種」將會帶給我更豐富的生活體驗，於是毫不考慮地就到花蓮市農會推廣股去登記，承租了兩小塊的園地。然而，當我看到自己承租的園地是一片雜草荒漫的廢耕田時，眼前的景象不禁引來心中一陣疑惑，這樣的土地能夠種出蔬菜嗎？

當我從承辦人手中接到種子和肥料時，心裡竟想著：這些種子我都不需要，到處都有的野菜，何不將它移植來種種看。不過到底可行性有多少？老實說，我完全不知道，我只想嘗試以「野菜」來栽培，甚至將它產業化，讓原住民展現大自然謀生的精髓，走向高經濟作物的收益。

雖然只是兩小塊的園地，我和女兒、父母親整整花三天的功夫整地、翻土、澆水，這些工作都是小時候做過的，但那時對種菜並沒有什麼概念，還好經過父母親的指點和教導，寒假期間自己也花了不少時間，才將一畦畦的田地種了龍葵、芋頭、兔兒菜、葛鬱金、杜虹、地瓜葉、麵包果樹、糯米團、黃藤、野番茄、過貓菜蕨、狀元紅、小辣椒等等，凡是當季看得到的野菜大概都移植過來了，只要有空，我早晚必定都到園裡整地、除草、澆水。

有一天，隔壁的歐巴桑問我到底種的是什麼？這種野草怎麼能吃？由於我的台語不夠流利，只簡單回答她：「野草很好吃」。想必在她看來這些不過是菜園裡的雜草，殊不知這些野菜卻是我們阿美族的最愛。

第一批野菜長得很茂盛，我甚至邀請朋友來摘，雖然只有一小塊二十坪左右的園地，我卻將近種了三十種野菜。移植、種

植、整理照顧、拔草、灑水的工作，不是一大早就是傍晚必修的課程，於是車子裡無時無刻不帶著工具和布鞋，一方面抱著親耕的情趣，享受田園之樂，另一方面就當作是運動，每天活動筋骨讓身體流流汗，手腳接觸泥土享受鄉土氣息。就這樣，每每傍晚離開園地時，已經是摸黑了。

三月底，利用週休二日的假日，一早與母親到七星潭砍了幾株林投根，嘗試在園地裡種植，再補種父親從山上採集到的山蘇及苦蕨，二十坪的園地一點空隙都不留。全家總動員的工作是很愉快的，然後父母親又協助我搭架蓋黑膠網，好讓山蘇及苦蕨能長得更好，畢竟它們是生長在山裡陰濕的地方。我想從移植、種植的過程中，來看看長在大自然裡的野菜是不是不用任何化學肥料、殺蟲劑，只要瞭解其習性，選擇或創造它們適宜生存的環境（例如向陽、嗜水、向陰、嗜肥、排水等），就可以生長得很好。

兩個月後，發現林投只活了兩棵，結論是這裡的土質並不符合。六月初我陸續又種植了小苦瓜、木虌子、黃麻嬰、白鳳豆、紅菜豆、樹豆、水芹菜、鵲豆、玉米、秋葵、萊豆，把小園地再度擠得滿滿的。因為這個園子，我的生活充滿了泥土的芬芳，工作之餘，浸淫在雨水的氣息及耕種者的汗水和喜悅當中。或許每個人都潛伏著一種對泥土的渴望吧？從觀察中，發現這些在耕種的市民農夫們，有的自小在農家長大，有的一輩子沒有真正摸過泥土，但當那親近泥土的渴望被誘發出來之後，所得到的樂趣是在任何地方都找不到的，若你問我那是什麼感覺？或許你得親自來聞一聞泥土的香味，看一看新發芽的嫩葉在陽光下的可人模樣，也許幾個月之後，你也會荷鋤揮汗闢出一個園子呢！

四季裡，時序迭有更替，氣候上也有明顯的變化，雖然對於種植蔬菜來說這算是頭一遭，但在父母親農耕知識的傳授下，再加上自己這幾年來花較多時間勤於田野工作，一季一季看著不同野菜的成長，一面澆水的同時，不由得欣賞起自己的傑作。辛勤努力的付出總是有收穫的，望著從雜草叢生的情況變成綠油油的菜園，一股欣慰的感覺油然而生，早就忘記流過的汗水與勞累的感覺，而往後心中就好像被一根細絲牽連著，每天總要去看看、摸摸，整理一下我的野菜。收成時，採集多餘的會分送鄰居和親朋好友或和別的承租戶交流，那種感覺真好，想想早年原住民的生活不就是如此嗎！相信大家來到市民農園不是比產量，而是為了休閒健身，所以就算拔拔草也不覺得辛苦，只求種出來的草能夠吃得安全，吃得安心呢！對我來說，我純粹是從嘗試的角度出發，然而，帶給我的附加價值卻遠超過我所想像和預期的。

　　眼看著小苦瓜、白鳳豆及豆類不斷成長，於是，又請父母親協助我搭另一個竹網架，好讓這些蔓藤能攀爬上去。正值暑假期間，逗留在田園的時間也就更多，在栽植的過程中，我分別將野菜一一拍照成幻燈片，從成長過程到收成，我徹徹底底享受了豐收，享受勞心勞力過後的農產收穫。再說，時下正流行推廣有機蔬菜，這兒正是好機會，能讓自己親身體驗全程DIY的樂趣呢！只是自己還沒有時間以土法煉鋼的方式來製作堆肥，相信那又是一大學問。

　　有人問我，究竟是什麼力量讓我投入這樣的工作？或許是因為這些年累積、蒐集、整理了一些原住民的野菜，進而想從實際種植的過程中知道栽植野菜的可能性，在呼籲原住民保持其傳統文化的同時，能研發與推廣野菜，以收到生計上的效益。再者，可從野菜種植的特性進一步提供生物技術產業研發，或許可在東部原住民的田園規劃種植，源源不絕地供應健康的野菜，想必能成為東部的特色，增添地方風情的美味，也可為許多原住民注入田園的生機，促發原住民勤奮農耕的前途。

U nipadudu tu suwal nu misuritay tina cudad

U tamedaw nu Hwalinse, mikawmah tu sadatengan paini tu suwal misuritay tina cudad, miesuyay tu sadatengan a umah, paluma tu maamaan a datengan.

I sakacacay a vulad nu miheca, u kalahukan kapah ku remiad, mitaeliv kaku i Hwalinse, ira ku sadatengan, pahecekan tu mangalayay a mawmahay a paya, ina sadatengan palumaan tu maamaan a dateng. Masimsim nu maku, anu kawmahan nu mita, a adihay ku kavanaan tu saka i dateng. Caay pitekuk kaku, tangsul sa kaku a tira i Hwalinse Nunghuy a panangan, tusa a kilac ku ni piesuy nu maku tina sadatengan, nisawadan a mawmah, tanu rengus saan, pavaliw ku valucu' nu maku? anu palumaan tu dateng remangaw hakiya ku dateng sa kaku?

Yu namapaveli ku sitatudunga tu sapaluma' atu sapadamek, simsimsa ku valucu' nu maku, sapimaan adihay ku sapal i umahumahan, pasapal han a paluma nasa kaku? Nika malecaday hakiya ku tatudung? Awaay ku vanavana' nu maku? Tanengngaw masa a cacay ku masimsimmay a paluma, a palasiwvayen nu mita? a pasadaken nu mita ku sakaurip a dateng nu Pangcah? U sadak a pakasietanen nu mita ku Pangcah? Caay ka hacuwa ku dadahal tasa a kilac kina papalumaan a sadatengan, makumud kami atu wawa aku atu ci wama atu ci ina nu maku, pakatulu a remiad, a milisimet, micakcak, mipananum...,na u demak tu yu adiwawa henay, nipasevanaan nu matuasay, sisa mavana'. Pipantangantu kasienawan, kiya palumaan nu maku tu tatukem,tail,sama', katakuli,cihak,ka wpir,apalu,valinunu,dungc,kamulaw, paheku, kamacal, karimuced...anu maan ku langaw nu laed nu miheca, sipaluma nu maku, anu silawad tu davak atu sangsanadev, tayra kaku a milisimet,milirengus, pananum.

Yu cacay a remiad, i viyaway a vayi suwalsa " u maan saw ku nipaluma nu misu?" makaen haw ku mahiniya a rengus saan? caay kavana' kaku tu suwal nu taywan, pacauv han aku "cikawni cawan kayhu ciya?" ina vayi nu Taywan, u rengu sa tu dateng nu Pangcah, caay kavana', araw u alesu'ay a dateng nu Pangcah.

Saayaway a sadak nu dateng maluvic luengel, takusen nu maku ku cavay a tayni midateng, anu caay ka dadahal kina sadatengan, nika makaalatu 30 ku nika kinihkinih nu dateng,pasapal,paluma,milisimet,milirengus, pananum...a demak, caay pihivang tu davak atu sangsangdev a sidemek, u karireng nu maka, caay kawalesay tu sakamawmah atu kucu, lipahak ku valucu' tu ulaha tina sadatengan, u ruma hantu hanipiungdu ku sausi, malaylay ku tiretirengan a situhem, miteving ku kamay atu kuku' tu sera, vangsis ku sanek nu sera, sangsangdevtu a taluma', cacay haw kalipahak ku valucu' ?

U pesur nu tuluway a vulad, tusa a remiad kini pilipayan, mahekulung kaku a ci ina nu maku tayra i ci Katinga miala tu lamit nu paringad, mitaneng a paluma i sadatengan, pacamul han tu nikilimam ni ama aku, namakalutukay a rukut atu alngelay a paheku, matumes a palumaan kina sadatengan. Tanu ulahsa ku i luma' niyam a midemak, palidunga ni ama a ci ina tu muhetinga a vayang, sakakapah nu langaw nu lukut atu alngelay a paheku. Nama kayni simsim sa kaku, ini pasapal atu paluma tu dateng nu Pangcah, namakiniya i seray a dadeng nu umahumahan, caay kiyari padameki, caay kiyari pisuduku, pakunira han ku pisiteked nira.

Mahiniyaay pasacidal,sinanum,pasilidung,sidamek, caay kanevnev nu nanum..., pakunira han kapah ku nika lemangaw.

Namahaen malawit ku sakatusa a vulad, ya ni palumaan tu paringad, tusa ku mauripay, caay kalecad ku sera kiyari. Enemay a vulad, paluma aca tu adidiay a kakurut, sukuy, muwa, payfongdo, hongciyado, vata'an, i nanumay a luhevaw, dayud, taviras, rara', singangayay a cupel rara'..., matumes kina sadatengan. ina sadatengan savangsissa nu sera ka'urip nu maku. Namawmah matiya mapadaesu nu sera ku ulah nu tireng, ira ku nipihalhal tu sadak nu makaseraray, nipimelaw nu maku,i na mawmahay ira ku namakamawmahay a sadak, ira ku caayay hen piteving tu sera, nikanamiteving tu sera awaay ku saptinaku tu ulah nu valucu', anu pitalitaan i takuwan, mamaan saw ku nu misu a nisimsim anu saan? a pangiha han nu maku a semuwal: pisaneki tu vangsis nu sera, pimelawi tu langaw atu langdaw nu papah nu dateng, caay kahacuwa ku remiad, a ma'inal aca kisu, a tamurung satu kisu tu tatak a misadateng?

Septay a nika sarumaruma nu laed nu miheca, ira ku ni kasumad nu remiad, a mavana' tu kita, a u macuwaay ku palumaan tu dadateng?

U nisadatengan ira ku nipasevana' nu wama atu ina. Itina pinaay tu a mihecaan misakilemal kaku a mikingkiw tu nu dateng, savalicvalic nu remi'ad a mimelaw tu langaw nu dateng, yu pananum sacacacay han a mimelaw, u ruma ku lipahak nu valuvu' . Nadupuh han ira ku sadak, na u rengurengusan mala langdawaytu a sadatengan, sadaksa ku ulah nu valucu', kapawanan ku tanan nu ngeru', nalikulan matiya u nisu'utan tu keliw, caay kaputun tu remiremiad tayra sa a mimelaw, mipuhpuh, a milisivet. Yu midatengtu sipavatis i viyaw atu laluma'an atu cavay atu ya siseraay, caay kasatuduk ku ulah nu valucu', nanu tiya maha'en kita u Pangcah, anu ira ku ma'an, iratu ku nipapavatis. U nipaluma'an tina sadatengan, caay ka u nipapasenen, u nima ku adihayay a sadak saan, hanipilaylay han tu tireng, tata' akay a lu'uc kiniyan, caay kalihalaway atu caay kasarawraw sa ku valucu' a kemaen tina datengan. Na u lingatu nu maku a misadateng. Saayaway a mitaneng kaku a misadateng, u tuhem nu maku a misadateng, matumes matungal ku etan nu valucu'. Makamelaw tu adidiay a kakurut, payhongdo, u siheciyay a rara' a maemin, pipadangen nu maku ci ama atu ci ina a palangad tu nu a'ul, kangaayan a mikacakat. Katangasa'an i pipangtangan tu nu lalud, raraya ku remiad, a mihivan sacacay han aku a misasing pala hwangtengpiyen nu maku, na maka silangaw tangsa I nipiketev, sulinay adihay ku sadak nu maku, ira ku aca namangeru'. Pasun aca ira ku suwal tu yucisucay sananay a pavana', matakup nu maka a palalal, a u tireng tu ku midemakay, a u tireng tu ku maulahay, nika caaytu katangasa tu nipisatayhi a demak, caayaytu kadayum ku mahiniyay a demak.

Na iratu ku nitalivanaay i takuwa, namakcuwa ku kilemel nu misu a mitanen tu mahiniyay a demak? sulinay matenestu a mipu'pu' tu vana' a misiwasiw a milisimet tu dateng nu Pangcah. Namakayni i nipaluma atu langaw a tangasa i nipiketev, raraya' ku sapikingkyiw, a pasevana' a pangiha tu Pangcah: a caay palasawad tu rayray na maka tuasay a vana' tu dateng nu umawmahan, nika a tangalan tu nu aniniyay a vana' a mikingkyiw pakalemahad, a pakaira sipaysu a maurip, A tungalan aca tu nu aniniyay valuhay a Sengukeci, kiya matungal ku sadak nu dateng. Itini i sawaliyan nu Taywan, u Kalinko atu Tayto ku nipisilsil a paluma' tu dateng nu Pangcah, mapakaen ku mikapahay tu tireng a dateng nu Pangcah, malamicidekay itini i sawaliya nu Taywan, kiya singangan kita u Pangcah, mipadang tu tekelus a kaen nu Taywan.

台灣果菜誌　王禮陽　時報文化出版

發展中的台灣原住民　台灣省原住民文化園區

大自然的賞賜──台灣原住民的飲食世界　行政院文建會

原色食用台灣青草藥（一、二、三冊）　吳盛義編著　開山書局

馬太鞍阿美族的物質文化　李亦園　中央研究院民族學研究專刊之二

吃遍台灣特產　林明谷　稻田出版有限公司

實用鄉土植物　林果　淑馨出版社

原住民植物資源及利用研討會專刊　林俊義、蕭吉雄、沈百奎主編　台灣省農業試驗所編印

常見中草藥　林國華　好兄弟出版社

達魯瑪克的植物文化　林得次、劉炯錫　台東永續發展協會

原色台灣藥用植物圖鑑　邱年永、張光雄合著　南天書局

台灣藥草集粹　邱傑主編　聯經出版社

食野之苹　凌拂　時報文化出版社

東台灣原住民自然資源研討會　國立台東師院

台灣野花365天　張碧員、張蕙芬　大樹文化

台灣賞樹情報　張碧員　大樹文化

人對自然和解　曹定人譯　十竹書屋出版

阿美族的物質文化：變遷與持續之研究　許功明、黃貴潮　行政院原住民委員會

應用民族植物學　斐盛基等　雲南民族出版社

阿美族飲食之美　黃貴潮　東管處

阿美族傳統文化　黃貴潮　東管處

豐年祭之旅　黃貴潮　東管處

台東縣大武鄉大鳥村排灣族野生植物詞彙與用途之調查研究　楊炯錫、潘世珍　台東師院

彝族飲食文化　賈銀忠

台灣大自然深度之旅　綠生活編輯部　綠生活出版社

綠色資產　劉德祥番譯　大樹文化

野菜（一）、（二）　鄭元春　渡假出版有限公司

台灣的海濱植物　鄭元春　渡假出版有限公司

台灣的常見野花（一）、（二）　鄭元春　渡假出版有限公司

台灣的常見野花　鄭元春　渡假出版有限公司

常見的藥草　鄭琳枝等著　台灣省立博物館

U tadadateng nu Pangcah
台灣新野菜主義【阿美族語版】

作者　　　　Dongi Kacaw 吳雪月（Rinahem光榮部落）

出版者　　　Dongi Kacaw 吳雪月

協助單位　　台灣阿美族語言永續發展學會

　　　　　　Sifo Lakaw 鍾文觀

　　　　　　Sing 'Olam 星・歐拉姆 （Fata'an馬太鞍部落）

翻譯及修訂　Puyar Lavang 張文良（Dawli月眉部落）

　　　　　　Kumud Kilang Tahciw 李文廣 （Natauran荳蘭部落）

　　　　　　Dungi Valah 施玉珠 （Ciwidiyan水璉部落）

　　　　　　Dawa Lisin 吳阿金（Ciwidiyan水璉部落）

　　　　　　Usin Vuting 林金泉 （Mavuwakay南華部落）

　　　　　　Vahi Vuting 林英蘭 （Mavuwakay南華部落）

　　　　　　Aniw Ucida 周慧香 （Natauran荳蘭部落）

　　　　　　Yoko Tamurak 陳美莉 （Kiku溪口部落）

　　　　　　Tumay Hana 簡俊傑（Ciwidiyan 水璉部落-助理）

發行人　　　　　何飛鵬
事業群總經理　　李淑霞
社長　　　　　　張淑貞
總編輯　　　　　許貝羚
出版　　　　　　城邦文化事業股份有限公司
　　　　　　　　麥浩斯出版
地址　　　　　　104台北市民生東路二段141號8樓
電話　　　　　　02-2500-7578
傳真　　　　　　02-2500-1915
購書專線　　　　0800-020-299

發行　　　　　　英屬蓋曼群島商家庭傳媒股份有限公司城邦分公司
地址　　　　　　104台北市民生東路二段141號2樓
電話　　　　　　02-2500-0888
讀者服務電話　　0800-020-299
　　　　　　　　（9:30AM~12:00PM；01:30PM~05:00PM）
讀者服務傳真　　02-2517-0999
讀者服務信箱　　csc@cite.com.tw

製版印刷　　　　凱林印刷事業股份有限公司
版次　　　　　　初版一刷 2021年1月
定價　　　　　　新台幣650元

Printed in Taiwan 著作權所有 翻印必究
（缺頁或破損請寄回更換）

國家圖書館出版品預行編目(CIP)資料

台灣新野菜主義 = U tadadateng nu Pangcah/
吳雪月（Dongi Kacaw）著. -- 初版. -- 臺北
市：城邦文化事業股份有限公司麥浩斯出版，
2021.01
　　面；　公分 阿美族語版
ISBN 978-986-408-650-4（精裝）
1.蔬菜 2.飲食風俗 3.阿美族 4.臺灣
435.2　　　　　　　　　109021308

原住民族委員會
COUNCIL OF INDIGENOUS PEOPLES　感謝原住民族委員會補助出版

馬齒莧科，馬齒莧屬。一年生匍匐性草本植物，莖肉質，帶點紫紅色。葉互生或對生，肉質，形似瓜子。花朵頂生，清晨至中午開放。蒴果圓錐形，蓋裂，種子多數。依其外觀形狀與花的色澤，可分為黃花馬齒莧與白花馬齒莧。

阿美族語：kuliya'	
學名：*Portulaca oleracea*	
別稱：豬母乳、豬母草、寶釧菜	
生長環境：台灣全島平地、海濱、溪邊及路旁	
採集季節：全年，春季尤佳	
食用方式：採嫩莖葉煮食或炒食	

葉類野菜

◆

馬齒莧

生長在鄉間的人都知道有一種叫做「豬母乳」的植物，其莖葉肥厚，豬仔嗜食，據說母豬吃了之後，泌乳量因而大增，所以為它取名「豬母乳」。其實它也是一種可口的野菜。

黃花馬齒莧的莖、葉均為朱紅色且可食，但煮或炒後略酸，口感不佳，一般只當作豬的飼料，未被

清炒馬齒莧，滑嫩入口。

人們接受。它的繁殖力很強，台灣全島平地及海濱皆有其蹤影，田園、路旁、荒地及耕地附近極為常見。如果田園內有數株不拔除，很快便會長滿全園，是屬於非常耐旱的植物。它一年四季都生長良好，尤其在春季更是多，因生長與適應力太強，成為田間主要的雜草，即使拔除後曝曬好幾天，遇到下雨尚可復活。

白花馬齒莧為白莖、白葉、

脈的葉筋撕掉，然後再用手輕輕搓揉，使它流出葉汁之後再下鍋煮湯。其搓揉的理由是讓葉片有軟化的作用，且葉的汁液會完全滲透出來，使烹調後的湯汁滑膩可口，並有一番特殊清甜甘澀味。這種烹調方式是原住民最傳統且最富原味的吃法。此外，黃麻嬰與空心菜一起煮，風味可說是絕配；現在也有人加馬鈴薯、胡蘿蔔、魚丸去煮湯；或者沾麵粉糊油炸，又另有一番風味呢！

但煮黃麻嬰麻煩又耗時，要挑莖去梗，又要搓揉去苦汁，嫌麻煩的現代人還真懶得自己煮呢！因此通常吃到的可能是已經過精緻處理的麻薏羹，翠綠的羹湯裡摻著切丁的黃色蕃薯，灰白的吻仔魚，配起來真好看，苦中帶甘的滋味也挺不錯的。

早年要在傳統市場看到黃麻嬰還相當容易，因為它就在田間、路旁，到處都是，成熟時會在莖上長滿果子，就算我們不刻意去種它，其種子來年也會自然發芽。

有人覺得它有點苦又黏，搭配南瓜熬煮也是另一種風味。